무엇이 나를 이렇게 만들었는가

⊙ 일본 제국을 뒤흔든 아나키스트 가네코 후미코 옥중 수기
무엇이 나를 이렇게 만들었는가

지은이 / 가네코 후미코
옮긴이 / 정애영
펴낸이 / 강동권
펴낸곳 / (주)이학사

1판 1쇄 발행 / 2012년 4월 10일
1판 3쇄 발행 / 2017년 7월 20일

등록 / 1996년 2월 2일 (등록번호 제 03-948호)
주소 / 서울시 종로구 윤보선길 65(안국동 17-1) 우 03061
전화 / 02-720-4572 · 팩스 / 02-720-4573
홈페이지 / ehaksa.kr
이메일 / ehaksa1996@gmail.com
페이스북 / facebook.com/ehaksa · 트위터 / twitter.com/ehaksa

© (주)이학사, 2012, Printed in Seoul, Korea.
ISBN 978-89-6147-158-9 03990

* 책값은 뒤표지에 표시되어 있습니다.

이 도서의 국립중앙도서관 출판시도서목록(CIP)은 e-CIP 홈페이지(http://www.nl.go.kr/ecip)와 국가자료공동목록시스템(http://www.nl.go.kr/kolisnet)에서 이용하실 수 있습니다.
(CIP제어번호: CIP2012001401)

무엇이 나를 이렇게 만들었는가

Ⓐ 일본 제국을 뒤흔든 아나키스트 가네코 후미코 옥중 수기

가네코 후미코 지음 ― 정애영 옮김

이학사

일러두기

1. 이 책은 金子ふみ子, 『何が私をこうさせたか』(春秋社, 1931)를 우리말로 완역한 것이다. 문단 구성 등 모든 체제를 1931년에 출간된 초판본을 따랐다.
2. 원서의 방점은 고딕체로 표기하였다.
3. 각주는 전부 옮긴이가 단 것이다.
4. 이 책에 나오는 인명은 대부분 가명이다. 이중 재판 기록이나 연구 등을 통해 본명이 확인된 사회주의자나 아나키스트 등 주요 인물의 경우는 옮긴이가 대괄호로 본명을 밝히거나 간략하게 인명 소개를 하기도 하였다.
5. 부호는 다음과 같다.
    『 』: 도서명, 잡지명
    「 」: 시
    ( ): 지은이의 부연 설명
    [ ]: 옮긴이의 부연 설명

편집자(구리하라 가즈오)께 보내는 편지

   법률이 국민의 의사인 이상 재판은 그 나라의 도덕, 상식, 종교이고 예술이며 역사라고 생각합니다.
   따라서 재판관은 학자이기 전에 먼저 덕을 갖추어야 하며 그 재단裁斷은 실상을 잘 파악하고 세상을 살펴 인생을 이해하는 윤리여야 사회가 그 재단에 친화하고 신뢰할 것입니다.
   그러므로 사회는 결코 재판에 무관심해서는 안 됩니다. 그리고 사건과 함께 공공을 생각하고 자각 반성하여 그 복지와 개선에 힘써야 한다고 생각하는 바입니다.

1931년 7월 7일
전 예심판사
다테마쓰 가네키요立松懷淸

서문
잊을 수 없는 그림자

 잊을 수 없는 1926년 7월 27일—가네코 후미코의 차가워진 몸이 도치기 현栃木縣 우쓰노미야宇都宮 형무소 도치기 지소의 차가운 감방의 창가에서 발견되었다. 후미코는 그 전날인 26일 새벽, 스물셋의 한여름에 이 세상과 영원한 결별을 고했다.
 그후 31일 새벽, 그녀의 어머니와 후세布施 변호사, 우마시마馬島 의사의 입회하에 우리 일행 십 수 명은 도치기 초町 외곽의 갓센바 묘지에 가매장되어 있던 후미코의 사체 발굴에 나섰다.
 정각 3시—달 밝은 새벽—촉촉이 내린 밤이슬이 갓센바 묘지 일대의 잡초 위에 창백하게 빛나고 주변의 논밭은 무겁게 침묵하고 있었다. 우리 일행은 글자 그대로 죽음의 묘지, 일행의 발소리만이 이상한 긴장과 울분에 휩싸여 있는 묘지 깊숙이 들어갔다.
 그리고 나서—몇 송이의 국화만 놓인 묘소를 찾아 우리는 땅을 4척 팠다. 습기에 부풀어 오르고 부패한 후미코의 사체, 불어버린 얼굴, 두텁게 돌출한 입술, 손가락, 손을 대면 피부가 그냥 벗겨져버리는 부패한 몸……. 그렇게 하여 이색적인 얼굴과 짧게 자른 머리의 특징이 없으면 후미코라고 알아보지 못할 만한, 두 번 다시 보고 싶지 않은 무참한 후미코를—낡은 천과 톱밥에 파묻힌 관 속의 후미코를 발견한 것이다. 그리고 부패한 몸 특유의 악취가 심하고 물이 뚝뚝 떨어지는 관을 짐차에 싣고 죽을힘을 다해 20리 떨어진 화장장까지 밀고 가니 새벽녘, 동쪽 하늘이 희미하게 밝아지는 5시였다.

이렇게 1931년—후미코가 스스로 세상을 뜬 지 5주년이 되는, 그달 7월이 왔다. 그리고 이 7월에 후미코가 체포되어 이치가야市ヶ谷 형무소에서 복역하던 4년간 쓴 수기, 후미코의 전 생애를 이야기한 수기가 책으로 만들어져 이 세상에 나온다. 후미코는 이 수기를 다 쓴 뒤 다음과 같이 말하였다. "이 수기는 천지신명에게 맹세하여 (만약 그런 맹세가 있다면……) 나 자신의 어떤 거짓도 없는 생활 사실의 고백이며 어떤 의미에서는 전 생활의 폭로이자 말살입니다. 저주받은 나 자신의 생활의 마지막 기록이며 이 세상을 하직하는 유품입니다. 아무 재산도 없는 나의 유일한 선물로 이를 택하宅下[수형자가 소지품이나 영치물 등을 친족에게 인도하는 것]합니다."

후미코 사후 5년 만에 이 세상에 책이 나오게 된 것은 후미코 생전의 복역 4년간의 숙원이고 동시에 나 자신에게도 평생 잊을 수 없는 일이다.

그러나 후미코는 멀리 가버렸고 그 모습조차 희미하나 인간 후미코, 이 세상에 태어나 스물세 살의 청춘을 마지막으로 스스로 가버린 후미코, 성격적으로도 커다란 의문을 남기고 간 후미코, 그 후미코를 전 사회는 결코 잊지 않고 있다.

『무엇이 나를 이렇게 만들었는가』 정말 후미코는 왜 그렇게 하지 않으면 안 되었을까. 이 수기는 스스로 그 질문에 상세하게 답한다. 그리고 그렇게 된 자신을 거짓 없이 대담하고 솔직하게 백일하에 드러낸다.

후미코는 생전에 조금 감정적이긴 해도 말도 잘하고 웃기도 잘했는데 조선 이야기가 나오면 눈물을 뚝뚝 흘리며 큰 소리를 내어 울곤 했다. 그리고 박열朴烈이 옆에서 얼굴을 찡그리며 막으려 해도 너무나 비참하고 불행했던 자신의 생활을 끝까지 말하곤 했다. 감정적인 후미코!

일 하나를 하기 시작하면 식사도 거르며 몰두했지만 단지 인생에 대해서만큼은 아무 기대도 갖지 않고 오히려 절망하며 그 절망의 바닥에서 쓴웃음 짓던 후미코—생활력과 의지가 강하고 악바리이면서도 너무나 눈물이 많고 적나라하게 자신을 해방시킨 인간 후미코—등등…… 후미코에 관해 하고 싶은 얘기는 너무나 많다. 그러나 수기에서 인간 후미코가 자신의 펜으로 충분히 다

썼으리라고 생각한다.

잡소리를 덧붙이는 것은 그만두고, 아마 누구라도 눈물 없이는 읽기 힘들 이 수기를 전국의 뜻있는 독자들에게 보내고 싶다.

1931년 7월

후미코의 사후 5주년을 맞아

구리하라 가즈오栗原一男

간행에 대한 나의 희망

—가네코 후미코

구리하라 형

1. 기록 외의 장면에는 꽤 기교가 들어가 있습니다. 전후 관계를 설명할 때 등. 그리고 기록은 모두 사실입니다. 그래서 사실이라는 것에 생명을 두고자 하니 어디까지나 '사실의 기록'으로 보고 취급해주시기 바랍니다.
2. 문체는 어디까지나 간단하고 솔직하게 하여 과장되지 않게 해주십시오.
3. 특별한 경우를 제외하고는 너무 아름답고 시적인 문구를 쓰거나 현란한 형용사를 쓰는 일은 자제해주십시오.
4. 문체에 중점을 두고 문법 등은 크게 신경 쓰지 않으셔도 됩니다.

차례

편집자(구리하라 가즈오)께 보내는 편지 5
서문 6
간행에 대한 나의 희망 10

수기를 시작하며 13
아버지 19
엄마 37
고바야시의 고향 60
외갓집 73
새로운 집 82
부강 84
이와시타가 87
나의 조선 생활 89
고향으로 돌아오다 174
호구虎口로 188
성에 눈뜨며 207
아버지여, 안녕 236
도쿄로! 238
작은외할아버지의 집 240
신문팔이 247
노점상 270
식모살이 287
거리의 방랑자 302
일! 나 자신의 일을 찾아! 327
수기를 쓴 후 353

가네코 후미코 연보 354
옮긴이의 말 361

수기를 시작하며

　다이쇼大正 12년[1923년] 9월 1일 오전 11시 58분. 갑자기 제국의 도시 도쿄를 안고 있는 간토 지방이 땅 밑에서부터 요동치기 시작했다. 집들이 우지직 신음을 내며 뒤틀리고 무너지고 사람들은 그 집에 깔려 생매장당했다. 겨우 살아난 자들도 미친개처럼 울부짖으며 헤매고 있었다. 이렇게 한순간에 문명의 낙원은 아비규환의 지옥으로 변했다.

　여진餘震이 계속되다 격진激震이 찾아온다. 대화산의 분화처럼 적란운이 하늘을 뒤덮고 회오리를 일으키며 올라간다. 그리고 도시는 결국 사방에서 일어난 대화재로 검은 연기에 갇혀버렸다.

　격동, 불안 그리고 결국 말도 안 되는 유언비어가 난무하고 소동이 벌어졌다.

　그리고 얼마 지나지 않아서였다. 우리가 저 도시의 경비를 맡고 있는 자들의 명령으로 경찰에 연행된 것은.

　무엇 때문이었는지를 말할 자유가 내게는 없다. 나는 그저 그 뒤 얼마 있다가 도쿄지방재판소의 예심법정에 불려 나가 취조를 받았다는 것밖에 말할 수 없다.

간수에게 이끌려 예심법정의 문을 열자 거기에는 이미 법관 한 명이 서기를 데리고 나를 기다리고 있었다. 내 모습을 보더니 교도관이 나를 위해 피고석을 준비하기 시작했다. 자리를 준비할 때까지 나는 쓰고 있던 죄수모를 손에 들고 방 입구에 가만히 서 있을 수밖에 없었다. 판사는 그것을 냉정한 눈으로 계속 응시하고 있었다.

이윽고 내가 피고석에 앉자 판사는 잠시 내 뱃속까지 꿰뚫어보려는 듯이 나를 쳐다보더니 조용히 입을 열었다.

"당신이 가네코 후미코인가요."

그렇다고 대답하자, 그는 좀 부드러운 태도로

"나는 당신 담당 예심판사 다테마쓰立松입니다."라고 자신을 소개했다.

"그런가요. 살살 좀 부탁드립니다." 하고 나도 미소로 대답했다.

판에 박힌 예심 심문이 시작되었다. 하지만 판에 박힌 심문 사이에도 판사는 앞으로의 취조상의 중요한 단서를 잡은 듯했다. 그래서 나는 지금 그때의 대화를 그대로 옮기기로 한다. 그것이 이후의 내 수기에 대한 이해를 쉽게 해줄 것 같아서이다.

판사가 시작한다.

"먼저 당신의 본적은?"

"야마나시 현山梨縣 히가시야마나시 군東山梨郡 스와 촌諏訪村입니다."

"기차로 가면 어느 역에서 내리지?"

"엔잔塩山이 가장 가깝습니다."

"음, 엔잔?" 하며 판사는 고개를 들어 "그럼 당신 마을은 오후지 촌大藤村 쪽이 아닌가. 실은 나도 오후지 촌을 잘 알지. 그곳에 아는 엽사가 있어 겨울에는 자주 사냥하러 갔거든……."

나는 그 오후지 촌을 알지 못했다.

"아, 그렇게 말씀하셔도 잘 몰라요. 사실 그곳 스와 촌은 제 원적지이기는 하지만 저는 지금까지 그곳에서는 2년밖에 산 적이 없어서요."

"음. 당신은 원적지에서 태어난 게 아닌가."

"네. 제 아버지와 어머니의 말씀에 의하면 요코하마에서 태어났다고 합니다."

"그렇군. 그러면 당신의 양친은 이름이 어떻게 되고, 어디에서 살고 있는가."

이미 대체적인 것을 경찰의 조서로 알고 있는 판사가 일부러 이를 들으려 하는 것이라 생각하고 나는 내심 고소를 금할 길이 없었다. 나는 정직하고 솔직하게 대답했다.

"좀 복잡하긴 한데, 호적상으로는 아버지 가네코 토미타로金子富太郎, 어머니 요시よし로 되어 있지만, 사실 그분들은 어머니의 부모, 즉 제 외할아버지 외할머니입니다."

판사는 놀란 얼굴이 되었다. 그리고 친 아버지와 어머니의 이름을 물었다.

나는 대답했다.

"글쎄요, 아버지는 사에키 후미카즈佐伯文一라 하며 아마 시즈오카 현靜岡縣의 하마마쓰濱松에 살고 있을 것이고, 어머니는 가네코 도쿠노金子とくの라 하며 자세한 소식은 알 수 없으나 아마 친정 근처에 있을 겁니다. 호적상으로 저와의 관계는 어머니는 언니, 아버지는 형부로 되어 있습니다…….."

"잠깐만." 판사는 말을 막았다. "좀 이상한 게 어머니가 언니가 되어 있는 것은 알겠는데, 아버지가 어머니와 성이 다른 것도 이상하고, 더욱이 남남이 되어 있는 것 같은 생각이 드는데…….."*

"그렇습니다." 어두운 마음으로 대답했다. "아버지와 어머니는 아주 옛날에 헤어졌습니다. 하지만 어머니의 여동생, 즉 제 이모가 아버지의 후처가 되어 현재 아버지와 함께 살고 있습니다."

"흠, 그렇군. 뭔가 사연이 있었군. 당신 아버지와 어머니가 헤어진 것은 언제쯤인가."

"벌써 13년이나 전의 옛날 일입니다. 아버지와 헤어진 것은 제가 아마 일곱 살 때일 겁니다."

"그리고? 그때 당신은 어떻게 되었지?"

"아버지와 헤어져 어머니와 살았습니다."

"음, 그리고 그 뒤에는 어머니 혼자 부양해온 거군."

"그런데 그렇지 않습니다. 저는 아버지와 헤어진 뒤 얼마 안 있

---

* 1889년에 제정된 메이지 민법은 결혼을 하면 여자가 남자의 호적에 입적하므로 아내가 남편의 성을 따르도록 되어 있었다. 현재의 일본 민법은 결혼한 뒤 남편이나 아내의 성 중 하나로 통일하도록 되어 있다.

어 어머니와도 헤어졌습니다. 그리고 그 뒤로는 거의 아버지와 어머니의 신세를 진 적이 없습니다."

이렇게 대답했을 때 나는 나의 지금까지의 모든 경력, 모든 경험을 내 가슴속에 확 펼쳐놓은 기분이 들었다. 나도 모르게 눈물이 눈을 적셨다. 그것을 보았는지 어쨌는지 판사는 좀 동정하듯이 "꽤 고생을 하고 살았구먼. 그럼 그 부분은 나중에 천천히 듣기로 하고."라고 말하며 서기의 테이블 앞에 놓여 있던 서류를 자신의 눈앞으로 가까이 가져가며 본건의 심문으로 들어갔다.

하지만 앞에서도 얘기했듯이 그것은 여기에 쓸 수 없다. 또 그럴 필요도 없다. 다만 그후 판사는 나에게 나의 과거의 경력에 대해 뭔가 써서 내라고 했다. 법률에는 피고에게 불리한 것만 아니라 유리한 것도 자주 물어야 한다는 조문이 있다고는 하는데, 잘 쓰지도 않는 조문을 따른 것은 내가 이렇게 엄청난 일[대역 사건(박열 사건)]을 저지른 데에는 필시 그 이유가 나의 처지 속에 있을 것이라고 생각했기 때문인지도 모른다. 아니면 그저 신문기자 같은 흥미 때문이었는지도 모른다. 나는 그저 명령받은 대로 나의 일대기를 썼고 그것이 이 수기이다.

이 수기가 재판에 얼마나 참고가 되었는지는 모른다. 그러나 재판도 끝난 지금 판사는 이 수기가 필요 없을 것이므로 나는 판사에게 부탁하여 이 수기를 인도받기로 했고 이것을 나의 동지에게 보낸다. 그 하나의 이유는 나를 좀 더 깊이 이해해주기를 바라는 마음에서이고, 또 다른 이유는 동지가 보아 유용하다고 생각한다면 이것을 책으로 출판해주기를 바라는 마음에서이다.

    나로서는 누구보다도 이 세상의 부모들이 이것을 읽어주었으면 한다. 아니, 부모들뿐 아니라 사회를 좋게 하고자 하는 교육가, 정치가, 사회사상가 그리고 모든 사람이 읽어주면 좋겠다.

아버지

 내 기억은 네 살 무렵부터 시작된다. 그때 나는 부모님과 함께 요코하마의 고토부키 초寿町에서 살고 있었다.
 나는 아버지가 무슨 일을 하고 있었는지 물론 몰랐다. 나중에 들은 이야기로는 아버지는 그때 고토부키 경찰서의 형사로 있었던 모양이다.
 내 기억으로는 그 시절이 그나마 천국이었던 것 같다. 왜냐하면 나는 아버지의 지극한 사랑을 받는다는 것을 알고 있었기 때문에…….
 나는 언제나 아버지와 함께 목욕탕에 갔다. 매일 저녁 나는 아버지가 목마를 태워주어서 아버지의 머리를 붙잡고 목욕탕으로 들어갔다. 이발소에도 꼭 데려가주었다. 그러고는 내 옆에 붙어서서 머리를 이렇게 자르라는 둥, 눈썹을 정리해달라는 둥 이발사에게 주문을 하다 마음에 들지 않으면 이발사의 면도칼을 빼앗아 직접 깎아주기도 하였다. 내 옷도 옷감 고르기 같은 것을 아버지가 했던 것 같고 옷의 어깨 부분이나 허리 부분을 징그는 것까지도 아버지가 직접 지시하여 엄마에게 만들게 했던 것이었다.

내가 아플 때 베갯머리에 붙어 앉아 간호를 해준 사람도 아버지였다. 계속 맥박을 재고 머리를 짚어주며 주의를 게을리 하지 않았다. 그럴 때 나는 일일이 해달라고 말할 필요가 없었다. 아버지는 내 눈을 보며 내가 원하는 걸 해주었으므로.

나에게 먹을 것을 줄 때도 아버지는 소홀함이 없었다. 고기는 먹기 좋도록 잘게 자르고 생선은 살만 발라주고 밥이나 국도 꼭 입에 대보고 식혀주는 것이었다. 즉 다른 집에서는 엄마가 해줄 것을 우리 집에서는 아버지가 다 해주었던 것이다.

지금 생각해보면 우리 집은 물론 유복했던 것은 아니었던 것 같다. 그렇지만 인생에 대한 나의 첫인상은 그리 불쾌하지는 않았다. 짐작건대 그 시절의 우리 집은 꽤 가난하고 결핍 생활을 했을 것이다. 그래도 어떤 씨족의 후예에 해당하는 유서 깊은 가문의 장남으로 태어났다고 믿은 나의 아버지는 그때까지는 아직 꽤 유복하게 살고 있던 할아버지 밑에서 응석받이로 자라나 이렇게 어려운 가운데서도 나를 자신처럼 귀하게 키우려 했음에 틀림없다.

그러나 나의 즐거운 추억은 여기서 막을 내린다. 나는 결국 아버지가 젊은 여자를 집에 끌어들인 것을 알게 되었고 엄마와 그 여자가 매일 싸우거나 욕하는 것을 보았다. 그리고 아버지가 그때마다 그 여자의 편을 들어 엄마를 때리거나 발로 차는 것을 보아야 했다. 엄마는 때때로 집을 나가 2, 3일씩 돌아오지 않았고 그 사이에 나는 아버지의 친구 집에 맡겨졌다.

어린 나는 그런 일들이 매우 슬펐고 특히 엄마의 가출은 더욱 그랬다. 그리고 그 여자는 어느 날 갑자기 우리 집에서 모습을 감추었다. 적어도 내 기억으로는 사라져버렸다고 하는 것이 맞을 것이다. 그와 동시에 집에서 아버지의 모습을 보는 일도 적어졌다.

나는 어떤 때는 엄마 손에 이끌려 어느 집으로 아버지를 찾으러—지금 생각해보면 사창가인 듯하다—간 일도 기억한다. 그리고 아버지가 속옷 바람으로 뛰쳐나와 엄마를 문밖으로 밀쳐낸 것까지도. 그래도 때로는 아버지가 밤늦게 큰 소리로 노래를 부르며 집으로 오는 일도 있었다. 그럴 때 엄마는 조용히 아버지의 옷을 받아 들어 옷걸이에 걸다 소매 사이로 과자 껍질이나 귤껍질 등을 꺼내고는 얄미운 듯 쳐다보다 이렇게 말하는 것이었다.

"어휴, 참 많이도 나오네. 애한테는 사탕 하나 안 사주면서……."

아버지는 물론 경찰서를 그만둔 상태였다. 그 시절 아버지가 무슨 일을 하고 있었는지 나는 잘 모른다. 단지 나는 아버지가 거친 남자들을 집에 많이 끌어들여 술을 마시거나 화투판을 벌였고, 엄마가 늘 잔소리를 하고 아버지와 말다툼을 했던 기억뿐이다.

아마 이런 생활이 저주받은 것이리라. 아버지는 결국 병에 걸렸다. 그래서 외갓집의 도움으로 입원하고 엄마는 간병하느라 나를 외갓집에 맡겼다. 그래서 반년 정도 나는 외할머니나 이모들 등에 업혀 지냈다. 부모와 떨어져 있었음에도 불구하고 그 무렵이 어린 나에게는 비교적 행복했던 것 같다.

아버지가 회복하자 나는 다시 집으로 돌아왔다. 그때 우리는 아버지의 요양과 몸이 약한 나를 위해서 바닷가로 이사를 갔다.

그곳은 요코하마의 이소코磯子 해안이었다. 우리는 매일 바다에 들어가 놀거나 바닷바람을 쐬며 지냈다. 그 무렵부터 내 몸은 몰라볼 정도로 건강해졌다. 그것이 나를 행복하게 했는지, 아니면 다가올 고통스러운 운명에 나를 옭아매려는 자연의 장난이었는지 나는 모르겠다.

우리의 건강이 회복되자 우리는 또 이사를 했다. 그곳은 사방이 밭으로 둘러싸여 14~15호 정도가 사는 요코하마 변두리의 작은 마을이었다. 그리고 그 집으로 이사한 해 겨울의 어느 눈 오는 날 아침에 처음으로 내 남동생이 태어났다.

내가 여섯 살 때쯤이었던 것 같다—그 사이 우리 가족은 계속 이사를 다녔던 기억밖에 안 난다—우리 집에 엄마의 여동생 그러니까 우리 이모가 왔다. 이모는 부인병인가를 앓고 있었는데, 시골에서는 치료받기가 힘들어서 우리 집에서 통원하기 위해서 왔다.

이모는 스물두셋 정도였다. 생김새가 단정하고 꽤 아담한 처녀였다. 마음씨도 곱고 하는 일 모두 빈틈이 없었으며, 착실하고 꼼꼼한 데다 어떤 일이든 척척 해치우는 성격이었다. 그래서 사람들과도 잘 어울려 엄마 아버지도 좋아하였다. 그런데 언제부터인가 이모와 아버지 사이가 이상해진 것 같았다.

아버지는 그때 가까운 바닷가 창고에서 인부들을 관리하는 일을 하고 있었는데 걸핏하면 핑계를 만들어 일을 쉬었다. 아버지가 그런 식이었기 때문에 우리 살림은 늘 궁색하였다. 그래서 엄마와 이모는 삼실 잇기를 부업으로 하고 있었다. 매일매일 엄마는 그렇게 이은 삼실을 보자기에 싸서 몇 푼 안 되는 공임을 받으러 동생을 업고 나갔다.

그런데 참 이상하게도 엄마가 나가면 아버지는 반드시 자신이 자고 있던 현관 옆의 작은 방으로 이모를 불러들이는 것이었다. 뭐 그다지 대단한 이야기를 하는 것 같지도 않은데 이모는 그 방에서 금방 나오지 않았다. 나는 끓어오르는 호기심을 억제할 수 없어 어느 날 결국 손톱으로 문풍지를 긁어 안을 훔쳐보았다…….

하지만 나는 별로 놀라지 않았다. 왜냐하면 그런 광경을 본 것이 처음이 아니었기 때문이다. 나는 더 어렸을 때부터 아버지와 엄마의 흐트러진 모습을 몇 번인가 목격했다. 두 분은 그런 면에서는 부주의했다. 그 때문인지 나는 꽤 조숙했고 네 살 무렵부터 성에 대해 흥미를 가졌던 듯하다.

엄마는 미적지근한 성격의 여자로 아이들을 매섭게 야단치지도 않았지만 그렇다고 야단스레 예뻐하지도 않았다. 그에 비해 아버지는 야단칠 때는 벼락이 치지만 예뻐할 때는 몹시 유난을 떠는 식이었다. 이 두 가지 중 어느 쪽이 어린애의 마음을 사로잡

앞을지 상상이 갈 것이다. 어렸을 때부터 나는 아버지를 더 따랐다. 아버지 때문에 엄마가 엄청나게 마음고생을 하는 것을 보지 않았다면 나는 아마 언제까지라도 아버지 편이었을 것이다. 그러나 언제부터인가 나는 아버지보다는 엄마와 더 친해졌다. 어디를 가든 엄마 소매를 붙잡고 다녔다. 이모가 오고부터 아버지는 내가 엄마를 따라 나가지 못하게 했다. 여러 가지 핑계를 대어 나를 집에 있게 했다. 지금 생각해보면 그것은 이모에 대한 엄마의 불안을 없애고 자신들의 행동을 합리화하기 위한 것이었음이 틀림없다. 왜냐하면 엄마가 나가고 나면 바로 아버지는 나에게 잔돈을 쥐어주면서 밖으로 내보냈기 때문이다. 아니 내쫓았다는 말이 맞을 것이다. 나는 잔돈을 달라고 그다지 조르지 않았는데도 아버지는 평소보다 많은 잔돈을 쥐어주고는 멀리 나가서 놀다 오라고 했다. 그리고 엄마가 돌아오면 아버지는 늘 이렇게 말하는 것이었다.

"얘는 진짜 너무해. 당신만 없으면 내가 저한테 약한 거 알고 잔돈 뜯어서 뛰쳐나간다니까."

머지않아 한 해도 저물게 되었다.
섣달그믐날 밤의 일이 떠오른다. 엄마는 동생을 업고 외출하였고 아버지와 이모와 나는 방에서 고타쓰[실내에 바닥을 파서 숯이나 연탄 등을 피우고 그 위에 상을 올려놓고 이불을 덮어 보온하는 난방 기구]를 쬐고 있었다.

왠지 좀 무겁고 습한 밤이었다. 보통 때와는 달리 아버지도 이모도 어두운 얼굴이었다. 그때 엎드려 누워 있던 아버지가 갑자기 심각한 얼굴을 들고 말했다.

"우리 집은 도대체 왜 이렇게 운이 없는 거야? 나한테는 운이라는 게 들어오지를 않는데, 내년에는 좀 어떻게 안 될까……."

사람에게는 운이라는 것이 있다. 그게 오지 않는 이상 어찌해 볼 도리가 없다는 것이 미신을 좋아하는 아버지의 철학이었다. 나는 아버지가 늘 운 타령을 하는 것을 어릴 때부터 들어왔던 터였다.

두 사람은 뭔가 얘기를 하더니 이모가 일어서서 벽장에서 반짇고리를 가져왔다.

"이걸로 할까요." 이모는 그중에서 빗 하나를 꺼내 보면서 말했다. "그래도 아직 멀쩡하네. 아까운 생각이 들어서."

아버지가 대답했다.

"어차피 버릴 건데 뭐. 어떤 빗을 버려야 한다는 법은 없어, 빗만 있으면……."

이모는 이가 빠진 빗을 머리카락에 꽂아 머리에서부터 떨어뜨리는 연습을 했다.

"그렇게 깊이 꽂을 필요 없어. 살짝 머리에 얹으면 돼. 현관 밖의 공터에서 좀 달리면 금방 떨어져."

이모는 시키는 대로 이가 빠진 빗을 떨어뜨리러 나갔다. 그리고 5분도 되기 전에 마치고 돌아왔다.

"자 이걸로 악운은 도망간 거야. 내년부터는 운수대통이다."

아버지가 이렇게 말하며 좋아하고 있을 때 엄마가 돌아왔다.

엄마가 우는 동생을 등에서 내려 젖을 먹이고 있는 사이 이모는 엄마의 장바구니를 풀었다. 찰떡이 2~3개, 생선이 7~8토막, 작은 봉지 3~4개 그리고 빨간 종이를 붙인 3전이나 5전 하는 하고이타羽子板[설날에 여자아이의 무병장수를 기념하기 위해 장식하는 목각 장식품] 1개가 전부였다.

그게 우리 가족의 정월 준비였던 것이다.

다음 해 정월에 외삼촌이 놀러왔다. 외삼촌이 돌아가고 바로 외할머니가 오셔서 이모를 데려가려고 했다. 그렇지만 이모는 가지 않고 외할머니만 돌아가셨다.

나중에 들은 이야기로는 정초에 다녀간 외삼촌이 아버지와 이모의 일을 알게 되어 외갓집에 가서 이야기를 하자, 외할머니가 걱정이 되어 우리 집에 오셔서 이모의 혼처가 생겼으니 데려가겠다고 하셨다는 것이다.

그러나 아버지가 허락할 리 만무하였다. 오히려 아버지는 이모의 병이 다 낫지 않았는데 지금 시집보내면 죽을지도 모른다고 협박한 모양이었다.

"아니, 괜찮아. 저쪽은 부자라서 결혼하면 병도 고쳐주겠다고 했다니까."라고 외할머니가 대답했다.

하지만 아버지는 이번에도 예의 운명론을 끌고 나와 자신이 계속 운이 안 따라 이모의 기모노를 모두 전당포에 잡혔기 때문에 이대로 돌려보낼 수는 없다는 둥, 이모는 몸이 약해 농사를 못 지으니 도시에서 혼처를 구해 자신이 책임지고 시집을 보내겠다는 둥 여러 가지 핑계를 대 보내지 않았던 것이다.

아, 불쌍한 외할머니는 물론 아버지 말을 믿지 않으셨겠지만 순진한 시골 할머니가 닳고 닳은 도회 사람의 혀를 당할 수가 없으셨으리라.

외할머니는 소득 없이 시골로 돌아가셨다. 아버지는 귀찮은 존재를 몰아내고 안도의 숨을 내쉬었을 것이다. 오직 속을 더 끓이게 된 것은 엄마였을 테고 그 뒤로 우리 집은 싸움이 끊이지 않게 되었다. 그러면 이모는?

이모 또한 유쾌한 상태는 아니었으리라. 이모가 때때로 두 달이고 세 달이고 집을 나간 것을 기억한다. 그리고 나중에 안 일이지만 이모는 아버지를 피해 몰래 남의집살이를 했다고 한다. 그러나 그때마다 아버지가 샅샅이 뒤져 찾아내 데려왔다.

두 번째로 이모가 끌려왔을 때 우리는 이사를 했다. 그곳은 요코하마의 구보야마久保山로 동네 끝에 절과 화장장이 있는 언덕 위의 집이었다.

아버지는 여전히 아무 일도 안 한 모양인데 어떻게 돈을 만들었는지 언덕 밑 첫길인 스미요시 초住吉町에 있는 상가에 집을 빌렸다. 아버지는 거기서 얼음 가게를 시작했다.

얼음 가게 일은 이모가 맡았다. 엄마와 아이들은 언덕 위 집에 있고 아버지는 낮에만 가서 장부 정리를 하거나 판매 감독을 한다고 했다. 그러나 아버지는 처음에만 그렇게 했고 점차 집에는 오지 않게 되었다. 즉 우리[엄마, 나, 동생]를 아버지와 이모, 두 사람의 생활에서 쫓아낸 것이다.

나는 이미 일곱 살이었다. 1월생이었기에 학교에 가야 할 나이였다. 그럼에도 불구하고 나는 호적에 올라 있지 않은 무적자여서 학교에 갈 수가 없었다.

무적자! 이에 대해 나는 아직 아무것도 말하지 않았다. 하지만 여기서 그 전말을 설명하지 않으면 안 될 듯하다.

어찌하여 나는 무적자가 되었나? 표면적 이유는 엄마가 아버지 호적에 없어서, 즉 혼인신고가 안 되어 있어서였다. 왜 엄마가 올라 있지 않았을까? 여기에 대해서는 아주 나중에 이모한테 들은 이야기가 가장 진실에 가까운 것 같다. 아버지는 처음부터 엄마와 길게 살 생각이 없어 좋은 상대가 나타나면 엄마를 버릴 심산으로 호적에 올리지 않았다는 것이다. 물론 이 말은 아버지가 이모의 환심을 사기 위해 한 거짓말일 수도 있다. 어쩌면 또한 아버지는 고슈甲州[지금의 야마나시 현]의 산골 농사꾼의 딸이 이른바 영광스러운 사에키 가문의 아내로 호적에 들어와서는 안 된다고 생각했던 것인지도 모른다. 여하튼 그런 이유로 나는 일곱 살이 되도록 무적자였던 것이다.

엄마는 아버지와 8년이나 살면서 호적에 올려주지 않아도 참아왔으나 참지 못할 쪽은 오히려 나였다. 왜냐하면 학교를 갈 수 없게 되었으니까.

나는 어릴 적부터 공부하기를 좋아했으므로 학교에 가고 싶다고 계속 졸랐다. 내가 너무 보채자 엄마는 우선 나를 자신의 사생아로 올리려 했다. 그러나 체면밖에 모르는 아버지는 이를 허락하지 않았다.

"사생아로 올리다니, 그렇게 되면 평생 고개 들고 못 살아."

아버지는 이렇게 말하면서도 자신의 호적에 올려 학교에 가도록 도와주지는 않았다. 아니, 학교에 못 가게 한 것은 좋다고 치자. 자기 손으로 글자 하나 가르쳐준 적이나 있는가. 아버지는 그것도 하지 않았다. 그저 하루 종일 술 마시고 노름하는 게 전부였다.

나는 학교 갈 나이에도 학교에 갈 수 없었다.

나중에 다음과 같은 글을 읽은 적이 있다. 그때의 내 심정이란.

'메이지明治의 광명시대를 맞아 서양 여러 나라와 교통이 열렸다. 잠자던 일본은 갑자기 눈을 떠 거인처럼 일어섰다. 한달음에 반세기를 따라잡았다.

메이지 초기 교육령이 발포되어 산간 오지까지 학교가 세워지고 사람의 자식이라면 누구나 정신적, 육체적 능력에 심각한 문제가 있지 않은 한 남녀를 불문하고 만 일곱 살이 되는 4월부터 국가가 강제적으로 의무교육을 받도록 했다. 그리고 인민은 모두 문명의 혜택을 입었다.'

그러나 무적자인 나는 그 은혜를 글자로만 입었을 뿐이다. 나는 첩첩산중에서 태어나지도 않았고 수도 도쿄에서 가까운 요코하마에 살고 있었다. 나는 사람의 자식이고 정신적, 육체적으로 결함도 없었다. 그런데도 나는 학교에 갈 수 없었다.

소학교가 생겼다. 중학교도, 여학교도, 전문학교도, 대학도, 가쿠슈인学習院도 생겼다. 부르주아의 공주들, 왕자들이 양복을 입고 구두를 신고 자동차까지 타고 교문을 들어갔다. 그렇지만 그런 것들이 다 무슨 소용인가. 그런 것들이 나를 조금이라도 행복하게 해주었는가.

우리 집에서 반 정町 정도 위에 소꿉친구가 두 명 살고 있었다. 둘 다 동갑내기 여자아이인데, 둘은 모두 학교에 입학하였다. 분홍색 하카마[허리에서부터 하반신을 덮듯이 입는 일본 전통 의상]를 입고 커다란 빨간 리본으로 머리를 묶고 고사리 같은 손을 맞잡고 또는 흔들거나 노래하면서 매일 아침 언덕을 내려왔다. 집 앞 벚나무 등걸에 앉아 나는 그 모습을 얼마나 부러워했는지, 그리고 얼마나 비참한 마음으로 바라봤는지.

아! 이 세상에 학교라는 것이 없었다면 나는 눈물을 흘리지 않아도 좋았을 텐데. 그렇지만 그렇게 되면 그 아이들이 가졌던 기쁨도 볼 수 없었겠지.

물론 그 시절의 나는 모든 사람의 기쁨이 타인의 슬픔에 의해 지켜진다는 것을 알 턱이 없었다.

나는 두 친구와 함께 학교를 다니고 싶었지만 갈 수가 없었다. 책을 보고 싶었고 글자를 써보고 싶었다. 그러나 엄마, 아버지 누구도 글자 하나 깨우쳐주지 않았다. 아버지는 성의가 없었고 엄마는 일자무식이었다. 나는 엄마가 장을 보면서 물건을 싸온 신문지를 펼쳐 뭐가 쓰여 있는지도 모르면서도 상상의 나래를 펴서 내 마음대로 읽곤 하였다.

그해 여름도 반이 지났을 무렵 아버지는 어느 날 우연히 이모 집 근처인 스미요시 초에 있는 사설 학교를 알아왔다. 그곳은 무적인 채로 다닐 수 있는 곳이었다. 나는 그곳을 다니게 되었다.

말이 좋아 학교지 실은 빈민가 나가야長屋[일본의 전통적인 빈민가 서민주택으로 길게 이어진 건물에 여러 세대가 모여사는 집합주택]의 6조짜리 쪽방이었다. 어두침침한 교실에는 다 해진 다다미가 깔려 있었다. 그 위에 대여섯 개의 삿포로비어 빈 통[나무로 만든 커다란 맥주통]이 옆으로 놓여 있었다. 그것이 아이들의 책상이었다. 내 펜의 요람이었던 것이다.

스승님—아이들은 그렇게 불렀다—은 40대 중반의 여성으로 앞머리를 틀어 올리고 때 묻은 기모노에 앞치마를 두르고 있었다.

이 훌륭한 학교를 나는 책보를 둘러메고 산 위의 집에서 이모 가게 앞길을 지나 걸어 다녔다. 아마 나와 같은 처지의 아이들 열 명 정도가 좁은 골목길을 지나 학교로 오는 것 같았다.

아버지는 내가 그 빈민가 쪽방의 사설 학교에 다니고부터 나에게 늘 주의를 주었다.

"얘, 너 착하지. 저 선생님한테 배운다는 얘기를 우리 집에 오는 아저씨들한테 절대로 해서는 안 된다. 그게 알려지면 아버지가 곤란해지거든. 알았지."

이모 가게는 장사가 아주 잘되는 것 같았다. 그런데도 남는 기미가 보이지 않았다. 아버지가 매일 술 마시고 노름하는 통에 남는 게 없었던 것이다. 게다가 아버지와 이모 관계가 소문이 나 더욱더 힘들었던 모양이다.

그래도 이모네는 나았다. 쩔쩔매는 쪽은 우리 집이었다. 어느 날의 일이다. 우리는 먹을 게 없었다. 저녁때가 되어도 쌀 한 톨이 없었다. 그래서 엄마는 나와 동생을 데리고 아버지를 만나러 갔다. 아버지는 친구 집에 있었는데 엄마가 아무리 만나자고 해도 나오지를 않았다.

아마 그때 엄마는 더 이상은 분을 삭일 수가 없었던 듯하다. 갑자기 그 집 앞마당을 지나 방문을 열어젖혔다. 네댓 명의 남자들이 화투판을 벌이고 있었다.

엄마는 화가 머리끝까지 치밀어 드디어 폭발하였다.

"흥, 내 이럴 줄 알았지! 집구석에는 쌀 한 톨이 없어 새끼들이 굶고 있는 판에 참 잘도 술 마시고 노름판을 벌이는구먼······."

아버지도 화가 잔뜩 난 표정으로 일어났다. 그리고 엄마를 마당으로 밀쳐내고 맨발로 달려들어 패기 시작했다. 만약 옆에 있던 남자들이 뜯어말리지 않았다면 엄마는 어떤 봉변을 당했을지 모른다.

다른 사람들 덕분에 엄마는 많이 얻어맞지 않았지만 그 대신 쌀 한 톨, 돈 한 푼 받지 못한 채 돌아와야 했다.

처량한 마음을 안고 우리는 말없이 언덕을 오르고 있었다.

"야, 기다려."

아버지의 목소리였다. 우리는 쌀값이라도 들고 온 줄 알고 갑자기 기쁜 마음이 들었다. 그러나 실은 그렇지 않았다. 아버지는 얼마나 냉혹하고 잔인한 인간인지 모른다.

멈춰 서서 도움을 기다리고 있던 우리 가까이로 오자 아버지는 큰소리로 화를 냈다.

"당신, 다른 사람들 앞에서 내 얼굴에 잘도 먹칠을 했지. 당신 때문에 재수가 없어 다 잃었잖아. 각오해!"

아버지는 벌써 한쪽 게다를 손에 들고 있었다. 그리고 게다짝을 엄마에게 던지고는 엄마의 멱살을 잡고 엄마를 산 밑으로 던져버린다고 협박을 했다. 밤이어서 보이지 않지만 낮에 보면 잡목과 잡풀로 무성한 높은 벼랑 밑으로 말이다.

동생은 놀라 엄마 등에서 울음보를 터뜨렸고 나는 벌벌 떨면서 두 사람 주위를 맴돌며 아버지 소매에 매달려 있었다. 그때 퍼뜩 거기서 가까운 곳에 고야마小山라는 아버지 친구가 살고 있다는 생각이 났다. 엉엉 울면서 나는 그 집으로 뛰어갔다.

"역시 그랬군……." 하며 그 집 주인이 먹던 저녁상을 팽개치고 달려왔다.

 사설 학교에 다닌 지 얼마 되지 않아 오봉[우리나라의 추석과 같음]이 돌아왔다. 선생님은 아이들에게 명절 선물로 백설탕을 두 근씩 가져오라고 하셨다. 아마 그것이 선생님이 받는 유일한 보수였을 것이다. 그렇지만 나는 그것조차 여의치 않았다. 생활 형편도 어려웠지만 문제 많은 집안 분위기 때문에 나의 학교생활까지 신경 쓸 여유가 없었던 것이다. 어쨌든 이런저런 이유로 가타가나 몇 개 외우지 못하고 그 학교마저 뒤로하지 않을 수 없게 되었다. 이모 가게도 여름을 넘기지 못했다. 두 사람은 또 산 위의 집으로 옮겨왔다. 집안은 더욱 복닥거리고 아버지와 엄마는 사흘이 멀다 하고 부부 싸움을 했다.
 두 사람이 싸우면 나는 언제나 엄마 편을 들었다. 아버지에게 반감을 가진 적도 많았다. 그 때문에 엄마와 함께 아버지한테 얻어맞기도 했고, 어떤 때는 비가 퍼붓는 한밤중에 엄마랑 쫓겨나기도 했다.
 아버지와 이모는 여전히 사이가 좋았다. 그래도 외가에서는 계속 이모를 보내라고 성화였다. 그리하여 결국 이모도 가겠다고 하고 아버지도 보내겠다고 했다. 엄마도 나도 한시름 놓았음은 말할 것도 없다.
 그러나 아버지는 이모를 보내는데 맨몸으로 보낼 수는 없다며 가게를 접은 돈으로 18엔이나 하는 기모노와 오비[기모노를 입을 때 가슴에 매는 비단 띠], 양산 등을 사 왔다. 마치 내가 어릴 적에 내 시중을 모두 아버지가 들었듯이 이모의 물건 구입 등을 모두 아버지가 했다. 예전에 자식한테 쏟았던 마음이 지금은 여자에게로 향한 것이다.

벌써 가을이었다. 아버지는 이모를 위해 짐을 싸면서 우리 집에 있던 가장 좋은 침구까지 챙겨 넣었다.

엄마는 동생을 등에 업고 나와 함께 이모를 배웅했다.

"시집갈 너를 빈손으로 보내 미안하다. 그렇지만 운이 나빴다고 생각하고 잊어라······."

엄마는 몇 번이나 이 말을 되풀이하며 이모에게 사과했다. 그 눈에는 눈물이 맺혀 있었다.

우리는 한참을 배웅하고 돌아왔다. 역까지 배웅을 간 아버지는 저녁이 되어도 돌아오지 않았다.

아, 얼마나 상쾌한 밤이었던지. 어린 마음에도 나는 아주 안심이 되었다. 조용하고 평화로운 밤이었다. 그러나 결국 우리는 그 후로도 계속 조용한 생활을 하지 못하게 되었다. 왜냐하면 바로 그다음 날인가 4, 5일 지나서인가 아버지도 우리 집에서 자취를 감추었기 때문이다.

"아이고 분해라. 둘이 우리를 버리고 야반도주를 한 거네."

엄마는 이를 갈며 말했다.

배신감에 핏발이 서면서도 지푸라기라도 잡는 심정으로 우리는 둘의 행방을 찾아 헤맸다. 그리고 어느 날 집에서 가지고 나간

이불이 널려 있는 것을 보고 둘을 찾긴 했으나 역시 게다짝이 날아왔을 뿐 뭐 하나 달라진 것은 없었다.

엄마

 아버지에게 버려진 우리는 먹고살 길이 막막했다. 처음에는 가재도구를 팔아서 버텼지만 그마저 바닥이 났고 아버지로부터는 돈 한 푼 오지 않았다.
 산 입에 거미줄 칠 수는 없는 노릇이었다. 그러니 엄마가 그후 나카무라中村라는 대장간 기술자와 동거에 들어간 것을 나는 비난할 수만도 없었다.
 "그 사람은 일당이 많아. 글쎄 하루에 1엔 50전이나 번다니까……. 그러면 우리도 좀 생활이 나아질 거고 너를 학교에도 보낼 수 있을 거야."라고 엄마가 아무것도 모르는 내게 양해를 구하는 투로 말했던 것을 기억한다.
 나카무라는 작은 보따리 하나를 들고 들어와 언제부터인가 우리 집에서 살기 시작했다. 매일 아침 그는 작업복을 입고 도시락을 들고 좀 떨어진 곳에 있는 공장으로 출근했다.
 그는 그때 마흔여덟아홉 살 정도였다. 흰머리 많은 얼굴, 움푹 들어간 눈, 작은 키에 등도 굽은 데다 성품까지 볼품없는 사내였다. 젊은 시절에는 꽤 귀공자인 척하며 게다가 노동자의 생활과

습속을 몹시 경멸했던 아버지로부터 알게 모르게 감화를 입었던 나로서는 이 볼품없는 나카무라에게 친근감을 느끼기는커녕 그와 말도 하기 싫었다. 나는 양아버지였던 나카무라를 마치 모르는 사람인 양 항상 '아저씨'라 불렀다. 엄마도 그것에 대해서는 별로 탓하지 않았고 엄마도 뒤에서는 '대머리'라는 별명으로 그를 부르기도 했다.

나는 나카무라에게는 뭔가 구실을 찾아 늘 말대답을 했다. 그 또한 트집을 잡아 나를 나무랐다. 엄마가 없을 때는 자기만 몰래 밥을 먹고 밥통을 내 손이 닿지 않는 높은 곳에 두거나 나를 이불에 싸서 이불장 속에 처넣거나 어떤 밤에는 나를 노끈으로 칭칭 감아 공처럼 만들어 가까운 개천가의 나무에 걸어놓기도 했다.

엄마도 물론 그런 일들을 알고 있었던 듯하다. 그래도 어쩔 수가 없었다. 그저 우리를 이런 처지로 내몬 아버지와 이모를 저주할 뿐이었다. "니들은 곧 천벌을 받아 죽을 거야."라고 엄마는 언제나 되뇌었다.

나카무라와 함께 살면서 내가 가장 힘들었던 것은 그의 학대보다 동생과의 이별이었다.

어느 날 나는 엄마와 나카무라의 대화를 얼핏 듣게 되었다.

"자, 그럼 하루빨리 데려다주는 게 좋겠어. 어쨌든 그쪽 자식이니 어릴 때 갈수록 좋지."

라고 나카무라가 말했다.

"그런 남자한테 보내자니 걱정이지만 다른 수도 없으니."

라고 엄마가 푸념했다.

나는 처음에는 무슨 소리인지 몰랐다. 나는 불안했다.

"엄마 겐賢 짱 어디 가?" 하고 물어보았다.

엄마는 아버지와 헤어지면서 아이를 한 명씩 맡기로 했고 동생은 아버지가 키우기로 했다고 말해주었다. 나는 슬펐다. 그때 나한테 친구는 동생뿐이었고, 아니 그것보다도 [동생 외에는] 내가 사랑하는 대상조차 없었기 때문이었다. 나는 끈질기게 엄마를 졸랐다.

"엄마 내일부터 친구랑 안 놀고 아침부터 밤까지 겐 짱만 볼 테니까 아버지한테 보내지 마세요. 네? 나 혼자 있으면 외롭단 말이에요……."

그렇지만 엄마는 내 말을 들어주지 않았다.

"그렇게는 안 된다니까, 후미야. 그 애가 있으면 나도 너도 늘 고생이란다. 때마침 아버지가 아이를 보내라잖니……."

내가 아무리 사정해보아도 엄마는 완강했다. 그래서 나는 다음 날 드디어 나카무라가 없는 사이에 엄마에게 이렇게 말했다.

"엄마! 아무래도 겐이 아버지한테 가야 한다면 나도 갈래. 겐 짱 없이 나 혼자 집에 있는 건 너무 무서워……."

하지만 어른들에게는 어른들의 이유가 있어, 아이의 감정 따위는 전혀 이해할 수 없다는 듯이 엄마는 냉혹하게 나의 소원을 물리쳤다. 그것은 내게는 운명 같은 것이었다. 나는 결국 힘 앞에 주저앉을 수밖에 없었다.

그리고 얼마 뒤 동생은 엄마 등에 업혀 아버지한테 갔다. 그즈음 아버지는 기차를 타고 가야 하는 시즈오카에 살고 있었다.

동생이 가고 얼마 지나지 않아 우리는 또 이사를 했다. 이사라고 해봤자 남의 집 한 칸을 빌린 것이다. 철길 옆의 불에 탄 침목 울타리 가까이에 있는, 6조와 4조 반 정도의 방으로 된 작은 집이었는데, 그 6조 방에는 부두 하역꾼인 듯한 5인 가족이 살고, 우리는 4조 반짜리 방에 살게 되었다. 엄청나게 더러운 방으로 장지문에 붙여놓은 신문지가 오래되어 누렇게 바래고 다다미는 다 터져 있었다.

특히 창문 밑의 다다미는 구멍이 크게 나 있어 엄마는 그 위에 화로를 놓았다. 다른 구멍들은 종이를 대고 위에서 흰 실로 꿰매었다. 그리하여 겨우 다다미 구멍에서 나오는 먼지를 막을 수 있었다.

나카무라는 여전히 공장에 다니고 있었고 엄마는 조금 떨어진 강변의 창고에서 콩을 고르는 일을 찾았다. 하지만 나는 이제 혼자 집에 있지 않아도 되었다. 엄마의 열성적인 호소가 먹혀 나도 근처의 소학교에 다니게 되었던 것이다.

물론 나는 너무나 기뻤다. 동생과 헤어진 슬픔도 학교 일로 잊어버렸다. 우선 그 학교는 이전과 같은 몰래 하는 학교가 아니었다. 설비를 갖춘 당당한 학교였던 것으로 기억한다. 아이들도 모두 양갓집 아이들 같았고, 여자아이들은 모두 예쁜 기모노를 입고 매일 다른 리본을 달고 왔다. 그중에는 식모나 일꾼이 따라오는 애들도 있었다.

하지만 그것이 또 나를 괴롭혔다.

다니기 시작한 지 얼마 지나지 않아 석판을 가져와서는 안 된다고 했다―석판이 폐에 나쁘다는 것이었다―그 대신 연필과 노트를 가져오라고 했다. 그런데 내가 연필과 노트를 가져가는 일은 힘든 일이었다. 나카무라가 사줄 리가 없고 그렇다고 엄마가 쉽게 사줄 형편도 아니었다. 나는 그 노트 한 권과 연필 한 자루를 마련할 때까지 23일이나 학교를 쉬어야 했다.

엄마는 나를 비용이 덜 드는 학교로 전학시키고 싶어 했다. 하지만 주거지 관계상 불가능했다.

어느 날 아버지가 갑자기 우리를 찾아왔다.

아버지는 그즈음 무슨 장사라도 시작한 듯 뭔가 큰 보따리를 가져왔다. 아버지의 얼굴은 애 눈에도 놀랄 정도로 수척해 보였다.

얼마나 미워한 아버지인가. 그런데도 왠지 반가웠다. 아버지가 가져온 보따리를 방구석에 놓고 화로 옆에 앉아 나카무라와 뭔가 이야기를 하고 있는 사이에도 나는 왠지 아버지가 훨씬 잘나 보였을 뿐 아니라 응석이라도 부리고 싶은 마음조차 들었다. 그래서 나카무라가 잠시 자리를 뜬 사이에 아버지 귀에 입을 대고 작은 소리로 "고무공 사주세요." 하고 부탁했다. 아, 나는 학교 아이들 누구나 갖고 있는 고무공을 얼마나 갖고 싶어 했던가.

그날 밤 아버지는 나를 절 앞 상점가로 데려갔다. 집 앞 골목을 나오자 "자, 업어줄까." 하며 아버지는 나를 등에 업었다. 마치 어렸을 때 목마를 태워주었던 것처럼.

절 앞의 간이 판매대에서 나는 고무공을 발견했다. 아버지는 아무거나 좋은 걸 고르라고 하였다. 나는 붉은 꽃무늬가 있는 공을 큰 것 작은 것 두 개 골랐다. 진열대 위에는 여러 가지 물건이 많았다. 나는 그것들을 신기한 듯 보았다.

"또 갖고 싶은 게 있니?" 하고 아버지가 물었다.

나는 말없이 고개를 저었다.

"불쌍한 것……." 하며 아버지는 얼른 다른 곳으로 나를 데리고 가며 목소리를 가다듬어 말했다. "넌 아직 갖고 싶은 게 많을 거다. 아버지도 다 사주고 싶지만…… 아버지가 요즘 너무 사정이 안 좋으니…… 좀 참으렴, 알았지, 후미코야……."

가슴속에서 뭔가 뜨거운 것이 올라오는 것을 느꼈다. 하지만 겨우 억눌렀다. 아이 마음에도 많은 사람 앞에서 우는 것은 창피했기 때문이다.

우리는 잠시 밤거리를 걷다 돌아왔다. 밝은 거리를 지나 어두운 골목으로 들어서자 아버지가 말했다.

"후미코야, 아버지가 미안하다. 용서해줘! 아버지가 잘못하여 죄 없는 너희들까지 고생을 시켜 정말 미안하다. 하지만 후미코, 아버지도 언제까지나 가난하지는 않을 거야. 그때는 널 제일 먼저 호강시켜주마. 그때까지 기다려주라……."

아버지는 분명히 울고 있었다. 눈물을 글썽거리며 울먹이고 있었다. 나도 울었다.

하지만 나는 아이가 아닌 분별이 있는 어른처럼 말했다.

"그런 건 아무래도 괜찮아. 아무리 가난해도 좋으니 아버지 집에 데려가줘…… 겐 짱 있는 데 데려다줘……."

"알아, 알아." 하고 아버지는 더 흐느끼며 "아버지도 널 데려가고 싶어. 아무리 어려워도 너만은 굶겨죽이지 않아. 하지만 지금 널 데려가면 엄마는 어쩌니. 엄마는 너만 믿고 사는데. 그러니 지금은 좀 참고 엄마, 아버지 말 잘 듣고 기다리고 있어. 그럼 아버지가 데리러 오마. 꼭 데리러 올 거야……."

아버지는 걷다가 길에 선 채 소리를 죽여 울었다. 나도 아버지 등에 딱 붙어 흐느꼈다.

그러다가 아버지는 울음을 멈추고 분명한 어조로 "자, 가자. 엄마가 기다리실 거야." 하며 힘 있는 발걸음으로 걷기 시작했다. 그리고 집 근처 골목 입구까지 와서 나를 등에서 내려놓고 흰 수건으로 내 눈물을 닦아주었다.

그날 밤 아버지는 다시 짐을 지고 터벅터벅 돌아갔다.

그 뒤로 나는 저녁만 되면 골목을 뛰어나가 큰길가를 계속 지켜보곤 했다. 아버지가 데리러 올 것 같아서였다. 하지만 그 뒤로 아버지는 나를 데리러 오지 않았다.

우리는 또 이사를 했다.

이사하자마자 엄마는 무엇보다 먼저 나를 소학교에 보내기 위해 학교 교장에게 울며불며 사정하였다. 그리하여 겨우 학교를 다닐 수 있게 되었다.

　그 학교는 전의 학교보다 훨씬 초라했다. 가난한 집 애도 많아 나한테는 안성맞춤이었다. 그런데 거기서도 나를 노골적으로 차별했다.

　아침에 수업이 시작되면 선생님이 아이들 이름을 하나하나 호명하여 출석을 확인하는데 내 이름은 부르지 않았다. 내 옆자리까지 부르다가도 나는 건너뛰었다. 지금 생각하면 별일도 아니지만 아이한테는 너무 괴로운 노릇이었다. 그 때문에 나는 일부러 늦게 가거나 아니면 아이들 이름을 부를 동안 계속 책상 속을 뒤지고 있거나 필요도 없는 책을 계속 읽고 있기도 했다. 그러다 선생님께 주의를 받으면 앞치마 아래 손을 넣고 만지작거리곤 했다.

　입학한 다음 달—아마—의 일일 것이다.

　어느 날 아침 월사금 봉투를 선생님께 드렸다. 그러자 바로 교무실로 오라는 연락이 왔다. 왜 그런지 몰랐다. 나는 태평한 얼굴로 교무실로 갔다.

　담임선생님은 내가 드린 봉투를 보이며 이렇게 말했다.

　"이건 빈 봉투잖아. 봉투 안에 아무것도 들어 있지 않아. 도대체 무슨 일이니?"

　물론 아무 일도 없었다. 나는 그저 엄마가 준 걸 갖다드렸을 뿐이었다.

　"아무 일도 없는데 안의 돈이 없을 리가 있니? 도중에 뭔가 산

거지?"

"아니오."

"그럼 오다가 흘렸단 말이니?"

"아니오, 가방 속에 넣어 왔거든요……."

교장도 무서운 눈으로 나를 책망했다. 뭐라도 사 먹었을 거라고 나를 위협했다. 결국 내 가방까지도 뒤졌다. 하지만 가방 속에는 돈도 없었을 뿐 아니라 뭔가를 산 흔적도 없었다.

교장과 담임선생의 눈이 더욱 빛났다. 그들은 내가 뭔가를 샀음에 틀림없다고 결정한 듯 그게 얼마나 나쁜 짓인가를 얘기하며 나를 계속 몰아세웠다. 하지만 아무리 야단을 맞아도 모르는 일은 모르는 일이었다. 전혀 모르는 일이라고 말하며 나는 버텼다.

급사가 우리 집에 달려가, 엄마가 불려왔다. 교장 앞에 불려온 엄마는 처음에는 당황하더니 곧 사건의 진상을 알아차린 듯했다.

"그건 우리 딸이 한 일이 아닙니다. 절대로 아닙니다."

이렇게 말하며 엄마는 나를 변호해주었다. 엄마는 말했다.

"월사금은 어젯밤 제가 봉투에 넣어서 잃어버리면 안 되니 가방에 넣어 벽에 걸어두었는데 아마 새아버지가 공장에 가면서 그걸 훔쳐갔을 겁니다. 이런 일이 한두 번이 아니거든요."

그러면서 그런 일들을 열거해주었다. 사실 나도 그런 일들을 알고 있었다. 연습장 안에 넣어둔 연필이 학교에 가보면 없었다. 나는 울며 집에 돌아간 일이 두세 번 있었다.

엄마의 말이 교장의 마음을 움직였음에 틀림없다. 나는 그때 교장이 엄마에게 말하는 것을 옆에서 들어서 기억한다.

"이렇게 제대로 된 아이를 그런 환경에 두는 것은 너무 가엾습니다. 어때요. 제가 돌볼 테니 이 아이를 양자로 주지 않으시겠습니까?"

지금 생각해보면 교장이 정말 나를 동정해서 그런 말을 했는지 그렇지 않으면 교장에게 아이가 없어서 그런 말을 했는지, 그것은 모르겠다. 하지만 어쨌든 혐의가 풀리고 오히려 나를 생각해주는 것 같아 기뻤다.

"감사합니다." 하고 엄마는 교장에게 인사를 했다. 하지만 물론 나를 보낼 수는 없었다. "이 아이는 하나밖에 없는 혈육이고 저는 이 아이 보는 낙으로 삽니다. 아무리 고생스러워도 제 손으로 키울 작정입니다……."

교장은 더 이상 강권하지는 않았다. 나는 엄마 손을 잡고 우리 집으로 돌아왔다.

그 일로 엄마와 나카무라 사이에 언쟁이 있었음에 틀림없었다. 나카무라는 그때까지도 밖에서 술을 마시고 다니다가 내 월사금까지 손을 대었던 모양인데 그 뒤에는 더 심해졌다. 나카무라가 벗어놓은 작업복 포켓[주머니]에서 때때로 요릿집 계산서나 청구서 등이 나왔다. 그 주제에 그는 부엌의 연료를 절약하라는 등, 땔감비가 많이 든다는 둥 잔소리를 해대는 것이었다.

엄마는 또 속 터지는 날들을 보내기 시작했다. 생각해보면 엄마는 아버지처럼 좋아서 나카무라와 산 것이 아니라 그저 먹고 살기 위해 같이 살았으므로 더 괴로웠으리라. 게다가 나카무라는 공장의 기계인가 뭔가를 훔쳐 팔아 회사에서도 해고를 당했다.

그 길로 엄마는 나카무라와 헤어졌다.

나카무라와 헤어진 뒤 우리는 집을 정리하고 아는 집에 더부살이를 했다. 엄마는 나를 그 집에 맡겨두고 매일 일을 찾으러 다녔다. 아침에 나갈 때마다 엄마는 나에게 이렇게 일렀다.

"있잖아, 밖의 큰길에 나가 놀면 안 돼. 나카무라한테 잡힐지도 몰라."

아마 엄마는 나카무라가 헤어지기 싫다는데 그냥 나온 모양이었다.

엄마는 매일 일을 구하러 다녔지만 시내에는 마땅한 일이 없었다. 그런데 엄마가 아는 아주머니의 오빠가 시골 제사製絲 공장에서 감독으로 있다고 하여 엄마는 그곳으로 가기로 했다

엄마는 기쁜 듯이 나에게 말했다.

"그 사람은 무슨 감독인가 그렇대. 감독이면 빽도 셀 테니 그 사람만 믿고 가면 우리를 잘 봐줄 거야. 뭔가 잘될 것 같아."

아이인 내가 느끼기에도 답답할 정도로 엄마의 의존심은 대단했다. 엄마는 혼자서는 한 발짝도 떼지 못하는 여자였다. 한 발 떼는 데도 누군가가 잡아주어야 하는 여자였다. 하지만 나는 아직 아이였다. 엄마를 따를 수밖에 없었다.

제사 공장에 갔지만 엄마가 바라던 일은 결코 일어나지 않았

다. 우선 그 남자는 감독도 무엇도 아니었다. 실은 제일 말단의 솥 담당에 지나지 않았다. 그래도 우리는 거기서 3개월 정도를 보냈다. 그런데 그 사이의 기억은 이상할 정도로 남아 있지 않다. 하나 남아 있는 기억은 어느 날 조선 엿을 갖고 아버지가 홀연히 나타났던 것이다.

아, 나는 그때 얼마나 기뻤는지 모른다. 아버지가 약속을 지켜 나를 데리러 온 것이다. 나를 데리러 올 정도로 살림이 나아졌음이 틀림없다고 생각했다.

하지만 사실은 그렇지 않았다. 아버지가 틀림없었지만 너무나 행색이 초라했다. 지난번에 고무공을 사줄 때의 아버지가 아니었다.

아버지가 오자 엄마는 공장을 쉬고 아버지와 살았다. 헤어지지 않았던 예전처럼 두 사람은 생활했다. 하지만 어느 날 홀연히 아버지는 사라졌다. 며칠 있었는지 언제 갔는지조차 기억하지 못할 정도로 나도 아버지도 서로 무관심하게 있었던 듯하다.

우리는 다시 도시로 돌아왔다. 엄마는 방적 공장에 취직한 것 같았다. 우리는 나가야의 한 칸을 빌려 살면서 나는 이전의 동정심 많은 교장이 있는 학교에 다니기 시작했다. 원체 살림이 없어 넉넉하지는 않았지만 이번에는 둘만 있고 아무런 속박이 없어 생활은 비교적 순조로웠다. 우리 두 사람에게 무슨 재난이 퍼붓지 않는 다음에야 우리 모녀는 외롭긴 해도 서로 의지하며 잘 지낼 수 있을 것이라는 생각이 들었다.

계속 이대로라면 좋겠다. 아이 마음에도 이렇게 빌고 싶은 심정이었다. 하지만 역시 뜻대로 되지 않았다. 의존심이 강한 엄마다. 게다가—지금 생각해보면—엄마는 남자 없이는 살 수 없는 여자였음이 틀림없다. 엄마는 또 젊은 남자와 동거에 들어갔다.

이 남자는 엄마보다도 일고여덟 살 연하로 그즈음 스물예닐곱이었다. 엄마 아는 사람의 후처 집에 하숙하고 있다고 했는데, 나도 물론 그 남자를 보아 알고 있었다. 머리를 길게 길러 기름을 듬뿍 발라 가르마를 타서 넘기고, 푸른 비단 수건을 목에 두르고, 담배 연기를 내뿜으며 빈둥거리던 사람이었다.

이 남자와 동거하기로 했을 때 엄마는 내게 말했다.

"아주 부지런하다는 소문이야. 게다가 젊고 나가서 일만 잘해주면 이번에야말로 너도 나도 훨씬 편해질 거야."

나는 싫었다. 왠지 슬프기조차 했다. 나는 좀 되바라지기는 했지만 넌지시 엄마에게 반대를 했다.

"그렇게 열심히 일하는 사람 아니라던데. 어제도, 그제도, 아까도, 늘 빈둥거리며 놀고 있는 걸 봤단 말이에요."

하지만 엄마는 내 항의는 듣지도 않았다. 어제와 그제 쉬었던 것은 감기에 걸려 공장을 쉬었기 때문이라며 그 남자를 편들면서, 보기 드물게 부지런한 청년이라고 하숙집 아주머니가 말하더라는 것을 강조하는 것이었다.

이런 이야기가 있은 지 3일도 못 돼 그 남자는 우리 집에 와서 그대로 뻔뻔하게 눌러앉았다.

그 남자는 고바야시小林라고 했다. 고바야시는 항구의 하역꾼이었는데 보기 드문 게으름뱅이였다. 그를 하숙시켰던—사실은 부부 사이였던—전과 2, 3범인 연상의 과부도 두 손 들고 그를 우리 엄마에게 넘긴 것이었다. 그러고는 나중에 원망 듣지 않으려고 엄마를 꼬드겼다.

고바야시는 집에 오자마자 밖으로는 나가지 않았다. 가끔 일을 나가도 시간이 늦어 퇴짜를 맞았다는 등 무슨 핑계를 대서라도 돌아왔다. 엄마도 역시 어느 사이엔가 공장을 그만두고 두 사람은 누워서 시간을 보냈다. 그리고 가능한 한 나를 내보내려 했다.

어느 날 밤의 일이다. 밤 9시가 지났지만 나는 안 자고 6조 단칸방 구석에서 배운 것을 복습하고 있었다.

고바야시와 엄마는 바로 옆 이불 속에서 장난을 치고 있다가 갑자기 엄마가 나한테 군고구마를 사 오라고 했다. 누운 채로 손을 뻗어 베개 밑의 동전 주머니를 꺼내 내 쪽으로 휙 던졌다. 안에서 5전짜리 백동전과 동전 서너 닢이 데굴데굴 다다미 위로 굴러떨어졌다.

"이 밤에 군고구마를?" 나는 가기 싫어 항의를 했다. "앞 군고구마집은 일찍 닫아버린단 말야."

엄마는 속이 타서 거칠게 말했다.

"군고구마집이 거기밖에 없니. 뒷골목 목욕탕 옆에 가면 아직 할 거야, 빨리 갔다 와……."

뒷골목 목욕탕 옆 군고구마집. 그 말을 듣자 나는 몸이 떨리는 느낌이었다. 거기를 가려면 하치만신사 숲의 커다란 나무 밑을 지나야 한다.

"엄마 과자 사 먹어요. 과자집은 앞에도 있잖아."

"안 돼! 군고구마가 아니면 안 돼." 엄마는 화를 내며 소리쳤다. "너는 엄마가 하는 말은 안 듣니. 빨리 다녀와, 이 겁쟁이야. 뭐가 무서워."

엄마의 서슬에 놀라 다녀오기로 했다.

"얼마나 사 와?"

"상다리 옆에 5전이 있으니 그만큼 사 와."

엄마는 이불 위에서 턱짓을 했다. 나는 할 수 없이 동전을 주워 일어났다. 그리고 부엌에서 보자기를 갖고 문을 나섰다.

문은 열었지만 발이 떨어지지 않았다. 바람이 씽씽 불고 밖은 캄캄했다. 멀리서 소방대원들이 불조심하라고 치는 나무 박자 소리가 들려온다. 왼쪽으로 비스듬하게 하치만신사의 새카만 숲이 솟아 있다. 그 숲은 낮보다 더 가까이 다가와 무겁게 내리누르고 있었다. 그 나무 밑을 나는 혼자서 지나야 한다. 하지만 할 수 없다. 가야 한다.

어둠 속에 우두커니 가만히 서 있었다. 그러자 갑자기 엄마가 뛰어나와 "빨리 안 가." 하며 나를 밖으로 밀쳐내고 문을 탁 닫았다. 이제는 할 수 없다. 나는 모든 용기를 내어 죽을힘을 다해 달렸다. 컴컴한 숲을 언제 어떻게 지났는지 기억도 안 난다. 군고구마집에서 따뜻한 고구마를 보자기에 싸서 다시 앞의 숲길을 누가 뒤에서 쫓아오기라도 하듯 단숨에 달려 집으로 뛰어 들어왔다.

하지만 그 순간 나는 얼굴을 돌리고 다시 어두운 문밖으로 나가지 않을 수 없었다.

엄마는 군고구마가 먹고 싶은 것이 아니었다. 그저 나를 내쫓고 싶었던 것이다.

봄이 되어 학교 종업식이 되었다.

하지만 온정으로 다니게 해준 나에게는 수료증이 주어지지 않았다. 그러니 진급할 수도 없었다. 엄마는 또 교장한테 애원하러 갔다. 그 결과 나는 겨우 보통학교 1학년 과정을 마쳤다는 증명서를 받을 수 있게 되었다. 그래서 나는 엄마 아는 집 남자아이의 비백飛白 무늬 쓰쓰소데[소매가 없는 기모노]에 울금欝金으로 물들인 헤코오비[한 폭으로 된 허리띠]를 매고 종업식에 갔다.

식장 정면의 흰 천으로 덮은 책상 위에는 수료증과 상품 등이 쌓여 있었다. 좌우로 기모노 차림의 엄마들이나 선생님들이 엄숙하게 늘어서 있었다. 테이블을 앞에 두고는, 예쁜 옷을 차려입은 아이들이 늘어서 있었다.

식이 시작되었다. 교장은 뭔가 훈화를 하고는 테이블 앞에 서서 아이들 이름을 하나하나 부르며 수료증이나 상품을 건네주었다. 아이들은 기쁜 듯 방글방글 웃으며 자랑스럽게 상품 등을 받고 물러났다.

마지막으로 내 차례가 왔다. 부르는 대로 나는 아이들 사이를 나와 역시 웃으며 테이블 앞에 섰다. 경례를 하고 나는 양손을 높이 올렸다. 교장은 나에게 종이를 건네주었다.

아, 정말로 그것은 종이였다. 다른 아이들에게는 빳빳하고 튼튼한 사각형 종이에 활자로 인쇄한 수료증을 준 데 비해 내게는 반지半紙[붓글씨 연습 등에 쓰는 얇고 흰 일본 종이]를 두 번 접어서 붓으로 뭐라고 작게 쓴 것을 주었다. 교장 손에서 증서를 받아들자 그것은 맥없이 구겨지고 말았다.

나는 얼마나 창피했는지 모른다. 친구들 모두가 받은 고급 종이의 수료증이나 상품도, 좌우로 늘어선 학부형들이나 선생님들도, 아니 종업식 자체도 모두 나에게는 굴욕 그 자체였다. 이런 것이라면 차라리 안 받는 것이 낫다. 남자아이의 기모노까지 빌려 입고 온 내가 창피했다.

그것은 그래도 나았다. 우리 집 형편은 날이 갈수록 나빠졌다. 우리는 그저 세간을 팔아 살고 있었다. 이제 전당포에 맡길 것도 없었다. 화로도 팔아버렸고 돈이 될 만한 것은 전부 팔아버렸던 것이다. 그리고 드디어 내 차례가 왔다. 즉 나를 창기로 파는 것 말이다.

어느 날이었다.

우리 집은 먹을 것도 없는 형편이라는 것을 어린애인 나도 알고 있었는데, 엄마는 예쁜 빨간 비녀를 사다주었다. 그것은 옛날부터 내가 갖고 싶어 하던 물건이었다. 나는 뛸 듯이 기뻤다.

엄마는 내 머리를 빗기고 머리에 그것을 꽂아주었다. 기모노는 물론 새것으로 바꿔 입지는 못했지만 그래도 반듯이 새로 입혀주었다. 그러면서 엄마는 나에게 우리 집이 얼마나 곤궁한지 말하고 너를 이렇게 키우는 것이 너무 가엾다고 했다. 나는 목이 메여 눈물이 나오려고 했다.

그러더니 엄마는 갑자기 어조를 바꾸어 낭랑하게 말했다.
"그래서 말인데 다행히도 너를 받아주겠다는 곳이 생겼지 뭐니. 그곳은 우리 집처럼 가난하지 않으니 나중에 널 호강시켜줄 거야."

나는 엄마와 떨어져 남의 집에 가는 것이 싫었다. 하지만 나는 아이였어도 나로 인해 엄마가 얼마나 고생하는지 알고 있었기 때문에 그런 집이 있으면 가도 된다고 생각했다. 나는 물론 그 '호강'이 뭔지는 몰랐다. 그렇지만 호강하는 것은 아마 좋은 일이 분명하다고 생각했다. 그리하여 나는 슬프기도 기쁘기도 한 뭐라고 말할 수 없는 기분으로 엄마를 따라 집을 나왔다.

엄마는 나를 좀 분위기 있는 집으로 데려갔다. 우리는 그 집의 계단에 앉아 잠시 기다렸다. 그러자 검은 비단 오비를 대충 맨 나이가 좀 든 여자가 나와 거만하게 엄마에게 인사를 했다.

지금 생각하니 그 사람은 게이샤나 창기를 소개하는, 즉 인신매매업을 하는 소개업자였던 것이다. 그 아주머니는 내 얼굴을 유심히 쳐다보았다. 그리고 이 상품 하나를 앞에 놓고 두 사람 사이에 흥정이 시작되었다.

"아무래도 이 아이는 너무 작아. 물건을 만들려면 적어도 5, 6년은 걸려. 그 사이 돈이 얼마나 드는데. 그냥 둘 수 없으니 학교라도 보내 적어도 소학교는 졸업시켜야지. 게다가 손님 시중을 들 수 있도록 가르쳐야지. 그러니 그렇게 하려면 꽤 밑천이 든단 말이야……."

이게 그쪽의 흥정이었다.

엄마는…… 엄마는 정말 슬펐을 것이다. 울며불며 엄마는 대답했다.

"저는, ……저는 사실 돈이 없어 이 아이를 창기로 만들려는 게 아니에요. 그러니 돈은 아무래도 좋아요. 그저 우리가 너무 못사니 그쪽이 더 행복하지 않을까 생각했을 뿐입니다."

"그거야 뭐 그렇겠지. 아무리 창기라도 출세하면 꽤 괜찮거든……."

사는 쪽이 엄마의 약점을 찌르며 맞장구를 치자, 엄마는 이때다 싶은 듯 가져온 아버지의 호적등본이나 족보 등을 보이며 우리 집이 아버지가 얘기하는 어떤 씨족의 후예임을 상대에게 알리느라 애썼다. 그리고 덧붙였다.

"그렇게 되면 조금이나마 여유가 있고 출세할 수도 있다고 생각해서요……."

아마 상대방 여자는 이제 새장에 새를 잡아넣었다고 생각했을 터이다. 돈 얘기는 엄마도 크게 문제 삼지 않고 원만히 끝난 듯했다.

나는 물론 엄마가 나를 여기에 데려왔을 때 이야기가 처음과는 많이 다르다는 것을 알았다. 하지만 나는 창기가 뭔지, 게이샤가 뭔지 전혀 몰랐다. 게다가 학교에도 보내주고 예절도 가르쳐준다고 생각하니 그리 나쁘지는 않았다.

그런데 어느 쪽으로 보낼 것인가 하는 이야기로 접어들자 엄마는 고민하기 시작했다. 아주머니는 나를 도카이도東海道의 미시마三島[태평양에 면한 이즈반도 중부의 유명한 온천 마을]로 보낼 것이라고 했다. 미시마라는 소리를 듣자 엄마 얼굴이 갑자기 우울해졌다.

"좀 더 가까운 곳으로 보내면 안 될까요?" 엄마는 애원하듯이 말했다. "미시마라면 너무 멀어서 가끔 만나는 것도 어렵잖아요……."

"그렇긴 하지." 상대도 좀 당황한 표정을 지었다. "마침 근처에는 자리가 없어서 말이야. 미시마에서는 이야기가 있어서……."

엄마는 몇 번이나 가까운 곳을 주장했지만 상대는 안 된다고만 했다. 그래서 엄마는 결국 단념한 모양이었다.

"그럼 또 다음에 부탁하기로 하죠."

이렇게 엄마는 아쉬운 듯 거절하고 우리는 또 어둡고 삭막한 집으로 돌아왔다. 지금 생각해보면 나한테는 얼마나 잘된 일이었는지 모른다. 그리고 엄마가 나를 그렇게 하는 편이 나의 행복이라고 생각했다는 것도 거짓말이었다는 생각이 든다. 왜냐하면 정말 그렇다면 나를 자주 못 본다고 거절하는 것은 이유가 되지 않는다고 나는 생각하기 때문이다.

  마지막 물건을 팔지 못한 우리 집은 어쩔 수 없는 지경까지 이르렀다. 집주인은 매일같이 눌러앉아 집세 독촉을 하고 근처의 가게에서는 뭐 하나 외상을 해주지 않았다. 그래서 엄마와 고바야시는 몰래 의논을 했으리라. 어느 날 밤 우리는 가재도구들을 들 수 있을 만큼 안고 지고 야반도주를 했다. 도망간 곳은 변두리의 싸구려 여인숙이었다. 우리는 결국 '밑바닥' 생활로 떨어진 것이었다.

  우리는 3조짜리 방을 빌렸다. 다른 방에는 인부나 우산 고치는 사람이나 점쟁이, 마술사, 목수 등이 우글거리며 살고 있었다. 대부분은 비가 오나 안 오나 어슬렁거리며 놀고 있다가, 정 먹을 것이 없으면 마지못해 꾸깃꾸깃하고 꾀죄죄한 옷을 걸치고 일하러 나갔다. 그리고 저녁에는 싼 술을 퍼마시고 정신없이 취해 돌아왔다. 그러고는 술주정이 시작되었다. 도박을 하고 말도 안 되는 시비를 걸다 결국은 무시무시한 싸움판으로 바뀌곤 했다.

  이런 분위기에서 게으름뱅이 고바야시가 일할 턱이 없었다. 아이인 내가 보아도 애가 타다 못해 나중에는 참 질리지도 않나 감탄할 정도로 오늘도 내일도 고바야시는 아침부터 밤까지 방구석에서 빈둥거렸다.

  우리는 하루 세끼를 먹은 적이 별로 없었다. 한 끼도 못 먹는 날이 더 많았다. 나는 언제나 배가 고팠다. 지금도 나는 배가 고플 때 생각하곤 한다. 내가 허기진 배를 움켜쥐고 어질어질 길을 걷고 있는데 어느 집 쓰레기에 까맣게 탄 밥이 버려져 있는 것을 보고 그것을 몰래 입에 넣었던 일을. 그리고 그 밥이 얼마나 맛있었는지를.

"정말 널 고생시켜 미안하다."라고 엄마는 늘 미안하다고 했다.

"내가 그런 남자랑 같이 사니까 그렇지." 하며 엄마는 더 어쩔 줄 몰라 했다.

"좀 있으면 일하겠지 했는데 정말 질렸다. 질렸어. 누가 뭐라고 해도 돌을 붙잡고라도 혼자 살았어야 했어. 그때부터 너랑 둘이서 살았다면 이렇게 거지가 되지는 않았을 텐데."

엄마는 슬픈 듯 고개를 떨어뜨렸다. 잠시 말이 끊겼다. 다시 고개를 들었을 때는 체념한 듯 밝게 말했다.

"하지만 지금은 헤어지고 싶어도 헤어지지 못하게 됐어. 이렇게 되고 보니 저번에 헤어지려고 했을 때 갈라섰어야 하는 건데……."

나는 도무지 이해가 안 되었다. 그저 엄마의 우유부단함에 속이 터졌다.

엄마는 자주 고바야시에게 잔소리를 했다. 그래도 고바야시는 절구통처럼 움직이지 않았다. 엄마는 포기한 듯 혼자서 삼실을 뽑는 일을 하고 있었다. 그러던 중 엄마도 그 일을 그만두어버렸다. 어딘가 불편한 듯 생기 없는 얼굴로 언제나 누워 있기만 했다.

그래도 나는 어린애다. 아무리 어려워도 역시 밖에 나가 놀고 싶었다. 그날도 근처 아이들과 둑 밑에서 놀고 있었다. 거기에 엄마가 갑자기 나타나 큰일 난 듯이 뛰어와 나를 불렀다.

"무슨 일이에요, 엄마."라고 내가 묻자 엄마는 힘없는 소리로 이 근처에 꽈리 나무가 없는지 물었다. 아이들은 친절하다. 모두가 근처를 샅샅이 뒤져 옆의 다리 밑에서 꽈리 나무를 찾아주었다. 개중에는 옛날부터 그 나무가 거기에 있다는 것을 알고 자라기를 기다리고 있던 아이도 있었지만 제 손으로 뿌리를 캐서 주었다.

"고마워."라고 엄마는 말하며, 뿌리 부분을 싹둑 잘라 소매에 넣어갔다.

그날 밤 나는 꽈리 나무의 누런 뿌리만이 신문지에 싸여 방 선반의 전구 옆에 놓여 있는 것을 보았다.

지금 생각해보니 엄마는 임신했다는 것을 알고 꽈리 나무뿌리로 아이를 떼려 했던 것이다.

고바야시의 고향

벌써 가을로 접어들었다.

엄마와 고바야시는 어떻게 돈을 만들었는지 나를 데리고 고바야시의 고향으로 돌아가게 되었다.

고바야시의 고향은, 마을 이름을 잊었지만, 야마나시 현 기타쓰루 군北都留郡의 꽤 구석진 산골 동네였다. 고바야시의 집은 농사를 지어 근근이 살아가는 형편이었고 세 형제 중 누구 하나 변변한 사람이 없었으며 둘째인 고바야시가 그나마 영리한 편이었다. 그는 아버지가 죽은 후 형을 대신해 집안 살림을 하다 돈을 좀 꿍쳐 집을 나왔던 것이다. 식구들은 고바야시를 걱정하고 있었지만 오랫동안 아무 연락도 하지 않다가 갑자기 그가 연상의 여자와 아이를 데리고 돌아왔기 때문에 모두 놀라기도 하고 반가워하기도 했다. 그리고 고바야시를 위해 가능한 한 편의를 봐주었다.

앞에서도 말했듯이 마을 이름은 잊었지만 그곳은 고소데小袖라 불리는 동네였다. 씨족사회로 열네댓 집 정도가 사는 조용한 동네였다. 우리가 처음 그 동네에 도착했을 때는 우리가 살 집이 없었다. 그래서 모두가 의논하여 고바야시의 형수의 친정집 서쪽에 있는 땔감을 두는 오두막을 정리하여 우리의 거처로 하도록 했다.

숯이나 짚이 쌓여 있었으므로 바닥은 썩고 벽지는 떨어지고 비는 새고 엉망이었지만 그래도 판자를 대고 짚을 넣고 진흙을 이겨 벽을 바르고 하여 겨우 거처할 수 있게 되었다. 방은 10조의 네모난 방인데 안쪽에만 헌 다다미 두 장을 깔았다. 즉 그 다다미 두 장이 우리의 침실이고 거실이고 식당이었다. 화로는 입구 가까이에 있었지만 원래가 시골의 땔감을 두는 오두막이어서 문도 없고 칸막이도 없었다. 여름밤에는 입구에 발을 쳐서 문을 대신했지만 겨울에는 너무 추워 다른 집에서 문짝을 두 개 빌려와 입구를 막고 끈으로 동여매었다. 그래도 눈보라가 치는 밤에는 눈 섞인 바람이 방 안으로 몰아쳐 아침에 일어나 보면 화로 옆에 눈이 쌓여 있는 일이 자주 있었다. 게다가 엉성한 문 바로 옆은 마구간이고 오른쪽은 집주인과 같이 쓰는 공동변소여서 불결하기 짝이 없었다.

고바야시는 이 집에 와서는 신기할 정도로 일을 하기 시작했다. 우선 그의 일은 집안의 숯을 맡아 굽는 일이었다. 엄마는 엄마대로 근처 집들의 재봉 일을 해주고 그 대가로 무나 감자나 채소 등을 받아 우선 굶을 염려는 없게 되었다. 그리고 나는 예의 그 종업식 이래 뜸했던 학교를 다시 다니게 되었다.

여기서 또 나는 내가 그리워하는 이 고장의 일을 이야기해야 할 것 같은데, 그전에 먼저 이 고소데의 생활상을 좀 얘기하겠다.

도회지에서 7층 8층짜리 고층 건물을 보고 긴자의 눈부신 쇼윈도를 보는 사람들은, 자가용 승용차로 사교 모임이나 카페 출입을 하는 사람들은, 여름에는 선풍기 겨울에는 난로를 쓰며 마음껏 생활할 수 있는 사람들은 이 이야기를 거짓말이라고 할 것이다. 그러나 이것은 결코 거짓말도 과장도 아니다. 나는 도회지의 번영은 시골과 도회지의 교환으로 도회지가 시골을 완전히 속인 결과라고 생각한다.

고소데는 앞에서도 말했듯이 친척들 열네댓 집이 모여 사는 동네로 소위 원시사회라 할 수 있는 곳이다.

동네는 꽤 경사가 급한 산허리의 남향의 계곡에 자리 잡고 있다. 논다운 논은 하나도 없다. 산만 널려 있고 간간히 개간한 밭이 있을 뿐이다. 그래서 마을의 산업은, 봄부터 여름까지는 양잠을 하고 밭에서 약간의 보리와 야채를 수확하고 모래밭에서 와사비[고추냉이]를 키우고, 겨울에는 남자들은 산에 가서 숯을 굽고 여자들은 집에서 가마니를 짜는 것이 전부다. 산골 동네인 관계로, 이 동네 사람들은 뭐니 뭐니 해도 수입의 거의 7, 8할을 이 숯에서 얻는다.

이러한 상황이었으므로 동네 사람들의 식사는 정말 초라했다. 밥은 내가 지금 감옥에서 먹고 있는 것과 같은 보리밥이었지만 감옥보다도 못할 정도였다. 이는 감옥의 밥은 4 대 6의 비율로 남경미南京米가 4할 들어 있으나 그 동네의 밥은 흰쌀이 한 톨도 없었기 때문이다. 그 대신 그 동네의 밥은 감옥의 밥처럼 벌레나 돌, 지푸라기가 나오지는 않았다. 야채 반찬은 감옥이나 매한가지였다. 왜냐하면 야채를 삶아 조릴 때 설탕을 전혀 넣지 않기 때문이다. 그 동네에서 먹은 생선이라고는 깜짝 놀랄 정도로 짠 연어뿐이었다. 그것도 한 달에 한 번밖에 먹지 못했다.

그러나 이런 거친 식사가 건강을 해칠 것이라는 편견을 가져서는 안 된다. 왜냐하면 산에 한번 들어가 보면 안다. 그곳에는 요즘 유행하는 비타민을 다량으로 함유한 그리고 평소 식사에서 결핍된 당분이나 칼로리를 보충해줄 으름덩굴이나 배, 밤 등이 지천으로 널려 있기 때문이다. 우리 아이들은 물론 어른들도 이것을 따서 먹는다. 그래도 남는 것은 새나 쥐의 먹이로 주고 개중에는 동물들도 먹지 않아 가지에 매달려 있다 땅에 떨어져 썩는 것도 있었다. 그래서 아이들이 쫓아다니기만 할 뿐 아무도 잡지 않는, 만약 사냥이라도 한다면 식재료가 될 수 있을 엄청나게 많은 야생동물이, 특히 토끼가 동네 뒷산이나 학교 통학 길에 자주 뛰어다니고 있었다.

내가 정말 자연과 친해진 것은 그 무렵이다. 그 덕분에 나는 시골 생활이 얼마나 이상적이고 얼마나 건강하며 또 얼마나 자연스러운가를 오늘날까지도 느끼고 있다. 그런데도 시골 사람들의 생활이 그토록 비참한 것은 왜일까. 아주 옛날은 모르겠다. 도쿠가와 시대의 봉건사회 그리고 오늘의 문명사회에서 시골은 도시 때문에 점점 수척해간다.

내 생각으로는 시골에서 양잠을 하면 시골 사람들은 그 실을 짜서 작업복도 비단옷으로 해 입으면 된다. 괜히 도시 상인한테 무명옷을 살 필요가 없다. 누에고치나 숯을 도회지에 팔아 그보다도 훨씬 나쁜 무명이나 비녀 같은 것을 사다 보니 교환상의 조화로 시골의 돈을 도회지에 빼앗기는 것이다.

그러나 물론 마을에서는 그런 일을 하는 것이 불가능했다. 돈이라는 유혹에 못 이겨 숯이나 누에고치를 판다. 그러면 도시 상인들이 거기에 달라붙어 이런 동네까지 찾아온다. 행상인은 반팔옷이 10벌 든 상자, 다시마나 마른 식료품류 상자, 생필품 상자, 여러 과자를 넣은 상자 위에 게다나 다시마나 마른 식료품 등을 더 얹어 큰 봇짐을 지고 온다. 한 집 한 집 도는 것이 아니라 비교적 유복한 집 사랑방이 임시 장터가 된다.

"장사가 왔다!"

동네에 소문이 퍼지면 동네 여자들이 모여 와 모두들 탐을 내어 만져보고 하다가 가격을 묻고는,

"아이 비싸요. 오마사 상은 열흘 전에 똑같은 물건을 20전에 산 걸요." 한다.

행상인은 그런 흥정에 하나하나 이유를 대고는 결코 비싸지 않으며 물건이 다르다고 잘 설명하여 오히려 더 사고 싶게 만든다. 꽤 시간이 걸리는 거래다. 하지만 별로 이상할 것도 없다. 아무리 오래 걸려 누구네 집에 묵게 되어도 숙박비는 보통 여관의 4분의 1이나 5분의 1밖에 안 든다. 때에 따라서는 손님으로 환대받아 돈

을 내지 않을 수도 있다. 그러므로 오래 걸려도 상관없다. 그 사이에 조금이라도 팔면 되는 것이다.

여자아이들은 아버지 몰래 반팔 옷이나 비녀를 산다. 엄마들은 누에고치나 생사나 옷감이나 바구니에 흙 묻은 채 들어 있는 와사비를 가져와 원래 가격의 3분의 1도 안 되는 값에 교환한다. 이렇게 동네 사람들은 매년 이들 행상인들에게 자신들이 죽어라고 일한 노동의 결과를 빼앗기는 것이다.

우편배달은 5일에 한 번, 7일에 한 번 꼴이다. 배달부는 겨울에는 신발을 벗고 고타쓰를 쬐며 집안 식구들과 수다를 떨거나 다른 집에 온 엽서를 하나하나 읽어주거나 사진을 보여주거나 하며 시간을 때우다가 밥까지 얻어먹고 가기도 했다. 가끔 절에 배달을 갈 때에는 절 부엌에 들어가 스님의 바둑 상대를 하다가 해가 지는 줄도 모르는 일이 있었다.

학교 이야기를 하자면 학교는 가모사와鴨沢라는 작은 동네 끝자락에 있었다. 보통학교 과정만 있었고, 아동은 6, 70명 정도였다. 사설 학교 이래 처음 본 부실한 학교였고 선생님은 엄청난 술꾼으로 무척 난폭한 사람이었다.

학교는 고소데에서 한적한 산길로 10리나 떨어져 있었다. 겨울이 되면 눈이 엄청 내려 남자아이 여자아이 할 것 없이 대나무 껍질로 만든 구두 같은 신발을 신고 수건으로 얼굴을 감싸고 매일매일 같은 길을 왕복하였다.

늘 있는 일은 아니지만 붓이나 종이, 먹 등 준비물이 필요할 때도 있었다. 하지만 시골에는 현금이라는 것이 없었다. 그래서 그런 준비물이 있을 때는 아이들은 자기 집에서 구운 숯을 한두 가마니 등에 지고 등굣길에 학교 바로 옆집으로 지고 갔다. 아이들은 그곳에서 그 숯 값이 없어질 때까지는 필요한 물건을 얻을 수 있었다. 즉 이것 또한 물물교환인 것이다.

여기서 나는 또 하나 중요한 것을 빠뜨릴 수 없다. 그것은 10리가 넘는 산길을 숯 가마니를 지고 오르락내리락하는 일을 도대체 몇 살짜리가 하는가이다. 정말로 아홉 살 정도의 여자아이가 한다. 나도 해보고 싶었지만 도회지에서 자란 나는 아무래도 힘들었고 우선 우리 집에는 지고 갈 숯도 없었다.

말 나온 김에 하나 더 얘기하겠다. 하찮다면 하찮은 일이지만 도시에서 큰 나는 상상도 못한 일이었다. 그것은 이 동네에서는 절대로 변소에서 종이를 안 쓴다는 것이다. 시골에서는 종이를 쓴다는 것은 상상도 못할 사치로 편지를 쓸 때도 누렇게 바랜 문종이를 쓸 정도이다. 그렇다면 종이 대신 무엇을 쓴단 말인가. 그들은 대나무 조각이나 나뭇가지를 젓가락 크기로 잘라 변소의 상자 안에 넣어둔다. 그리고 볼일을 본 것은 다른 상자에 넣어둔다. 상자가 차면 산골의 맑은 물에 씻어서 다시 쓴다. 이것은 보탬 없는 사실이다.

초봄의 어느 날 우리 집에는 아이가 태어났다. 고바야시 집의 할머니는 매우 기뻐하였다. 그리고 봄에 태어났다 하여 '하루코

春子'라 이름 짓고 첫아이를 축하해주었다.

대여섯 섬의 숯이 말 등에 놓였다. 일꾼은 말을 끌고 5, 60리 떨어진 읍내에 간다. 돌아올 때는 숯을 대신하여 쌀과 멸치, 아이 옷 등이 처연하게 말 등에 얹혀 온다. 그것이 첫아이 탄생 축하품이었다. 그래도 하루코는 건강하게 잘 자랐다.

3월 말이 되어 나는 또 종업식을 맞았다. 늘 나를 괴롭히는 종업식이다. 그렇지만 올해는 아무 고통도 없었다. 왜냐하면 선생님이 우리가 비록 무적자여도 동네 아이들이니 다른 아이들과 같이 증서를 주겠다고 하셨기 때문이다.

엄마는 이날을 위해 힘든 형편에도 무리하여 무명 쓰쓰소데와 한 벌로 하오리[겉옷]를 만들어주었다. 나는 그것을 입고 다른 친구들과 같이 좋아서 학교로 뛰어갔다.

초라한 식이 시작되었다. 모두들 증서를 받고 웃고 있었다. 그런데 나만 선생님이 약속했음에도 불구하고 증서를 주지 않았다. 이제나저제나 하며 끝까지 기다렸다. 하지만 헛수고임을 알게 되었다.

식이 끝나자 모두 돌아갈 준비를 했다. 그래도 나는 아직 진정이 안 되어 우두커니 그냥 서 있었다. 그러자 선생님이 와서 증서와 우등상장 2장을 코앞에 보이며 말했다.

"네 증서는 여기 2장 있다. 받고 싶으면 엄마한테 받으러 오시라 그래."

종업식 전에 아이들 집에서 뭔가를 선생님께 선물하는 것이 관

례였다. 술이 가장 많았다. 즉 술과 증서를 교환하라는 말이었다.

 우리 집에서는 선생님께 아무것도 선물하지 않았다. 선물하려고 해도 선물할 것이 없었다. 또 하나는 엄마가 신경을 쓰지 못한 것도 있었다.

 그래도 그런 말을 들으니 마음이 너무 분했다. 친구들과 떨어져 분한 마음에 혼자서 다른 길로 돌아왔다. 돌아와 화로 옆에서 나는 통곡하였다. 엄마가 보다 못해

 "걱정하지 마. 내가 술 들고 가서 증서 받아올 테니." 하며 나를 위로했다.

 하지만 아무래도 그 굴욕이 잊히지 않았다.

 "싫어 싫어요."

 나는 그저 이 말만 하고 버텼다. 그러고는 결국 무단으로 학교를 가지 않았다.

 나는 슬펐다. 지금 그때의 심정을 충분히 설명할 수가 없다. 그저 굳이 말하자면 떼쟁이가 울다 울다가 그친 때와 같은 상태였던 것 같다.

 그렇게 며칠을 보내고 있던 어느 날 생각지도 않게 외삼촌이— 엄마의 남동생이 우리를 찾아와주었다.

 외삼촌이 왜 왔는지 나는 알고 있다. 그것은 우리가 이곳에 온 첫 정초에 외갓집으로 엄마를 대신하여 연하장을 썼던 것을 기억하기 때문이다. 그때 엄마가 말했다.

 "지금 와서 데리러 오라고는 못하지만 이 연하장을 보면 데리

러 오겠지."

그리고 그 뒤로도 가끔씩 말했다.

"집에 가면 욕은 얻어먹겠지만 그래도 이렇게 고생은 안 해도 돼. 그뿐 아니라 너희 외할아버지도 외할머니도 얼마나 예뻐하시겠니."

그래서 엄마는 연하장만 보내면 아버지와 헤어진 우리를 걱정하고 있을 친정집 식구가 꼭 데리러 올 것이라고 믿고 있었던 것이다.

"누나 있어?" 하고 문지방을 넘으면서 외삼촌이 불렀다.

"잘 왔다." 하며 엄마는 눈물을 흘리고 있었다.

그리고 두 사람은 정말 반가운 듯 서서 계속 얘기를 했다. 내가 [외삼촌의 얘기를 듣고] 알게 된 것은, 연하장을 보고 바로 오고 싶었지만—그곳은 여자 걸음으로도 이틀이 안 걸리는 곳이었으므로—눈이 많이 와서 세 번이나 다시 돌아가 눈이 녹기를 기다려 겨우 왔으며 엄마를 데리러 왔다는 것이었다.

고바야시가 일터에서 돌아왔다. 곧 담판이 시작되었다. 고바야시의 부모님도 가까운 친척들도 왔다.

꽤 오랜 시간 얘기한 결과 엄마는 돌아가도 좋지만 젖먹이를 어쩔 것인가에 대해 언쟁이 벌어졌다.

고바야시의 노모는 엄마를 힐책하였다.

"이렇게 될 것 같으면 왜 빨리 말해주지 않았니? 말해줬으면 어떻게라도 손을 썼을 텐데……."

어떻게라니? 그것이 무엇을 의미하는가. 처음에는 무슨 말인지 몰랐다. 하지만 나도 점차 알게 되었다.

엄마가 말했다.

"저도 알긴 했지만 불쌍해서……."

엄마의 이 말에 생각나는 것이 있었다. 그것은 옆 마을로 시집간 옆집 딸과 엄마가 나누던 얘기에서 알게 된 지식이었다.

"큰 소리로 말은 못하는데 이건 아주 간단해." 하며 그 여자는 화로 옆에서 작은 소리로 엄마에게 말하는 것이었다. "알겠어? ××××××××××××××××××××××××, ×××××××, ××××××××××××××××××× ××. ×, ××××××××××××××××× ××××××. ×××××× 아이를 응시하며 조금씩 ×××× ××××××. ××××××××××××, ×××××, ××××××××××××××××××……[×××는 형무소 당국에서 지운 글자임]. 실제로 옆집 언니는 처녀 때 애비 없는 아이를 낳았는데, 집안끼리 아는 사이여서 그 아기를 그렇게 해서 몰래 묻었다니까."

조용히 듣고 있던 엄마의 얼굴은 흙빛이 되어 오히려 무언가에 떨고 있는 것 같았다. 그러고는 그저 "아이 불쌍해라……." 하며 신음소리를 낼 뿐이었다.

하루코도 '어떻게 되는 건 아닐까.' 하고 나는 마음속으로 걱정이 되었다. 하지만 사나흘간의 싸움 결과 어쨌든 하루코는 고바야시 집에서 키우기로 결정이 났다.

 결말이 난 다음 날 아침 엄마와 나는 외삼촌을 따라 마을을 떠났다. 주인집 막내딸 유키 상이 포대기에 하루코를 업고 마을 어귀까지 배웅해주었다.

 정에 약한 유키 상은 계속 울어 눈이 빨갰다. 하지만 하루코는 포대기에 싸인 채 세상모르고 쌕쌕 자고 있었다. 기분 좋은 듯이.

 벌써 마을을 벗어난 지 오래였다. 그래도 우리는 아직 헤어지지 못하고 있었다. 산자락을 돌아 길이 굽어지는 곳에서 겨우 헤어질 수 있었다.

 하지만 엄마는 아무래도 발길이 떨어지지 않았다. 네다섯 발짝 갔다가 다시 돌아섰다. 그리고 유키 상 등에서 아이를 내려 길 옆 풀밭에 앉아 자고 있는 아이를 깨워 울면서 젖을 물렸다. 그리고 엄마는 젖을 먹고 있는 아이의 얼굴을 문대고 뺨을 부비며 옆에 서 울고 서 있는 유키 상에게,

 "부탁해, 유키 상, 부탁해." 하며 몇 번이나 같은 말을 계속했다.

 엄마는 언제까지나 아이를 떼놓으려 하지 않았다. 외삼촌이 앞에서 큰 소리로 재촉했다. 엄마는 겨우 일어섰다. 그리고 하루코를 유키 상에게 업혔다. 쏟아지는 눈물을 닦지도 않은 채.

 엄마와 나는 두 발짝을 떼고는 멈추고 세 발짝에 서서 뒤돌아보았다. 유키 상은 언제까지나 서 있었다.

 두세 정町 가서 길이 다시 구부러지는 곳에서 뒤를 돌아보았을 때는 짙은 아침 안개에 유키 상의 모습이 희미하게밖에 보이지

않았다. 그저 잠에서 깬 듯한 하루코의 우는 소리만이 자신을 버리고 가는 엄마와 언니를 원망이라도 하듯 크고 분명하게 산골 아침의 고요한 적막을 깨고 울려 퍼지고 있었다. 언제까지나 언제까지나……

이때 나는 하나밖에 없는 여동생과 헤어졌다. 그 길로 끝이었다. 그 뒤로 벌써 10여 년이다. 하루코는 아직 살아 있을까. 혹시 죽은 것은 아닐까.

외갓집

고소데를 떠난 다음 날 점심때를 지나 우리는 외갓집에서 10리 정도 떨어진 곳에 있는 구보타이라窪平라는 작은 마을에 도착했다. 거기서는 금방이다. 그런데도 엄마의 걸음은 느려지기만 했다. 밝은 낮에 집에 들어가기가 창피하다는 것이었다. 그래서 외삼촌이 먼저 들어가기로 하고 우리는 오랜만에 이발소에 가서 머리도 자르고 외갓집 선물을 사기도 했다. 그러다 보니 해가 지고 깜깜해서야 외갓집에 도착했다.

외할아버지와 외할머니는 물론 기뻤을 것이다. 그러나 기쁘면서도 한편으로는 속상하기도 했을 것이다. 그건 우리도 마찬가지였다.

외갓집에서 외할아버지 외할머니는 집을 나눠 뒤채에 있었고, 둘째 이모는 20리 정도 떨어진 읍내 상점 집에 시집을 갔고, 작은 외삼촌은 출가出家하고—우리를 데리러 온—큰외삼촌이 뒤를 이어 호주였고 두 살 난 아이가 있었다.

나는 외삼촌 집에 맡겨졌다. 엄마는 그동안 결혼 전에 다녔던 제사 공장에 돈 벌러 갔다.

나는 좀 섭섭하기도 했지만 한편으로는 안심이 되기도 했다. 차분한 마음으로 시간을 보냈다.

하지만 아아, 얼마나 불행한 일이 일어났는지 모른다. 그해 어느 여름밤 푹 잠들어 있던 나를 외숙모가 갑자기 깨웠다. 졸린 눈을 비비며 외숙모를 따라가니 뜻밖에 엄마가 와 있었다. 오비를 푼 채 부엌 옆방에서 밥을 먹고 있었다.

엄마는 내가 입을 모슬린 히토에單衣[안감이 없는 기모노]를 사 왔다. 물론 나는 기뻤다. 하지만 나는 동시에 "엄마가 또 일을 그만두고 돌아온 걸까." 하며 걱정이 되었다. 집에는 별일이 없었고 엄마가 먼 동네로 일하러 갔기 때문에 왜 지금 엄마가 돌아왔는지 의문이 들었다. 나는 영문을 몰랐지만 엄마나 외숙모에게 물어보지도 않고 또 잠이 들었다.

진상은 곧 밝혀졌다.

엄마는 "아버지 위독. 즉시 돌아오라."라는 전보를 받고 급히 온 것이었다. 하지만 외할아버지는 물론 위독하지 않았다.

그다음 날 위독하다는 외할아버지와 함께 외할머니, 외삼촌 부부가 엄마에게 와서 뭔가 중대한 이야기를 하기 시작했다. 나는 밖에서 놀다 오라는 말을 들었으면서도 그 옆을 떠나지 않았다.

"아이가 셋 있긴 하지만 모두 커서 손이 덜 갈 거다."

외할아버지가 이렇게 말하자, 외할머니는 이를 받아

"집은 여유가 있고, 우선 이런 시골이 아니라 도시니까 지금까지 나가 살았던 너한테는 딱 어울리는 혼담이야."

라고 했다.

잘 들어보니 엔잔역 근처에서 잡화점을 하고 있는 꽤 잘사는 후루타古田라는 집주인이 엄마를 후처로 맞고 싶다는 얘기 같았다.

엄마가 그런 곳에 가면 어떻게 하지……. 그렇게 생각하며 나는 묵묵히 엄마 얼굴을 빤히 보았다. 그런데도 엄마는 무신경하게 "그건 그렇네." 하며 좀 생각하는 듯하더니 계속 권유를 받자,

"그럼 가볼까. 정말 싫으면 무리하게 고생하며 있을 것도 없고, 그렇게 되면 이 아이가 있으니까 괜찮지 뭐."

하며 아무렇지도 않게 승낙해버렸다.

나는 깜짝 놀라 펄쩍 뛰었다. 가슴이 쿵쾅거렸다.

"엄마 제발 소원이니까 가지 마요. 가지 마……."

엄마 목에 매달려 나는 울었다.

"너한테는 미안하지만."이라고 엄마가 말했다.

시집을 가도 거긴 가까운 곳이니 언제라도 만날 수 있고 너도 자주 읍내에 갈 테니 오히려 잘된 일이라는 등 별의별 이유를 대가며 외할아버지와 외할머니는 나를 위로했다. 그리고 엄마는 드디어 가버렸다.

그렇다. 엄마는 결국 가버렸다. 자신의 행복을 찾아 나를 두고. 이전에 아버지가 나나 엄마에게 했듯이…….

우리를 버리고 가버린 아버지가 갑자기 찾아와 나에게 고무공을 사주었다는 얘기를 앞에서 한 적이 있다. 그때는 얼마나 아버지가 반가웠는지 모른다. 그런데 그후 나를 "곧 데리러 오겠다."

던 아버지의 약속은 조금도 지켜지지 않았다. 나는 이미 아버지의 사랑을 단념하고 있었다. 오직 엄마를 의지해왔다. 그런데 그 엄마도 결국 나를 버리고 가버렸다. 나는 엄마가 나를 사창가에 팔려고 했던 일이 생각났다. 엄마는 그때 나의 행복을 위해 팔려고 한 것이라 했다. 하지만 그럴 일이 있겠는가. 엄마는 그저 자신의 어려운 살림 때문에 나를 팔려고 했음이 틀림없다.

아, 할 수만 있다면 나는 목청껏 세상을 향해 외치고 싶다. 특히 세상의 아버지들이나 엄마들에게 저주를 퍼붓고 싶다.

"당신들은 정말 아이를 사랑하나요? 당신들의 사랑은 본능적인 모성애가 있을 때만 사랑이고 그다음은 완전히 당신들의 이익만을 위해 아이를 사랑하는 척하고 있는 것은 아닌가요." 하고. 그리고 "내 엄마처럼 진실로 자기 아이를 사랑하는 것이 아니라 자신의 행복을 위해 아이를 버려두었다가 너무 힘들면 다시 돌아와 그 아이를 보면 된다는 황당한 마음으로만 아이를 사랑하고 있는 것은 아닌가요." 하고.

갑자기 너무 감정적으로 말했다. 하지만 이 또한 그때 그리고 그 이후의 나의 절망적인 심정에서 나온 말이니 양해해주기 바란다.

엄마는 갔다. 나는 결국 외삼촌 집에서 소학교를 다녔다.

나는 이제 소학교에도 그다지 매력을 느끼지 못했다. 그리고 사실 이 소학교에서도 나는 귀찮은 존재로 취급당했을 뿐이었다.

체조 시간에는 나보다 키가 작은 아이들이 많이 있는데도 '너는 천덕꾸러기다.'라고 말하는 양 나를 맨 뒤에 세웠다. 짝수 번일 때는 그나마 괜찮았다. 하지만 그렇지 않을 때에는 그저 혼자 천덕꾸러기로서 뒤를 따라가야 했다. 교실에서는 내가 제일 잘하는데—서예나 그림은 제일 잘한다는 소리는 듣지 못했지만—나는 모두가 받는 통지표조차 받지 못했던 것이다.

어느덧 서늘해지던 무렵 엄마는 시집간 집의 막내 아이를 데리고 놀러왔다. 그토록 미워했던 엄마였지만 역시 반가웠다. 하지만 엄마가 나를 새아버지 집으로 데려가려고 할 때는 싫다고 했다. 하지만 하도 강하게 얘기해서 할 수 없이 따라갔다.

엄마 집은 식료품, 잡화, 문방구 등을 팔고 있었다. 나는 그 집 아이들과 금방 친해졌다. 하지만 엄마의 남편이 되는 사람과는 아무래도 친해지지 않았다. 두 밤 정도 자니 돌아오고 싶은 마음이 들었다.

"벌써 가고 싶어?" 엄마는 아쉬운 표정을 지었다. 그러고는 여러 가지로 나를 있게 하려 했지만 나는 돌아가겠다고 버텼다.

엄마도 단념한 듯 경대를 갖고 나와 내 머리를 묶어주고 서랍장 첫 서랍에서 빨간 비단 천 조각으로 만든 주머니와 리본을 꺼내 나에게 주었다.

그것을 주면서 엄마는

"얼마 전에 보니 서랍장 바닥에 이 천이 있길래 널 주려고 몰래 만든 거야."라고 했다.

그리고 가게에 가서 통조림 세 개와 백설탕 한 봉지와 붉은 가죽 끈이 달린 짚신 한 켤레를 재빨리 보자기에 싸서 소매에 감추다시피 하여 나를 데리고 집을 나왔다. 그리고 마을 외곽 대나무 숲 옆의 물레방앗간 앞에 오자 그 꾸러미를 단단히 나에게 지워주고 근처 과자 가게에서 과자를 사주었다.

"먹으면서 가. 머니까 길 잃으면 안 된다. 곧 짬을 내서 보러 간다고 집에다 말해줘."

엄마는 곧 울 것 같았다. 나도 왠지 울고 싶은 것을 꾹 참고 고개를 떨어뜨렸다. 그렇다. 나는 확실히 울고 싶었다. 하지만 뭔가가 나의 눈물을 멈추게 했다.

어쩌면 그때부터 이미 이렇게 슬픈 성격이 되어버렸는지도 모른다.

집에 돌아와 나는 또 학교를 다니기 시작했다. 아무리 천덕꾸러기 취급을 받아도 나는 학교가 싫지는 않았다. 학교를 다니는 것이 유일한 낙이기도 했다.

곧 겨울이 될 무렵이었다. 조선에 계신 친할머니가 우리 마을에 오셨다.

그 할머니는 외할머니와 동갑으로 그때 이미 쉰대여섯 살이었지만 외할머니보다도 건강하고 혈색도 좋았다. 그리고 무엇보다도 옷차림이 화려했다. 어디 대단한 집안의 할머니 같은 차림새여서 시골 농가의 할머니들과는 너무 달랐고 나이도 더 젊어보였다.

용건은 나를 조선으로 데리고 가서 키우겠다는 것이었다. 거기에는 이유가 있었다.

조선에는 이 할머니와 나의 헤어진 아버지의 여동생이 살고 있었는데, 그 고모한테는 아이가 없었다. 그래서 내가 서너 살 때부터 그 고모에게 계속 아이가 없으면 나를 키우겠다고 했다고 한다. 그런데 아버지와 엄마가 그렇게 헤어지고 그후 엄마의 행방을 알지 못해 어쩌지 못하고 있었으나 엄마가 친정으로 돌아왔으므로 갑자기 그 이야기가 다시 나온 것이었다.

그쪽에서는 내 이모가 아버지와 같이 살기는 하지만 아버지와 엄마가 그렇게 된 것에 대해 다소의 책임을 느끼고 있고, 우선 조선의 고모에게 아이를 기대하기는 이미 어려워졌기 때문에 불쌍한 나를 키우겠다는 생각이 들었고, 나의 외가에서도 지금이야말로 엄마도 시집가서 안정된 것 같고, 내가 돈 있는 그쪽에서 자라면 행복해질 수 있다고 생각하여 급히 그 이야기가 결정된 것 같았다.

조선의 할머니는 내가 입을 예쁜 옷을 가지고 왔다. 35엔이나 하는 붉은 오비에, 지금까지 본 적도 없는 기모노에, 하카마에, 몬쓰키[예복]에, 숄에, 게다에, 리본까지 가지고 왔다. 할머니 얘기로는 이 외에도 아주 많지만 짐이 될 것 같아 두고 왔다는 것이었다.

조선의 할머니는 할머니 집안 체면상 내가 무적자인 것은 곤란하므로 나를 외할머니의 다섯째 딸로 올린 뒤 데려가기로 했다.

나한테 이런 옷들이 얼마나 휘황찬란하게 보였을 것인가. 호들갑스럽게 말하면 나 같은 것은 감히 쳐다보지도 못했던 것들이었다. 나는 그 옷들을 입어보았다. 뭐라 말할 수 없는 창피함과 기쁨을 동시에 느끼면서 몇 번이나 내가 입고 있는 기모노의 옷깃을 만져보고 오비를 쳐다보곤 했다.

"자 곧 조선으로 갈 테니 그 꼬까옷을 입고 인사를 다녀오렴."

모두가 말하므로 나는 외숙모와 함께 학교나 근처 이웃집을 작별 인사를 하며 돌았다. 나는 비단옷을 겹쳐 입고 [금실 은실로 짠] 슈진繻珍 오비를 두르고 크고 빨간 리본을 달았다.

너무 예쁘니 보여달라고 동네 여자아이들이 우리 집으로 구경을 왔다. 그리고

"후미 상은 정말 좋겠다……."

라며 지금까지의 나의 고생이 이젠 끝났다고들 입을 모았다.

엄마도 물론 왔다. 그리고 다른 사람들처럼 기뻐해주었다.

"이 옷을 입고 사진을 찍어두면 좋을 텐데요, 형님." 하고 외숙모가 말하자

"정말 이 근처에 사진관이 있으면 좋을 텐데." 하고 엄마가 대답했다.

"사진 같은 거야 조선에 가서 곧 찍어 보내지요 뭐." 하며 조선의 할머니가 모두가 놀란 듯한 반응에 만족한 듯 "우리 집에는 한 달에 한두 번 사진사가 오니까 곧 보내줄게요." 하고 덧붙였다.

"그럼 꼭 그렇게 해주세요." 하고 모두가 말하니, 할머니는 덧

붙여

"그래도 못 만나는 건 잠시뿐이고 보통학교를 졸업만 하면 곧 여학교에도 들어가고 성적이 좋으면 여자대학에도 들어갈 테고 그렇게 되면 또한 도쿄에서 기숙해야 할 것이니 언제든지 만날 수 있지요." 하고 내가 더 큰 희망을 품을 수 있는 말을 했다.

아니, 그뿐이 아니다. 나를 데려가면 호강을 시켜주는 것은 물론 필요한 것은 뭐든지 마음껏 해줄 테니 걱정하지 말라고 하는 것이었다.

모두가 눈물을 흘리며 고마워한 것은 말할 것도 없다. 나도 물론 기뻤다.

계속 내리던 비도 그쳐 하늘이 맑고 좀 선선한 어느 날 아침 모두의 배웅을 받으며 잘 지내라는 축복의 말과 함께 나는 할머니와 길을 떠났다.

새로운 집

나는 드디어 조선에 왔다[1912년 가을]. 나의 행복을 기다리고 있는 희망의 빛에 가득 차서 조선에 왔다.

하지만 조선은 과연 그 약속한 것을 나에게 해주었는가. 그것은 앞으로 내가 쓰는 것을 읽으면 자연히 알게 되겠지만, 나는 지금 이곳에 오는 도중에 내가 느낀 것을 얘기하겠다. 왜냐하면 그것을 말하지 않으면 독자들은 아마 너무 다른 변화에 판단하는 마음이 흔들릴 수도 있다고 생각되므로…….

여행 도중의 나의 느낌은?

한마디로 얘기할 수 있다. 그것은 할머니에게 내가 기대한 것을—손녀로서 할머니의 사랑을—너무나 조금밖에 받지 못한 것에 대한 실망감과, 할머니 역시 나에게 기대한 것을 너무나 조금밖에 나한테서 발견하지 못했음이 틀림없다는 나의 불안이다. 그러나 나는 이 정도의 일로 결코 나의 희망을 버릴 수는 없었다. 나는 나를 기다리고 있는 행복의 신을 잡아야 했다.

나는 드디어 조선에 도착하였다. 조선의 나의 집에 도착하였다. 그곳은 충청북도 부강芙江[현재 '충청북도 청원군 부용면 부강리']

이라는 곳으로 집은 이와시타岩下로 불리고 있었다.

이와시타? 독자들은 아마 여기서 뭔가 이상함을 느낄 것이다. 왜냐하면 우리 집은 사에키佐伯인데 아버지의 어머니 집이 사에키가 아니라 이와시타로 되어 있으니 말이다. 나는 먼저 그것을 설명하겠다.

할머니는 열대여섯 살에 히로시마에서 결혼하였다. 그런데 할머니가 스물일곱 살 때 아홉 살 큰아이를 포함해 네 명의 아이를 남기고 할아버지가 돌아가시고 이어서 밑의 두 아이도 죽었다. 게다가 장남—나의 아버지—이 집을 나가버려 집에는 여자아이 한 명, 즉 지금의 고모만 남았던 것이다. 고모는 히로시마에서 여학교를 졸업했다. 졸업하자마자 곧 어떤 해군 군인이 구혼을 했지만 할머니는 생각한 바가 있어 구혼을 거절했다. 다음 구혼자는 이전에 알지 못했던 관리였는데, 할머니는 첫눈에 '이 남자라면' 하고 그 남자를 신임했다. 그리하여 바로 혼인이 성립되어 장남인 나의 아버지가 없었는데도 그 남자를 양자로 들인 것이 아니라 정식으로 그 남자의 호적에 우리 고모를 넣은 것이다. 이 말의 의미는 법률적으로 고모를 그 남자에게 시집보냈다는 것이다. 하지만 할머니는 어쨌든 혼자였고, 게다가 그 사위가 마음에 들어 이 젊은 부부와 함께 한집에서 살게 되었다. 단 아무래도 법률상 고모는 그 집에 시집갔으므로 할머니나 아버지의 성인 사에키를 대신하여 남편 성인 이와시타가 [집을] 대표하게 되었다. 이런 이유로 내가 지금 오게 된 나의 새로운 집은 이와시타인 것이다.

부강

이와시타 일가가 부강에 살고 있다는 얘기는 앞에서 했다. 그 부강은 어떤 곳일까.

부강은 경부선 연선沿線에 있는 작은 마을이었다.

일본인과 조선인의 잡거지로 꽤 많은 조선인과 40호밖에 안 되는 일본인이 살고 있었다. 하지만 일본, 조선 두 민족이 정말 융화하여 살고 있는 것이 아니라 각자 따로 자치체를 구성하여 살고 있었다. 조선인 측은 '면사무소'라 부르는 사무소가 있어 한 명의 면장이 조선인에 관한 일체의 사무를 관장하고, 일본인 측도 역시 일본 내에서와 같은 역할을 하는 사무소가 있어 촌장 격인 관리자가 일본인에 관한 사무를 보고 있었다.

일본인 동네는 대개 여관, 잡화점, 문방구점, 의사, 우편소, 이발소, 종묘상, 과자 가게, 신발 가게, 목수, 소학교 선생님 등이 각 1호, 헌병 5호, 농민 3호, 매춘집 2호 그리고 역장 및 역무원 4호에, 철도노동자 3, 4호, 조선인을 상대로 고리대금업을 하는 집 6, 7호, 해산물 등을 중매仲買하는 집 2호, 담배, 막과자 가게 등 소매점이 2, 3호 등으로 구성되어 있었다.

그렇다면 이 얼마 안 되는 일본인 동네의 상태는 어땠는가 하면 이들은 원래 이익을 위해 모인 집단이므로 공동체적인 정신이 있을 턱이 없고 마을을 지배하는 정신도 힘도 오직 돈이었다. 그래서 돈이 있는 집이 자연히 세력이 있어 마을의 행정—행정이라 하면 거창하지만—을 그런 사람들이 좌지우지하고 있었다. 즉 돈이 있고 빈둥빈둥 놀면서 유행이 지난 도회지풍의 기모노를 입고 있는 그런 계급의 사람들이 잘난 척하고 있었던 것이다.

그중에서도 특히 유력한 집은 돈만 있는 것이 아니라 논밭이 있어 이곳에 생활 기반을 잡고 있는 사람들이었다—그들 중에는 고리대금업자가 가장 많았다—그다음으로는 헌병, 역장, 의사, 선생님 등이 유력하였다. 여기까지는 그 부인이 '오쿠상[사모님]'으로 불렸지만 그 아래의 상인, 농민, 공원, 목수 등의 안사람은 한꺼번에 '오카미상[아주머니]'으로 불렸다.

그러므로 동네는 실제로 두 계급[제1계급과 제2계급]으로 구성되어 있었는데, 이 두 계급은 물과 기름 같은 존재로 확실히 구분되어 있었다. 특별한 일이 없는 한 서로 왕래하는 일이 없고, 경조사에도 부르는 범위가 정해져 있었다.

같은 계급 안에서는 명절이나 칠석 등은 물론 설날 떡까지도 주고받았다. 그것도 혈연이 얽힌 동네 내의 온정 어린 선물 교환이 아니라 체면상 상대가 보낸 [선물의] 수량이나 가격에 해당하는 것을 이쪽에서도 선물하는 것으로 속으로는 꽤 괴로운 고민을 해가며 서로 비싸고 화려한 것을 주고받는 것이었다. 전체적으로 교제가 화려하고 허영이 많아 축제나 장례식 등에는 가능한 한 비싼 옷을 입고 가는 것이 여자들의 습관이었다.

지금 말한 대로 부강은 작은 마을이었지만 본선[경부선]의 역이 있는 곳이어서 가끔 지나가는 명사들이나 고관들의 송영에 소학생이나 헌병은 물론 마을 유지, 게다가 여자들까지 뛰어나가 역 앞에 도열하는 반 강제적인 의무도 있었다. 그리고 그때는 양복에 '적십자사원' 휘장을, 기모노 가슴에 '애국부인회' 휘장을 그리고 2전짜리 동전으로 착각할 정도인 '청주 부강 간 도로 개통 기념' 메달까지 걸고 나오는 것이 보통이었다. 게다가 대개의 경우는 주인공인 명사 고관들이 몇 호차에 타고 있는지를 채 알기도 전에 기차가 지나가버리기 일쑤였다. 가끔 열 번에 한 번 정도는 1분간 정차하는 일도 있었지만 그럴 때에는 정장을 입은 관리자가 참석한 유지들의 명찰을 붉은 비단을 깐 쟁반에 놓아 공손하게 차창으로 바치는 것이었다.

그리고 마을에서는 또 무슨 일이 생기면 바로 연등행렬이나 가장행렬을 했다. 때로는 높은 터에 무대를 짓고 춤추고 뛰고 노래부르거나 연극이나 교겐狂言[일본의 대표적인 전통 희극] 같은 것도 했다.

이는 그야말로 신개척 식민지에 걸맞은 풍속 습관이었다. 이것을 통해 남자도 여자도 단조로운 생활에서 벗어나 자신을 즐길 수가 있었다—그러나 물론 이는 제1계급에 한정된 행사로 제2계급 사람들은 그저 멍하니 보고 있는 식이었다.

이와시타가

나의 고모 집—이와시타가—은 대충 이러한 분위기를 가진 가장 유력한 집안 중의 하나였다. 그리 넓지는 않지만 대여섯 곳의 산림과 조선인들에게 소작을 주는 논밭을 갖고 있었고, 거기에서 나오는 수입으로 조선인들을 상대로 고리대금업을 하고 있었다.

집은 선로 북쪽의 언덕에 있었다.

남쪽 사람들은 자신들의 동네를 혼마치本町라 부르고 북쪽을 시골이라 부르고 있었지만, 북쪽 사람들은 남쪽을 시타마치[낮은 지대의 상업지], 자신들 쪽을 '야마노테[높은 지대의 주택지]'라 부르며 서로 자부심을 채우고 있었다.

고모 집은 이 '야마노테'에서도 가장 높은 곳에 있었다. 4조 반 정도의 온돌방 4개가 2개씩 이어진 낮은 초가집으로 건물은 매우 소박했지만 집 안은 꽤 넓었다. 집 안쪽에 창고가 두 동 있고, 마당 텃밭을 넘어 쌀 창고가 한 동 있고, 마당에는 과일나무와 텃밭이 있었다.

고모부는 나가노長野 출신으로 말수가 적고 온화한 남자였다.

예전에는 철도의 보선保線 주임이었으나 기차가 탈선 전복하여 사상자까지 나는 바람에 책임을 지고 사직한 뒤, 이 시골로 와서 살고 있었다. 취미는 꽃 가꾸기와 소리를 읊는 정도의 지극히 평범한 사람이었다. 고모는 고모부보다 10년이나 아래이고 키가 크고 귀티 나며 영리하고 게다가 착실한 사람이었다. 즉 일을 척척 처리하는 남성적인 여자였다고 할 수 있다. 가루타[포르투갈로부터 전해져 일본 놀이로 변화된, 정월에 주로 하는 일본의 전통 카드놀이]를 좋아하여 정월은 물론 평소에도 같은 계급 사람을 집에 불러 즐겼고 그 외에 거문고나 무용도 하고 봄에는 들에 나가 고사리를 캐고 가을에는 산에서 버섯을 따는 등 부르주아의 부인에 걸맞은 취미의 소유자였다.

  할머니는 이웃 사람들로부터 '노인장, 노인장' 하고 불리고 있었지만 실제로는 고모 집의 살림 일체를 지휘하고 있었다.

나의 조선 생활

1

나는 엄마와 외할머니와 외숙모와 마을 사람들로부터 잘살라는 축복을 받으며 떠나왔다. 나 또한 한껏 기대에 차 조선에 온 것이다.

그러나 와서 바로 나는 내가 발을 들여놓은 생활이 그리 편치만은 않다는 것을 알게 되었다.

할머니 말만 믿고 따라온 나는 비단 나가소데[소매가 긴 옷]에 시고키오비[신부 의상이나 아이들의 성장 축하 잔치 차림에 쓰는 오비]까지는 바라지도 않았으나 지금까지 내가 보아온 어린애들의 보통 옷 정도는 입혀주리라 생각했다. 뭐든지 원하는 대로 사주겠다던 장난감까지는 아니어도 좋아하는 책 정도는 사줄 줄 알았다. 그리고 아버지도 엄마도 없는 나를 부모를 대신하여 감싸줄 사람들이 있으리라 생각하고 왔다. 그러나 어느 하나도 나는 가질 수가 없었다.

나는 물론 꽤 실망했다. 그러나 그런 것들은 원래 어렸을 때부터 익숙한 터라 그다지 고통도 아니었다. 다만 고모 집에 온 지 얼마 안 되었을 때 뭐라고 말할 수 없는 슬픈 일을 겪었던 것을 기억한다.

어느 날 처음 보는 여자가 와서 나를 보고 아마 인사치례로 말했을 것이다.

"아이가 참 착하네요."라고 말하자, 할머니는 전혀 좋아하지 않으며 아무렇지도 않게

"뭐 조금 알고 지내는 집의 아이입니다. 무척이나 가난한 집의 아이여서 예의범절도 모르고 비천한 말밖에 알지 못합니다. 참으로 부끄러운 일입니다만 아무쪼록 불쌍히 여기시고 잘 이끌어주시기 바랍니다."라고 대답하는 것이었다.

가난한 집 아이, 그것은 아무래도 좋다. 나는 나이는 어려도 그만큼 가난하게 살아왔기에 내가 얼마나 가난하고 불쌍한 집 아이인지는 잘 안다. 그래도, 그래도 할머니는 왜 나를 내 아들의 딸, 손녀라고 말하지 않았을까? 지금 생각해보면 뻔한 일이지만 그때의 나는 뭔지 모를 섭섭함에 어쩔 줄 몰랐다.

이 일은 한 번으로 끝나지 않았다. 할머니는 누구에게나 나를 그렇게 설명했다. 아니 그뿐이 아니라 한술 더 떠 아주 작은 목소리로 나에게 말해주는 것이었다.

"그렇지 않으면 넌 아직 모를 테지만 너랑 나랑은 호적이 다르게 되어 있으니 사실이 알려지면 너나 나나 부모 모두 빨간 기모노를 입어야 한단 말이야."

그게 무슨 소리인지 나는 잘 몰랐다. 그래도 빨간 기모노를 입

는다는 말의 뜻은 알고 있었다.* 그래서 아무것도 몰라도 그 말에 겁을 먹었고 도합 7년이나 산 조선에서 누구에게도 사실을 이야기한 적이 없었다.

할머니가 이렇게 한 것은 생각해보면 너무나도 험한 환경에서 자란 내가 성격도 꼬이고 말본새도 사나워 그 귀한 가문의 딸이 되기에는 너무도 맞지 않고 집안 망신시키기 딱 맞다고 생각했기 때문일 것이다. 그러나 아직 애였던 나는 그것을 알아차리지 못하고 고모 집의 양녀가 될 것이라고 굳게 믿고 있었던 것이다.

2

조선에 온 지 열흘이 채 되지 않아 나는 마을에 있는 소학교에 다니기 시작했다.

학교는 마을 중간쯤에 있었고 짚으로 지붕을 인 단층집이었다. 교실 한쪽에 있는 낮은 미닫이문을 열면 저 논밭 너머 시장 사람들이나 말, 소, 돼지 등이 보였다.

학교는 마을에서 세웠고, 아동 수는 모두 겨우 서른 명이 채 안 되었다. 선생님은 예순이 넘은 정직한 노인으로 마을 의사의 친척인 관계로 가르치고 있다고 했다. 내가 입학할 때에는 마침 3학년 반이 없어 4학년으로 들어갔다. 보통학교 1학년을 비어 상자

---

* 수형자에게 빨간 기모노를 입게 했던 데서 유래한 말로, '빨간 기모노를 입는다'는 것은 '죄수복을 입는다'는 것, 즉 감옥에 가는 것을 말한다.

를 놓은 글방 같은 데서 반달, 그리고 띄엄띄엄 네 번—그러니까 끽해야 반년 정도 다니고, 2학년을 5개월 다니고, 3학년을 4개월 도 채 못 다닌 내가 아홉 살에 벌써 4학년이다. 무리라면 무리였 겠으나 나는 오히려 그게 기뻤다. 특히

"자 후미야, 가네코 집안처럼 가난한 집안의 아이라도 별 상관 이 없긴 하다만, 적어도 이제부터는 이와시타 집안의 아이로 학 교에 들어가 배워야 한다. 마음 단단히 먹고 공부하거라. 농사꾼 의 애들보다 못하거나 부끄러운 일을 저지른다면 당장 [호적에서] 이름을 빼버릴 것이다……."

라는 얘기를 들었을 때는 더욱 기뻤다. 그뿐만 아니라 나는 역 시 이와시타 집안의 딸이라 생각되어 매우 흐뭇했다. 사실 친구들 도 나를 이와시타로 불렀다. 학년 시험에서는 고모 집 덕에 우등 상도 타고 수료증에는 당당히 이와시타 후미코라고 적혀 있었다.

그런데 5학년이 되어서부터 성적 통지표에도 가네코 후미코 로, 수료증에도 마찬가지로 가네코 후미코로 적힌 것을 나는 알 게 되었다.

불과 반년 만에 나는 이와시타 성을 빼앗겨버렸단 말인가. 나 는 다른 농민의 애들보다 공부를 못하지도 않았다. 이와시타의 성을 더럽히는 일을 한 적도 없었다. 그런데도 나는 이미 이와시 타 후미코가 아닌 것이다.

이것은 대체 어찌된 일일까.

지금도 그 이유를 알지 못하겠다. 다만 나대로 다음과 같이 추

측할 뿐이다.

나는 학교에 다니면서부터 고모한테서 마당 쪽에 있는 빈방을 공부방으로 받았다. 그리고 학교에서 돌아오면 이 방에 들어가 한 시간씩 복습하라는 엄명을 받았다.

그러나 내 자랑 같아 뭣하지만 나는 그럴 필요가 없었다. 나는 어디서 배웠는지는 모르지만 2학년 때 6학년 독본을, 3학년 때 고등 2학년 수신修身 책을 술술 읽을 수 있었던 것이다. 수학은 소학교 전 과정을 모두 어려움 없이 풀었고 열한두 살 무렵에는 네 자릿수 곱셈도 할 수 있을 정도였다. 노래도 선생님이 네다섯 번 가르쳐주면 바로 외었다. 습자나 그림과 같이 기교가 필요한 것은 잘 못했다. 그러므로 나는 복습이나 예습을 할 필요가 없었다.

그래서 나는 내 방에 들어가자마자 가방을 벗고는 고모가 준 전병煎餠을 먹으며 할머니가 불러주기를 눈이 빠지게 기다리는 게 일이었다.

어느 때는 너무 심심해 중간쯤 뛰쳐나와 할머니와 고모에게 어리광 부리듯이 말했다.

"전 복습 안 해도 잘해요. 할머니⋯⋯."

그러면 할머니는 눈을 무섭게 뜨고는 나에게 말했다.

"가네코와 같은 가난한 집 애 티를 계속 낼 작정이니? 그런 돼먹지 않은 행동은 용서 못해."

나는 나를 이해해주지 않아 섭섭한 마음뿐이었다. 나는 용기를 내어 또 한 번 호소해보았다.

"그렇지만 할머니 억지로 복습 안 해도 잘 읽는데요 뭐. 전 더 어렵고 재미있는 책이 읽고 싶어요……."

그렇지만 그 소원은 물론 거절당했다.

"건방진 말은 그만해. 학교 책만으로 충분하다고."

이것이 할머니와 고모의 절대 원칙이었다. 그리고 나는 그것을 지켜야 했다. 처음 얼마간은 체념하고 복습도 해보았지만 너무나 재미가 없어 결국에는 인형을 만들거나 공놀이를 했다. 그리고 놀 바에는 밖에서 뛰놀고 싶었다. 그러나 그러면 또 야단을 맞을 게 뻔해 책과 노트를 펴놓고 복습하는 척하며 몰래 놀기로 했다. 할머니도 그 사실을 어느덧 알게 된 모양이었다. 할머니는 가끔씩 발소리를 죽이고 조용히 걸어와 갑자기 문을 열어젖히곤 했다. 그때 물론 나는 딴짓을 하고 있었다. 나는 심하게 야단을 맞았다.

그런 일이 네다섯 번 있었다. 그러고 나서 나는 결국 공부 시간을 뺏기게 되었다.

그것이 내 인생에서 엄청난 실수였다는 것은 말할 필요도 없으리라. 내 생각으로는 이것이 내가 이와시타 집안의 양녀가 될 자격이 없다고 판단을 받은 최초의 엄청난 사건이었던 것 같다.

3

습자나 그림, 재봉처럼 기교가 필요한 것들은 나에게 가장 어려운 과목이었다.

그렇다고 나는 그 과목들을 특별히 싫어하지도 않았다. 또 날 때부터 소질이 없다고도 생각하지 않는다. 다만 지금 생각해보면 요코하마의 학교에서부터 지금까지 나는 변변한 붓이나 종이, 연필 등을 받은 적이 없을 뿐만 아니라 제대로 학교에도 가보지 못했기 때문에 숙달할 시간이 없었던 것이다. 나는 그것을 조선에 와서 처음으로 깨달았다.

조선에 와서부터 나는 내 글씨가 볼품이 없다고 생각되어 글씨 연습을 하려고 했다. 그러나 고모는 필요한 종이조차 잘 주지 않았다.

"오늘 습자 든 날이에요."라고 말하면 고모는 딱 반지 두 장을 주었다. 그 두 장도 다른 집에서 받은 선물 상자 등에 담겨 있던 종이를 모아놓은 것이기 때문에 구겨지고 자국 난 것들뿐이었다. 나는 그다지 예민하거나 꼼꼼한 편은 아니었지만 그런 종이에 뭔가를 쓸 마음은 생기지 않았다. 게다가 두 장밖에 없는 종이를 망치고 나면 더 쓸 수도 없었기 때문에 이를 평계 삼아 4학년부터 고등보통학교를 졸업할 때까지 세 번에 한 번 정도밖에 습자를 내지 못했다. 그 탓인지는 몰라도 지금도 나는 글씨도 별로지만 붓글씨는 더욱 엉망이다.

그림에 대해서는 더욱 잊지 못할 기억이 있다.

보통학교 5학년에 올라가 우리는 그림물감을 쓰게 되었다. 그림물감이 필요했지만 안 사줄 게 뻔하다는 걸 아는 나는 아주 어렵게 말을 꺼냈다. 그랬더니 고모부가

"미술책을 가져오렴." 하고 나에게 말했다.

내가 미술책을 보이니 고모부는 이를 잠깐 본 뒤,

"응, 이 정도면 이걸로 충분해." 하며 자신의 물감 상자에서 쓰다 만 빨강, 파랑, 노랑의 삼색 물감과 낡은 붓 두 자루를 주었을 뿐이었다.

그 물감은 금세 바닥이 났다. 마침 그때 마을의 문구점에서는 먹처럼 갈아 쓰는 신식 물감을 팔고 있었다. 색도 예쁘고 신식이었기 때문에 다들 그것을 썼다. 나도 그게 너무 갖고 싶었다. 그래서 고민 끝에 용기를 내어 어느 날 아침 그것을 사달라고 말씀드렸다. 겨우 12전 하는 물감을.

"필요한 거면 사줄게."

고모부가 말했다. 고모도 찬성했다. 하지만 할머니가 허락하지 않았다.

"넌 말이야."라고 할머니는 드시던 수저를 내려놓고 나를 노려보며 말했다. "넌 말이야, 잊은 것 같은데, 넌 무적자였어. 무적자는 말이야, 잘 들어. 태어나도 태어나지 않은 거야. 학교 같은 데도 갈 수 없어. 가더라도 남들에게 업신여김이나 당하고 말이야. 그런 널 내가 불쌍히 여겨 호적에 넣어준 거야. 내가 구해주지 않았다면 넌 아직도 무적자일 거고 당연히 남들처럼 학교에 다닐 수도 없었을 거야. 그러니까 넌 우리의 자비慈悲로 학교에 다니는 걸 잊지 말아야 할 처지야. 그런데 제 주제도 모르고 남들 하는 거 다 하려드니 기가 막히는 구나. 자꾸 그러면 학교도 안 보낼 테니 그만 입 다물어라. 널 학교에 보내고 말고는 다 우리의 권한이니까…….”

그래서 결국 나는 그림물감을 사지 못했다. 그것은 그렇다 쳐도 늘 듣는 그놈의 무적자 소리에 얼마나 상처를 받았는지 모른다. 나는 그것을 잊을 수가 없다.

독자들이여! 내가 아주 어렸을 적에 학교에 못 가거나 가도 다른 대우를 받은 이유가 무적자였기 때문이라고 [앞에서] 말한 적이 있다. 하지만 그것은 지금 어른이 되어 글을 썼기 때문에 그렇게 쓴 것이고, 사실 그 무렵[어릴 때]에는 그것을 잘 몰랐다. 몰랐기 때문에 더 분하고 억울할 뿐이었다. 왜 나만 이상한 취급을 받고 수료증도 못 받는지 그것이 속상했다. 내가 무적자였다는 것을 안 것은 조선에 와서였다.

그렇지만 내가 무적자인 것이 나의 죄일까? 내가 무적자라는 것을 나는 몰랐다. 그것은 아버지와 어머니만이 알고 있던 일이라 그 책임도 두 사람이 져야 한다. 그런데도 학교는 나에게 문을 닫았다. 사람들은 나를 업신여겼다. 혈육인 할머니조차 그 사실로 나를 업신여기고 협박했다.

나는 아무것도 몰랐던 것이다. 내가 아는 것은 내가 태어났고, 그리고 살아 있다는 것뿐이었다. 그렇다. 나는 내가 살아 있는 것은 확실히 알았다. 아무리 할머니가 나를 태어나지 않은 취급을 해도 나는 태어나 살아 있었던 것이다.

4

내가 5학년으로 진급한 여름이었다. 학교는 공립으로 바뀌어 고등과가 생겼다. 나이 드신 선생님 대신 사범학교를 갓 졸업한 젊은 선생님이 오셨다.

그리고 그 무렵 근처에서 꽤 대규모의 선로 이동 공사가 시작되었고 근처 산에서 텅스텐이 발견되었다. 그래서 이 동네의 인기가 치솟아 많은 일본 사람이 마을로 왔다. 덩달아 학교의 아동 수도 백 명이 넘어버렸다. 학교가 좁아서 다 수용할 수가 없었다. 그래서 마을 가운데 있던 고모 집 소유의 산기슭에 교사가 신축되었다. 우리는 새 교사로 옮겼다. 그렇다고 해도 교실이 두 개가 늘었을 뿐이고, 선생님은 여전히 한 분뿐이어서 충실한 교육이 될 리 만무했다.

나는 여전히 고모 집 식구들로부터 필요한 것들을 받지 못하여서 새로 오신 핫토리服部 선생님한테서 늘 물감이나 연필 등을 빌려 쓰고 있는 처지였다. 선생님은 나를 불쌍히 여기셨다. 하지만 선생님은 마을 유지의 눈치를 보지 않을 수도 없었다. 그래서 자주 고모 집에 놀러 오셨지만 나를 위해 고모나 할머니에게 뭔가 의견을 말하지도, 주의를 주지도 않으셨다. 아 불쌍한 핫토리 선생님이시어, 나는 지금은 그렇게 말하고 싶다.

5

열두세 살 때부터 나는 부엌에서 할머니의 시중을 들어야 했다. 이와시타가의 후계자에서 식모로 전락한 것이다.

식모가 된 나는 온갖 집안일을 해야 했다. 추운 겨울 날씨에 쌀도 씻고, 머리에 수건을 쓰고 아궁이에 불도 지폈다. 램프[남포등] 닦기에서 변소 청소까지 했다. 나는 그것이 억울하다고 생각하지는 않는다. 오히려 인생 수업을 시켜줘 감사하다고 해야 할지도 모른다.

그래도, 아무리 그래도 사람은 사람이다. 특히 나는 여자다. 서러운 일도 많았다.

봄이었는지 가을이었는지, 빗발이 날리는 어둡고 싸늘한 날이었다. 고모부는 노래 모임이 있어 출타하고, 머슴 고 씨는 마당 옆의 헛간에서 쌀을 찧고, 방 안에서는 방문을 닫고 할머니가 샤미센[3현의 발현악기로 여러 종류의 음악 연주에 사용되는 일본의 대표적인 현악기]을 켜고 고모가 거기에 맞추어 춤을 추고 있었다.

조용한 날이었다. 나는 그저 부엌에 혼자 멍하니 웅크리고 앉아 멀리서 들려오는 벌목하는 소리, 부슬부슬 비 내리는 소리, 조용히 스며드는 샤미센의 선율에 빠져 뭐라 말할 수 없는 쓸쓸함에 젖어 있었다.

나는 이런 외로움 속의 적막을 좋아했다. 그러다 나물이 다 데쳐져 끓는 물에서 건져 찬물에 담갔다. 그리고 솥을 들고 우물가까지 갖고 가 나물 삶은 물을 버리려 하던 차였다. 그때 뜨거운 김이 맨 팔에 확 닿는 바람에 휘청거리면서 솥의 손잡이 한쪽이 빠져버렸다. 그리고 무쇠 솥은 바닥에 떨어져 깨져버렸다

발을 굴렀지만 때는 늦었다. 그래도 나는 크게 잘못했다고는 생각하지 않았기 때문에 할머니가 부엌으로 나왔을 때 서슴없이 솥을 깼다고 말씀드렸다. 그랬더니 할머니는 갑자기 나에게 불같이 화를 내며 소리를 질렀다.

"솥을 깼다고? 이 칠칠치 못한 것아……."

나는 너무 겁이 났다. 그래서 놀라 멍하게 할머니 얼굴만 쳐다보았다.

할머니는 계속 야단을 쳤다. 결국에는 솥값을 변상하라고 했다.

나는 시키는 대로 "예."라고 대답했다. 그리고 그로부터 반달 뒤 할머니는 읍내에 나가 새 솥을 사 왔다.

깨진 솥은 5년 전에 70전에 샀지만 그후 물가가 올라 이번에 새로 산 솥은 1엔 20전이라고 했다.

할머니가 말했다.

"뚜껑은 안 깨졌고 다른 일 보면서 샀으니 기차 요금은 내가 내마……."

고모 집에 와서 딱 한 번 10전의 용돈밖에 받은 적이 없는 나였다. 그런 내가 어찌 1엔 20전의 솥값을 내었을까? 식모 월급에서 제한 것일까? 지금 말한 대로 [10전의 용돈 외에 나는] 돈을 한 푼도 받은 적이 없다. 솥값은 사실 내가 일본을 떠나올 때 전별금으로 받은 12, 3엔의 돈에서 변상한 것이다.

6

그래도 물건을 깨뜨렸을 때 할머니의 화를 일부나마 돈으로라도 변상할 수 있었던 것은 그나마 다행이었다. 아니 구원이기도 했다.

돈으로도 물어낼 수 없을 때에는 더욱 괴로웠다. 나는 때때로 돈 대신에 체벌을 받았다.

내가 열세 살이 되던 해 정월 초이튿날의 일이다. 아침에 이와시타 일가는 상에 둘러앉아 오조니[찹쌀떡을 넣어 맑게 끓인 떡국 같은 정월 음식]를 먹고 있었다. 그런데 어쩌다 할머니의 젓가락이 부러졌다.

그 젓가락은 세밑에 내가 하나하나 젓가락 주머니에 챙겨 넣은 것이어서 책임이 물론 나에게 돌아왔다. 할머니는 안색을 바꾸며 젓가락을 나에게 던졌다.

"이게 무슨 일이야. 재수 없게." 할머니는 화를 내기 시작했다. "정초부터 웬일이냐. 후미, 넌 내가 죽어버리기를 비는 모양이구나. 좋아, 단단히 기억하고 있으마."

날아온 젓가락을 잘 살펴보니 젓가락 가운데가 벌레 먹어 큰 구멍이 두 개나 나 있었다.

나는 그것을 몰랐던 것이다. 잘 살펴보지 않은 것은 내 불찰이다. 하지만 어떻게 나에게 할머니를 죽이려고 했다고 말할 수 있는 것일까. 무엇보다도 그런 짓을 하면 사람을 죽으라고 저주하는 것이 되는지도 나는 몰랐다.

"죄송해요. 전혀 몰랐어요……."

나는 이렇게 용서를 빌었다. 그래도 할머니는 용서해주지 않았다. 이럴 경우 난 어찌해야 할까. 경험상 방법은 두 가지밖에 없다는 것을 나는 알고 있었다. 어디까지나 실수라고 우기거나 아니면 "정말 그랬어요. 다시는 안 그럴게요."라고 빌든가였다.

하지만 "예 맞아요. 제가 할머니 죽이려고 한 거예요."라고 말할 수는 없지 않은가. 그것은 내가 죽어도 마땅한 천벌을 받을 일이고 결단코 그런 일은 없었으므로. 하지만 그렇지 않다고 해도 용서해줄 할머니가 아니었다.

뭐라고 답해야 할지 나는 몰랐다. 나는 고민했다. 하지만 나는 결국 있는 그대로 몰랐던 일이라고 말씀드릴 수밖에 없었다.

그러자 할머니는 마침내 나에게 늘 내리던 벌을 주었다.

늘 내리던 벌! 생각만으로도 오금이 저린다.

나는 바로 오조니도 먹다 만 채 밖으로 쫓겨났다. 영하 몇 도나 되는 조선의 겨울 아침이다. 춥다. 배고프다. 불쌍하게 마루에 서 있는 모습을 누가 볼까 괴로웠다.

나는 남들 눈에 띄지 않는 변소 뒤에 숨었다. 그곳은 한쪽은 변소 벽이고 다른 한쪽은 집을 지으려고 언덕배기를 평평하게 해 놓은 곳이다. 아침부터 밤까지 햇빛 한 줄기 들어오지 않는 곳이다. 쌓인 눈이 얼어 자칫하면 미끄러지기 십상이다. 때로 만주에서 불어오는 매서운 북풍에 눈 섞인 모래가 사정없이 얼굴과 다리를 때린다.

나는 서본다. 앉아본다. 일어나서 흑흑 울음을 터트린다. 괴로움을 잊기 위해 행복한 상상을 해보지만 고통이 없어질 턱이 없다.

할머니가 닭에게 모이를 주러 그곳을 지나갔다.

"어때? 놀고 있으니 좋지……."

심술 맞은 할머니는 입을 삐쭉이며 말했다. 도움의 손길을 뻗치기는커녕 휙 지나쳐 갔다. 나는 뒤따라가 할머니 팔에 매달려 용서를 빌었다. 할머니는 홱 뿌리쳤다. 그때의 섭섭함이란…….

날이 어두워지고 모두의 식사가 끝날 무렵 겨우 용서를 받았다.

겨울 저녁의 추위는 이루 말할 수 없다. 저녁에는 기온이 뚝 떨어진다. 추위와 피곤으로 얼굴은 나무판처럼 딱딱해지고, 다리는 막대기같이 굳어지고 저렸다. 꼬집어도 감각이 없을 정도가 되었다. 배는 고파 현기증이 날 정도였다

겨우 용서를 받아 방에 들어가자 힘이 쭉 빠지면서 이는 딱딱 마주치고 몸이 쳐져 젓가락조차 들 수 없었다.

이런 일들은 말하자면 끝이 없다. 더 힘든 것은 일부러 나를 잘못하게 만들거나, 당신이 잘못해놓고 내 과실로 덮어씌워 똑같은 벌을 내리는 것이었다. 뭐 더 열거해도 소용이 없으리라.

그러나 이 한 가지는 적고 싶다. 그것은 그런 벌을 받은 뒤 내가 잘못하지 않은 일이라도 사죄를 하게 하고 "앞으로는 절대로 안 그러겠습니다."라고 다짐시키는 일이었다. 할머니와 고모는 그렇게 하지 않으면 자신들이 위엄을 지키기 어렵다고 생각했던

것일까, 그렇지 않으면 그래야 내가 좋아지리라고 생각했던 것일까.

그런데 나는 나의 이 심각한 체험에서 우러난 말을 하고 싶다.

―아이로 하여금 자신의 행동에 책임을 지게 하라. 자기 행동을 남에게 맹세케 하지 말라. 그것은 아이로부터 책임감을 빼앗는 일이다. 비겁하게 만드는 것이다. 마음에도 행동에도 겉과 속이 있음을 가르쳐야 한다. 누구라도 자신의 행동에 대해 남에게 약속해서는 안 된다. 자신의 행위를 감시인에게 맡겨서는 안 된다. 자신의 행위의 주체는 완전히 자기 자신이어야 함을 자각해야 한다. 그럼으로써 비로소 사람은 누구도 속이지 않고 누구에게도 주눅 들지 않고 진실로 떳떳하고 자율적인 책임감 있는 행위를 할 수 있는 것이다―라고.

할머니와 고모가 아이를 꾸짖는 방법은 사실 나를 마음이 비뚤어진 거짓말쟁이로 만들었다.

나는 접시 한 개를 깨도 몸이 수척해질 정도로 걱정을 했다. 머리숱이 많아 빗이 잘 부러졌는데 빗살이 하나 나가도 밥이 안 넘어갈 정도였다. 나는 숨기기는 싫었다. 그런데도 바로 이야기하기도 겁이 났다. 내게 쏟아질 잔소리와 징벌을 겁냈다. 그래서 나는 항상 참회의 기회를 놓쳤다. 그리고 오늘 얘기할까 내일 얘기할까 고민하는 사이 시간만 가버렸다. 그래서 나는 오로지 자신의 과실을 덮는 데만 급급했다. 깨진 그릇을 종이에 싸 상자 바닥에 숨겨놓든가 부러진 빗을 밥풀로 붙여 제자리에 조용히 갖다

놓기도 했다.

내 가슴은 항상 어둡고 무거웠다. 그러면서 늘 뭔가 불안하고 겁에 질려 차분하지 못했다.

7

이렇게 나 자신의 일을 쓰다가 보니 머슴이었던 고 씨가 생각난다. 그리고 그에 대해 조금이라도 쓰지 않으면 안 될 것 같은 마음이 든다.

고 씨는 그리 똑똑한 남자는 아니었으나 그 대신 정직하고 솔직하고 매우 일을 잘하는 사람이었다. 쉴 틈 없이 일을 하는 사람으로 실수로라도 주인집 물건에 손을 대거나 할 위인이 못 되었다.

가족은 부부와 세 명의 자식으로 이루어져 있었다. 맏딸은 솜씨가 좋아 현미 세 말에 사겠다는 남자도 있었지만 열두세 살이 되면 100엔은 받을 것이라고 할머니가 지금은 보내지 말라고 말려서 살림이 어려워도 키우고 있었다.

새경은 보통보다 2, 3엔 싸게 받아 겨우 9엔 정도였다. 그것도 처음뿐이었고 얼마 지나지 않아 할머니는 현금보다 쌀로 주는 게 더 싸게 먹힌다고 생각하여 여러 핑계를 대 그중 2엔은 2전씩 싸게 계산하여 다섯 되의 쌀로 주었다―특별히 나쁜 쌀을.

그런 까닭에 고 씨는 매우 가난했다. 식구들 모두 배불리 먹을 수가 없었다. 아이들은 한겨울에 쌀부대에 들어가 떨고 있기조차 했다. 큰 일꾼인 고 씨마저 여벌이 없을 정도였는데, 이것에 대해서도 할머니는 체면이 있는데 너무 허름하게 입고 있으면 창피하다고 늘 야단을 쳤다.

어느 추운 겨울 저녁 고 씨가 문밖에서 집에 있는 할머니를 향해 쭈뼛쭈뼛 말을 했다.

"저 할머니 죄송하지만 내일 하루만 쉬면 안 될까요? 피치 못할 사정이 생겨서······."

할머니가 고타쓰 속에서 소리를 질렀다.

"뭐라고? 쉬겠다고? 이젠 자네도 슬슬 게으름을 피우고 싶은 모양이군. 허락 못하네."

"아니요. 그게 아닙니다. 도저히 나올 수 없어서 그럽니다."

"그럼 뭔가? 내일 자네 집에 경성 사는 부자 친척이라도 온단 말인가?"

고모는 할머니와 얼굴을 마주 보고 쿡쿡 웃으며 놀려댔다.

"아니요. 그런 게 아니라······ 실은." 고 씨는 어쩔 줄 몰라 하며 대답했다. "빨래를 좀 해야 해서요······."

"빨래? 빨래라면 자네가 따로 하지 않아도 되는 거 아닌가? 그런 일 하라고 마누라가 있는 거 아닌가? 자네 너무 봐주고 사는 거 아닌가?"

아아, 안의 장난과 밖의 애절한 마음의 대조여. 아이 마음에도, 아니 아이라서 나는 고모와 할머니를 그때처럼 순수한 정의감에서 미워한 적은 없었다. 고 씨는 대답했다.

"따로 마누라를 봐주고 말고 할 것도 없습니다, 마님. 실은 저는 달리 입을 옷이 없어 빨래한 다음 불에 말려 솜을 넣어 원래대로 바느질할 때까지 벌거벗은 채 떨고 있을 수 없으니까 이불을 두르고 있을 생각이지요."

두 사람은 낄낄대며 웃었다. 그리고 옷을 준다는 말도 없이 혀만 차곤 허락하였다.

고 씨는 충실한 일꾼이었다. 그래도 그는 늘 가난했다. 그래서 그는 전에 다니던 선로 인부로 돌아가 17, 8엔의 급료를 받는 편이 낫다고 생각해, 말미를 달라고 해도 할머니는 그것을 허락하지 않았다. 17엔을 받아도 18엔을 받아도 할머니 집에 있는 것만 못하다고 타이르고 게다가 할머니 집의 후덕함까지 자랑하는 것이었다.

"우선 우리 집에 있으면 집은 거저고, 궁할 때는 가불도 해주고, 이자를 받아도 남들 이자의 7할밖에 받지 않지 않는가? 작기는 해도 채마밭에, 솥이랑 냄비까지도 빌려주고 말일세……."

그래서 마음 약한 고 씨는 뭐니뭐니 해도 실제는 인부일 하는 것이 나은 줄 알면서도 입 떼기가 어려워 그냥저냥 그 고생스러운 집에 코 꿰어 있는 것이었다.

8

또 내가 5학년 때의 일이었다. 아니 5학년에 올라간 직후였다. 이삼십 명의 아이들이 새로 전학을 왔는데, 그중에 한 명, 공부

잘하고, 말이 없고, 온화하고 그러면서도 어딘가 슬퍼 보이는 매우 예쁜 여자아이가 있었다. 나는 왠지 그 아이가 좋았다. 그런 내 마음이 통했는지 언제부터인가 그 아이도 내 옆에 와서 같이 놀게 되었다. 나는 점점 더 그 아이가 좋아졌다. 그리하여 우리는 마치 자매같이 사이좋게 학교에 다녔다.

나에게는 그것이 그 당시의 유일한 낙이었다. 집에서는 나는 사랑받지 못했지만, 그러나 그 아이는 나를 사랑하고 그리워했다. 그리고 나는 그 아이에게서 내가 사랑하는 것을 찾았다. 아아, 만약 그 즈음의 나에게 그런 기쁨이 없었다면 나는 살아 있는 느낌조차 들지 않았을 것이다.

그 아이는 타미 짱이었다. 타미 짱은 학교에서 한두 정 떨어진 곳에서 나막신이나 문구를 파는 상점의 딸이었다. 아버지는 타미 짱이 어릴 때 돌아가셨고 어머니는 친정으로 갔기 때문에 타미 짱과 여동생은 할아버지 할머니 손에서 자라고 있었다. 두 사람은 물론 할아버지 할머니로부터 구박을 받거나 하지 않고 오히려 꽤 사랑을 받고 있었다. 그렇지만 그럼에도 불구하고 나는 할아버지 할머니 밑에서 자라고 있는 타미 짱을 왠지 모르게 가엽게 생각했다. 타미 짱의 외로워 보이는 얼굴도 그 때문이라는 생각이 들었다.

이와시타 상, 이와시타 상 하며 타미 짱은 늘 나만 따라다녔다. 읽는 법이나 산수를 모르면 꼭 나한테 와서 물었다. 나도 아는 힘껏 진심으로 타미 짱을 가르쳐주었다.

그렇지만 타미 짱은 몸이 약한 아이였다. 늘 감기가 걸리거나 열이 나거나 하여 자주 학교를 쉬었다. 겨울에는 줄곧 목에 흰 수건을 두르고 학교를 다녔다. 그래서 나는 그때마다 학교를 오가며 타미 짱을 문병했다.

그 때문인지 타미 짱의 할머니도 나를 귀여워해주었다. 나에게 자주 과자나 학용품 등을 주기도 했다.

우리의 우정은 더욱 깊어졌다. 1년, 2년이 지나면서 점점 더 우리는 사이가 좋아졌다. 물론 그 아이 동생도 나는 예뻐했다.

그렇지만 우리가 사이좋게 노는 것은 학교에서밖에 할 수 없었다. 나는 다른 아이들처럼 친구 집에 놀러 갈 수도 근처의 공터에서 뛰어놀 수도 없었다.

이웃 아이들은 대개 학교가 파하면 집에 가자마자 가방을 던지고 고모 집에서 한 정町 정도 떨어진 공터에 모여 놀았다. 내가 집에 돌아와 마당 청소를 하고 있으면 아이들끼리 누구야 놀자 하고 서로 불러내는 소리가 들렸다. 가위바위보를 하거나 토라지거나 화를 내기도 하고 울고 웃고 하는 소리가 손에 잡힐 듯 들려왔다. 마당의 담장 틈으로 바라보면 남자애 여자애 할 것 없이 오비를 잡아당기며 뛰어다니고 있었다. 술래를 잡거나 도망가는 모습이 자주 보였다. 얼마나 재밌을까, 얼마나 자유로울까. 그것을 바라만 보고 있던 나는 '지체 낮은 가난뱅이'가 아닌 지금의 나의 신세가 슬펐다. "우리 집은 말이야. 지체 낮은 가난뱅이들과는 격이 달라. 아이를 밖에서 아무렇게나 놀게 할 수는 없어."라고 늘 할머니로부터 주의를 받았기 때문에, 그 '고상한' 교육 방침으로 인해 집구석에 갇혀 있는 나 자신이 슬펐다. 그리고 그것도 나를 자기 집에서 노예처럼 부리려는 구실에 지나지 않음을 알고부터는 더욱 슬펐다.

근처 사람들은 내가 얼마나 엄격하게 훈육을 받고 힘든 노동을 하고 있는지 잘 알고 있었다. 아이들도 역시 잘 알고 있었다. 그래서 그런 놀이를 할 때도 나를 부르러 오거나 하지는 않았다.

그래도 가끔씩은 노는 아이들 수가 부족하거나 나랑 놀고 싶어질 때 아이들은 "이와시타 상 놀지 않을래?" 하며 집 밖에서 불러 주기도 했다. "시장 쪽에서 아키 상도, 밋 짱도 왔어." 하며 놀자고 한다.

나도 아이다. 가고 싶은 마음은 굴뚝같다. 하지만 어차피 나갈 수 없음을 알기 때문에 나는 대개 침묵으로 답하는 수밖에 없었다. 때로는 밖에 있다가도 서둘러 집 안으로 도망 와 숨도 죽인 채 숨어 있으면, 밖의 소리를 들은 할머니가 화를 내며 바깥으로 나가 이렇게 말하는 것이었다.

"후미코는 평소에는 밖에 안 내보낸다. 그러니 놀자고 하지 마라!"

그 소리를 들으면 아이들은 귀신이라도 본 듯이 화들짝 놀라 달아났고, 그 뒤 늘 야단을 맞는 것은 나였다.

내가 친구들을 꼬드겨 오게 했다며 뻔뻔하고 근성이 나쁜 아이라는 식으로…….

9

 학교에서 돌아와 애들하고 놀지 못하는 정도면 그래도 낫다. 얼마 안 있어 나는 학교가 끝나면 곧장 집으로 돌아와야 한다는 엄명을 지켜야 했다. 그래서 나는 불과 5분, 10분도 다른 곳에 들르거나 뭔가를 해서는 안 되게 되어버린 것이다. 다만 학교가 파하는 시간이 매일 정확한 것은 아니어서 때로는 5분이나 10분 다른 곳에 들르는 것은 하려면 할 수 있었지만 그 대신 들키기만 하면 끝장으로 큰일이 났다. 물론 5분 일찍 학교에 가는 것도 금지였다.

 그런데 나에게 매우 고통스런 일이 일어났다.

 지금까지는 가까운 철길을 건너 학교를 다닐 수 있었던 우리는, 아니 소위 야마노테 사람들은 역장이 바뀌면서 건널목을 막아버려 길이 막혀버렸다. 그 때문에 우리는 멀리 돌아서 가지 않으면 소위 시타마치 쪽으로 갈 수가 없게 되었다. 그래서 그런 불편을 견디다 못한 사람들이 모두 선로 남쪽으로 옮겨 가 북쪽에는 고모 집과 비슷한 생활을 하고 있는 두세 집과 허름한 이발소 한 집만 남고 일본인 집이라고 하는 것이 없어져버렸다. 그것은 그나마 괜찮았다. 문제는 여기서 학교에 다니는 아이가 나와 이발소 집 딸—오마키 상—뿐이라는 것이었다.

 이발소는 고모 집으로부터 반 정 아래의 길옆에 있었는데, 좁고 습한 바닥에, 수은이 벗겨진 거울 하나와, 부서진 다리를 헝겊으로 감아놓은 나무 의자가 하나 있을 뿐인 허름한 이발소였다.

나는 오마키 상과 둘이서 같이 학교에 가고 같이 돌아왔다. 이를 안 할머니는 나에게 이렇게 말했다.

"후미, 넌 말이야, 학교에 오갈 때 저렇게 남의 머리에 낀 때나 벗기며 사는 집 아이와 함께 다녀서는 안 된다."

나는 물론 명령을 지키지 않을 수 없었다. 그래서 아침에는 일부러 설거지나 행주질에 시간을 들여 늦게 나가거나 뒷문으로 몰래 혼자 나가기도 했다.

가는 것은 그런 방법으로 되었다. 그렇지만 돌아올 때는 함께 오지 않을 수 없었다. 오마키 상은 늘 나와 함께 돌아오려고 했다. 나는 오마키 상과 함께 돌아오는 것을 금지당했다. 하지만 나는 아무리 그렇더라도 "너같이 없는 집 애와는 함께 돌아올 수 없어."라고 말할 수 없어, 할머니와 고모가 성내는 것을 신경 쓰면서 조심조심 그리고 늘 되도록 빠른 걸음으로 걷거나 좀 처져서 걷거나 하며 제대로 말도 안 걸면서 돌아왔다.

어느 여름날의 일이었다. 오마키 상과 나는 낮에 함께 교문을 나왔다. 한길을 반 정 정도 걸어왔을 때쯤 오마키 상이 갑자기 멈춰 서더니 생각난 듯 내게 말하였다.

"나 큰아버지 집에서 받아갈 게 있는데…… 좀 기다려줄래, 후미 상? 금방이야……."

큰아버지 집이란 우리가 방금 멈춰 선 바로 앞의 철물점이었는데, 꽤 잘살아 오마키 상 집 생활비를 어느 정도 대주고 있는 듯했다.

헤어지기 딱 좋은 기회였다! 나는 잘됐다 싶어―모든 용기를 내어 말했다.

"그래? 미안하지만 나는 집에 바쁜 일이 있어 먼저 갈게."

하지만 오마키 상은 붙임성이 좋은 아이였다.

"제발." 하며 오마키 상은 빌다시피 부탁했다. "금방이야 기다려줘 응, 금방이야……."

나는 더 싫다고 할 수도 없었다. 마음은 조마조마 내 정신이 아니었지만 나는 결국 그 집 담장에 기대어 오마키 상을 기다리기로 했다.

오마키 상은 신나게 그 집 안으로 들어갔다. 하지만 바로 나온다던 오마키 상은 좀처럼 나오지 않았다. 3분, 5분, 7분 시간이 계속 지나갔다. 나는 점점 애가 탔다. 나는 곧 내가 한 말을 후회했다. 걱정과 조바심 끝에 오마키 상에게 얘기하고 먼저 가려고 나는 집 밖에서 큰 소리로 외쳤다.

"오마키 상, 난 이제 갈게."

"늦어서 미안해." 오마키 상이 미안한 어조로 나에게 대답하며 "빨리요, 이와시타 상을 억지로 기다리게 했단 말이에요." 하고 큰어머니를 재촉했다.

오마키 상의 큰어머니가 나오시더니 나에게 말했다.

"어머 오마키가 억지로 기다리게 했구나, 정말 몰랐다……, 거기는 더우니 이리로 오렴…… 요즘은 어찌 이리 더운지 원……."

그 당시 나는 조금이라도 부드러운 말을 들으면 곧 눈물이 글

나의 조선 생활

씽거리곤 했다. 부드러운 그 말에 조바심도 걱정도 다 날아가 그만 그 집 안으로 들어가고 말았다. 그리고 가능한 한 밖에서 보이지 않도록 가게 구석에 앉았다. 하지만 앉자마자 곧 걱정이 밀려왔다. 불안한 마음에 나는 그저 조마조마 밖을 내다보고 있었다.

참 운도 어찌 이리 나쁠까. 내 눈은 자전거를 타고 그 집 앞을 지나가는 고모부를 보았다. 아니 내가 보았을 뿐 아니라 고모부도 나에게 차가운 눈길을 주고는 지나쳐 갔다.

나는 경악했다. 이젠 죽었다 싶었다. 놀람과 공포로 그 순간 심장의 고동마저 멎는 듯했다. 하지만 나는 바로 내 심장의 고동이 격해지기 시작하는 것을 느꼈다. 그리고 겨우 진정하고 벌떡 일어나 "오마키 상 먼저 갈게." 하고 말하자마자 가게를 뛰쳐나왔다.

흔들거리는 가방을 끌어안고 칠팔 정이나 되는 길을 정신없이 계속 뛰었다. 그러나 집 문까지 왔지만 걱정이 되어 안으로 들어갈 용기가 나지 않았다. 내 발걸음이 무거워졌다. 하지만 용기를 내어 집 안으로 들어갔다.

고모는 언제나처럼 할머니 방에서 바느질을 하고 있었고 나는 떨면서 툇마루에 앉아 "다녀왔습니다." 했다.

그러자 고모가 갑자기 나를 부엌으로 밀어젖혔다. 아니 발로 찼다. 그러고도 분이 안 풀리는지 직접 맨발로 뛰어나와 두 자짜리 자로 나를 개 패듯 때렸다.

할머니도 내려와

"그렇게 얘기했는데도 못 알아들었니? 오냐 내가 알게 해주마!" 하며 게다를 신은 채 나를 찼다.

매타작을 당한 나는 힘이 없어 일어날 수도 없었다. 땅에 엎어진 채 나는 그저 울기만 했다. 그럴 때 우는 것 말고 내가 달리 할 수 있는 방법을 나는 알지 못했다.

실컷 얻어맞은 후에 나는 할머니의 손에 끌려 마당의 헛간에 갇혔다. 그리고 마치 감옥처럼 밖에서 열쇠가 채워졌다.

긴 여름날의 더위에 창고 속의 쌀은 숨이 막힐 정도로 뜨거워져 있었다. 이윽고 격동激動이 좀 진정되자 나는 먼저 얻어맞고 발로 차인 곳에 통증을 느꼈다. 빗이 부러지고 머리에 상처가 나 있었다. 게다가 아직 점심도 먹지 않아 말할 수 없이 시장기를 느꼈다. 하지만 아무것도 먹을 것이 없었다. 힘없이 나는 쌀가마니에 기대어 발아래 흩어져 있는 벼이삭을 주어 한 알 한 알 껍질을 까 씹었다. 그런 다음에 설움에 복받쳐 훌쩍훌쩍 울었다.

피곤이 몰렸는지 나는 몇 시간 동안 잠이 들어버렸다.

창고에서 나온 것은 그다음 날 저녁이었지만 할머니의 노기는 아직 가라앉지 않았다. 아무 말도 없이 호박나물 반찬의 밥이 주어졌다. 나는 허기진 들짐승처럼 게걸스럽게 먹어치웠다.

다 먹자 고모부가 왔다. 그리고 편지 한 통을 내게 건네주었다.

"이거 학교에 갖다주고 와……."

보니 선생님께 보내는 편지였다.

"예…… 지금요?"

"그래. 지금 바로 갔다 와······."
얼굴을 씻고 기모노를 갈아입고 나는 나갔다.
무슨 일인지 몰랐다. 다만 선생님께서 잘 타일러달라고 부탁하는 편지일 거라고 나는 생각했다. 하지만 아무리 생각해도 그 정도로 나쁜 일을 했다고 생각되지 않았다. 수신修身 책에는 친구와 사이좋게 지내라고 써 있다. 나보다 가난한 집 사람을 무시해서는 안 된다고 써 있다. '우애'라는 것에 대해 선생님께서 말씀하신 게 불과 이삼일 전이 아니었는가. 나는 그 말을 그대로 전부 기억하고 있다. 그러니 선생님은 나를 혼내지 않으실 거라고 나는 믿었다. 그래서 유일한 내 편한테 가는 것이라고 생각하니 오히려 기뻐졌다.
저녁을 드신 듯 선생님께서는 유카타 차림에 아이를 안고 마당에서 꽃을 보고 계셨다.
"선생님, 안녕하세요?"
"아니 후미코구나. 오늘 결석했지? 무슨 일이니? 또 야단맞았니?"라며 선생님은 웃으시면서 나를 맞아주셨다.
늘 있는 일이었기에 선생님은 내가 야단맞는 것을 그다지 대수롭게 여기지 않는 듯했다. 그렇지 않으면 나를 동정하여 그렇게 말씀하셨는지도 모른다. 길을 가면서 나는 선생님을 만나 선생님께만은 이 일의 자초지종을 말씀드리면 바르게 판단하실 거라고 생각하고 온 것이다. 하지만 그런 말을 듣자 바로 그저 눈물만 흘러 정말로 말이 나오지 않았다.

나는 울면서 편지를 품에서 꺼내 선생님께 드렸다.

선생님은 입을 다무신 채 받아들어 봉투를 뜯어 눈으로 훑으신 뒤 다시 접어 봉투에 넣었다.

"어떤 나쁜 일을 했는지 모르지만 아버님께서는 후미 짱이 무례한 점이 많아 퇴교시키겠다고 하시는구나."

이 말을 듣는 순간 내 가슴은 쿵하고 내려앉았다. 어지러워 쓰러질 지경이었다. 선생님은 계속 말씀하셨다.

"하지만 걱정하지는 마. 물론 이건 진짜 퇴학은 아니고 조금 학교를 쉬게 하신다는 거겠지. 나도 잘 말씀드리겠지만 아무튼 후미 짱 집 사람들은 모두 한번 한다면 끝장을 보고 뒤로 물러서지 않는 성격들이니 어떻게 해볼 도리가 없구나. 그러니 지금은 사람들 말 잘 듣고 얌전히 참고 있으렴. 그것밖에는 방법이 없어……."

나는 이제 선생님께도 호소할 수가 없었다. 붙잡을 지푸라기 하나 없이 그저 묵묵히 선생님과 헤어졌다. 기대를 배반당한 마음에 더욱 슬퍼졌다. 나는 교실로 들어가 실컷 울었다. 하지만 돌아오는 것은 텅 빈 교실 천정으로 울리는 나의 울음소리뿐이었다. 나는 이때만큼 확실히 나의 고독을 똑똑히 느낀 적이 없었다.

선생님의 말투에서 나는 이미 점심 무렵에 선생님과 고모부 사이에 내 문제로 이야기가 있었음을 느끼고 있었다. 그리고 지금 이런 고독으로까지 던져진 찰나에 나는 확실히 알게 되었다. 교사란 얼마나 겁쟁이고 성의가 없고 또 하는 말이 얼마나 공허한 거짓말인가를.

10

그것은 7월 초의 일이었다.

선생님이 말씀한 대로 9월 신학기부터 나는 다시 등교를 허락받았다. 하지만 1학기의 생활통지표에는 내 품행 점수가 그전에도 후에도 한 번도 없었던 '을'로 떨어져 있었다.

나는 다시 학교에 갈 수 있게 되었다. 학교에 갈 수 있다는 사실만으로도 나는 원기를 회복했다.

그중에서도 나의 귀여운 친구 타미 짱을 다시 만날 수 있게 된 것이 가장 기뻤다.

타미 짱은 벌써 3학년이었다. 그 아이의 여동생 아이 짱도 학교에 다니고 있었다. 나는 고등 1학년이었다. 이 둘을 보는 것만으로, 이 둘을 돌보아주는 것만으로 내 마음은 가까스로 위로가 되고 있었다. 학교에 못 간 한참 동안 나는 얼마나 타미 짱이나 아이 짱이 그리웠는지 모른다.

그렇지만 그러고 나서 내가 타미 짱과 사이좋게 논 것도 불과 며칠뿐이었다.

2학기가 시작되고 곧 타미 짱은 그전처럼 감기로 학교를 쉬었다. 이틀, 사흘이 지나도 타미 짱의 얼굴은 보이지 않았다. 그래서 나는 학교의 점심시간을 이용하여 자주 문병을 갔다. 타미 짱은 내가 오는 것을 얼마나 반겼는지 모른다. 병은 전혀 낫지 않고 의사 선생님으로부터 폐렴 진단을 받은 터이지만, 내가 가면 갑자기 활기를 띠며 말을 하곤 하였기 때문에 나는 오히려 많이 좋아진 것으로 알았다. 그래서 얼마 동안은 문병도 가지 않았다. 그런데 그후 나는 아이 짱으로부터 타미 짱이 점점 나빠져 지금은 뇌막염으로까지 진행되었다는 얘기를 들었다. 그래서 다시 점심시간에 문병을 갔다.

하지만 그때는 이미 예전의 타미 짱이 아니었다. 그전에 문병 갔을 때, 창백한 얼굴에 미소를 띠고 조금이나마 웃어주던 모습조차 없었다.

타미 짱은 반듯이 누운 채 그저 그 큰 눈을 뜨고 있었다. 의사 선생님이 눈동자에 플래시를 비춰보았지만 깜빡거리지도 않았다.

의사 선생님은 머리를 저었다. 할아버지 할머니도 그 옆에 애처롭게 앉아 계셨다. 나는 울음을 터뜨렸다.

타미 짱이 이제 죽어가는 것이다. 우리는 이제 영원히 못 만나는 것이다. 나는 슬펐다.

그로부터 이틀 후 생도 모두 먼 산에 있는 화장장으로 타미 짱이 가는 것을 지켜보았다. 그리고 그다음 날 나는 학교에서 뽑혀 두세 명의 친구와 함께 타미 짱의 유골을 같이 담았다.

타미 짱과 나는 우연히 알게 되었다. 그리고 3년이 안 된 세월을 친구로 지낸 것뿐이다. 하지만 앞에서도 말했듯이 우리 사이에는 뭔가 특별한 인연이 있는 듯 친했다. 아버지 죽고 엄마도 없는 타미 짱을 나의 처지에 비추어 특별히 동정했는지도 모르나 나는 어쨌든 마음속으로 타미 짱을 내 여동생처럼 생각하고 있었던 것이다.

그렇게 친했기 때문에 타미 짱이 죽자 나는 단지 외로울 뿐 아니라 뭔가 소중한 것을 도둑맞은 느낌이었다. 학교에 있으나 집에 있으나 문득문득 타미 짱이 생각나 나는 참을 수 없는 외로움에 울 뿐이었다.

그러한 날들이 한 달이나 이어졌다.

운동장에서는 아이들이 즐거운 듯 뛰어놀고 있었다. 하지만 그 무렵의 나는 이미 그러한 놀이를 같이하고 싶지도 않았다. 운동장 구석 포플러 나무에 기대어 그저 우두커니 생각에 빠져 있었다. 그때 아이 짱이 천진난만하게 뛰어왔다.

"어, 이와시타 상 여기 있었어?" 아이 짱은 내 손을 끌며 말했다.

"모두 찾고 있단 말이야. 저리로 가자. 무슨 생각 했어?"

나는 참을 수 없어 와락 아이 짱을 끌어안았다.

"나 네 언니 생각 하고 있었어."

천진한 아이 짱도 갑자기 슬픈 얼굴이 되었다. 그러고는 생각난 듯 내게 말했다.

"저, 이와시타 상, 내가 얼마 전에 가져간 것 봤어?"

"네가 가져온 거? 어디로?"

"어머, 언니 아직 몰라?" 아이 짱은 깜찍하게 말했다. "우리 언니가 예전에 받은 반짇고리 말야. 언니 유품이라고 우리 할머니가 나한테 가져다주라 해서 내가 갖고 갔는데."

타미 짱의 반짇고리! 나는 기억하고 있다. 금색 그림이 있는 옻칠 상자로 비싸고 산 지 얼마 안 되는 반짇고리였다. 그것을 나에게 보낸 것이다. 너무 기뻤다. 그거라도 몸에 지니고 있고 싶었다. 나는 아직 우리 집 사람 누구로부터도 받은 기억이 없다. 하지만 나는 아이 짱을 실망시킬지도 모른다는 생각에 그렇게 차마 말할 수 없었다.

슬픈 마음으로 내가 대답했다.

"아아, 그건가? 봤어…… 너무 고맙다……."

그것을 실제로 받았다면 얼마나 좋았을까. 이렇게 불충분한 감사 인사를 하지 않아도 좋을 텐데. 하지만 나로서는 겨우 그런 정도의 감사 인사밖에 할 수 없었다. 그리고 그것이 정말 미안한 생각이 들어 그 마음을 속이기 위해

"얼른 가서 애들하고 놀자."며 이번에는 반대로 내가 아이 짱의 손을 잡고 뛰었다.

11

나는 그 반짇고리를 찾고 싶었다. 그것을 보면 타미 짱을 만날 수 있을 것 같은 마음이 들었다. 그날 집에 돌아가자마자 나는 뭔가 다른 일을 하는 척하며 벽장이나 서랍장의 서랍을 살짝 뒤져 보았다. 하지만 어디에서도 그것을 찾을 수가 없었다.

'어떻게 된 걸까?'라고 나는 생각했다. 또 '없을 리가 없는데.'라고도 생각했다. 그래서 그다음 날도 또 그다음 날도 다른 일을 하는 것처럼 하면서 벽장 정리나 방 청소를 했지만 아무리 해도 보이지 않았다.

나는 그만 체념하였다. 심술 맞은 할머니다. 어딘가 내가 모르는 곳에 숨긴 것이라 생각하고 찾는 것을 단념했다.

또 몇 달이 지났다. 어느 날 저녁 무렵 할머니 방을 청소하는데 서랍과 벽 사이에 뭔가 종이쪽지가 있는 것을 나는 발견하였다. "뭐지?" 하며 호기심이 발동하여 나는 힘을 써서 간신히 꺼내보았다. 먼지에 싸인 한 통의 편지였다.

그 편지는 아이의 필적으로 발신인은 확실히 사다코貞子라고 써 있었다.

사다코는 할머니 오빠의 자식으로 한 번 이 집에 양자로 왔다가 할머니와 그 오빠의 감정이 나빠져 돌아간 여자아이다. 그리고 그 대신 나를 양육하게 된 것이었다.

그것을 품속에 넣어 나는 내 방으로 갖고 왔다. 그리고 읽었다.

나는 지금 그 문장은 기억하고 있지 않다. 하지만 그런데도 쓰여 있던 그 내용만큼은 아무리 해도 잊히지 않는다.

그것[편지]을 통해 나는 나 대신 한 번 더 사다코 상이 이와시타가의 후계자로 정해졌다는 것을 알게 되었다. 이와시타가에서 이미 여러 가지 물건을 사다코 상에게 보내고 있다는 것도 알았다. 고향에서 내게 입혀준 비단옷도, 시고키도, 오비도─그리고 내가 그렇게 찾던 타미 짱의 유품인 반짇고리까지도 다 사다코 상에게 보냈다는 것을 알았다. 그리고 내가 이런 식모보다 못한 대접을 받는 것과는 반대로 사다코 상에게는 무용에 재봉, 꽃꽂이까지 가르치고 있다는 것도 알았다. 게다가 그 편지 끝에는 '어머님께'라고 똑똑히 써 있기까지 한 것을 보았다.

하지만 나는 여기서 여자애처럼 징징거리고 싶지 않다. 나한테 준다며 내 눈앞에서 준 것까지도 나에게 주지 않고 사다코 상에게 보낸 것이나 그 외의 여러 가지 일도 말하지 않겠다. 나는 다만 타미 짱의 유품이 사다코 상에게 보내진 것만이 화가 난다. 슬프다.

12

핫토리 선생님이 오신 지 3년 정도 지났을 무렵이었다.

젊고 마음이 넓고 운동을 좋아하는 이 선생님은 넓은 교정에 놀이 나무나 회전탑 등 계속해서 운동기구를 마련해주어서 아이들을 기쁘게 했다. 그런데 이번에는 그냥 운동만 하면 안 된다고 하며 농업 실습을 시작한다고 말을 꺼냈다.

선생님은 우선 학교 뒤편에 있는 꽤 넓은 공터를 빌렸다. 그것을 아이들의 농장으로 만들었다.

농장은 네다섯 명을 한 조로 묶어 여러 구획으로 나누었다. 그리고 처음으로 먼저 손이 많이 가지 않는 감자를 심기로 했다.

아이들은 매우 기뻐했다. 각자 자기 담당의 땅에 괭이질을 하여 땅을 뒤집었다. 그리고 선생님이 가르쳐주는 대로 이랑을 만들었다. 선생님은 선생님대로 아이들에게 괭이 쓰는 법부터 가르치면서 선생님도 자신의 밭을 일구었다. 생도들은 선생님 밭 모양새를 흉내 내어 그럭저럭 감자를 심을 수 있을 정도로 만들었다.

그때는 이미 감자 종자가 어딘가에서 주문하여 준비되어 있었다. 일구어놓은 밭두렁에는 화학비료가 뿌려졌다. 그러고 나서 그 다음에는 종자를 심었다. 선생님이 자신의 밭에 먼저 심어 보이면 생도들은 그것을 흉내 냈다.

"자 됐니?" 하며 선생님은 큰 소리로 유쾌하게 말씀하였다. "한 십 일쯤 있으면 싹이 나올 거야. 신기하지! 이 흙덩어리 속에서 싹이 나와, 그다음에 열매를 맺고, 그리고 그게 다시 인간의 입으로 들어가 자양분이 되지. 하지만 농사짓는 집에서는 이것이 가장 쉬운 일이지만 그래도 아무렇게나 내버려두면 알이 잘 맺히지 않아. 온갖 정성을 기울여 보살피지 않으면 안 돼. 그 노력은 참으로 힘겨워. 그래서 다들 농민을 우습게볼 수 없는 거야. 농민이야말로 일본 국민의 어버이야. 아니, 일본뿐 아니야. 어느 나라에서나 마찬가지야."

모두 긴장된 얼굴로 선생님 말씀을 들었다. 교실에서 배울 때보다 10배나 많은 흥미와 주의를 기울이며.

따뜻한 햇살을 받아 씨감자는 작은 싹을 틔우기 시작했다. 아이들은 창조의 기쁨에 덩실거리며 기뻐했다. 싹은 쭉쭉 자랐다. 아이들은 틈만 나면 밭으로 갔다. 자기 밭의 감자 싹과 다른 아이 밭의 그것을 비교하며 서로 빼기기도 했다. 자를 가지고 나와 싹의 길이를 재거나 싹이 길어 보이게 살짝 주위의 흙을 파놓기도 했다.

시간표상으로 농업은 일주에 한 번이었지만 그것으로는 모자라 다른 시간을 빌려 쓰기까지 했다.

선생님은 하얀 셔츠 바람으로, 여자아이들은 기모노를 말아 접고 맨발로, 남자아이들은 속옷 차림으로 풀을 뽑거나 영차 힘을 쓰거나 비료를 주거나 했다. 모두 땀투성이가 되어 얼굴도 손도 발도 흙투성이가 되었다. 하지만 그것을 싫어하는 아이는 누구도 없었다.

"얘들아 알겠니?" 선생님은 가끔씩 외치듯이 큰 소리로 말씀하였다. "사람은 서로 사랑해야 한단다. 아니, 사람뿐만 아니야. 무엇이든 사랑으로 대해야 한다. 그러나 진정한 사랑은 자기 스스로 힘들게 키워가지 않으면 안 돼. 어때? 모두 이 감자가 사랑스러워졌지……."

어느 때는 이렇게도 말씀하였다.

"감자 하나 키우기도 정말 힘들구나. 우리가 채소 가게에서 감자를 사가지고 와서 먹을 때는 아무런 생각도 못하고 이 감자가 맛이 있네 없네 사치스런 말만 했지만 사실은 이거 하나 키우는 데도 농민이 얼마나 힘이 드는지 몰랐으니 말이야."

그리고 마지막으로 선생님은 항상 "그러니까 농민을 업신여겨선 안 된단다. 농민은 생명의 어버이야."라며 덧붙여 말씀하였다.

비가 오지 않았다. 땅이 너무나 메말라 겨우 나온 싹조차 타버릴 지경이었다. 그래서 다들 다투듯 아침부터 나와서는 우물물을 퍼 날랐다. 어떤 아이는 방과 후에도 저녁에 다시 학교에 와서 물을 주기도 했다. 그만큼 아이들은 진지하고 찬란한 희망을 이 감자에 걸고 있었던 것이다. 그리고 물론 나 또한 그런 아이들 중 하나였다.

그러던 어느 날 나는 학교에서 돌아오자마자 고모와 할머니한테 불려갔다.

"후미! 요즘 학교에서 농사꾼 흉내를 시킨다고 하던데 사실이니?" 고모가 먼저 나에게 물었다.

뭘 또 야단치려나 조마조마하며 나는 "네."라고 대답했다.

고모는 그다지 화내는 기색 없이 다만

"이렇게 더운데 여자애들까지도 밭에 내보내 농사꾼을 만든다니 참을 수 없어. 무엇보다 기모노가 바래잖어." 중얼대듯이 말하며 "지금 키우고 있는 것은 할 수 없지만 다음에는 하지 마······." 라고 명령하였다.

이다음부터 못하게 되는 것은 아쉽지만 지금 당장은 아니어서 나는 기뻤다.

그러나 할머니는 고모처럼 말하지 않았다. 할머니는 말했다.

"이다음부터가 아니야, 지금 당장 그만둬. 우리 집은 월사금 내면서까지 농사꾼 일을 배울 필요가 없고, 게다가 일부러 네가 밭일하여 벌지 않아도 아직 생계는 어렵지 않으니까······."

나는 조용히 듣고 있을 수밖에 없었다. 할머니는 계속했다.

"내일부터는 농사꾼 흉내는 일절 안 된다, 후미. 뭐 정규 수업이라고? 그럼 농사꾼 시간 들은 날은 [학교를] 쉬어라. 알았지?"

내 얼굴에 억울한 기색이 나타났음에 틀림없다. 그것을 본 할머니는 더욱더 화가 나 다른 일까지도 합쳐서 야단치기 시작했다. 할머니는 또 계속했다.

"게다가 넌 게다 끈도 잘 끊어먹고 오는데, 분명 그 뭔가 하는 그네에 매달려 날거나 남자애들과 어울려 뛰어놀기 때문일 게야. 지체 낮은 가난뱅이 애들 흉내나 내고 말야. 여자애면 여자애답게 좀 고상한 여자애 흉내라도 내보는 게 좋아. 그러니까 내일부터는 그것도 금지다—그네, 술래잡기 다 안 돼. 학교에서 하는 거라 해서 괜찮다고 생각하고 해서도 안 돼. 내가 우리 윗 산에 올라가 다 감시하고 있을 테니……."

아아, 나는 이렇게 결국 나의 자유를 모두 빼앗겨버리고 말았다. 나 자신도 빼앗겨버리고 말았다.

한창 놀기 좋아할 열두세 살의 나다. 그런 내가 기모노 색이 바래서, 게다 끈이 끊어진다는 이유로 정해진 시간에 하는 운동 외의 어떤 놀이도 금지당해버린 것이다. 남들보다 훨씬 말괄량이였던 나는 이렇게 손발을 묶인 듯한 생활을 얼마나 고통스러워했던가. 그래서 나는 그후 어른이 되어 길을 걷고 있을 때, 종종 길가에서 고무줄놀이를 하고 있는 아이들한테 엄마가 달려와 기모노가 더러워지니 하지 말라고 야단치고, 아이는 그 놀이에 빠져 그만두려 하지 않으면 [엄마가] 울부짖는 아이를 억지로 잡아끌고 가는 것을 본 적이 있는데, 그런 광경을 볼 때마다 나는 [다음과 같이] 호소하고 싶은 생각이 든다.

―왜 그렇게 무리를 하는 거죠? 당신은 대체 아이가 귀한가요, 기모노가 귀한가요? 아이는 기모노를 위해 있는 게 아니랍니다. 아이를 위해 기모노가 있는 거죠. 그렇게 때 타는 게 무서우면 좋지 않은 허름한 기모노를 입혀놓으면 되잖아요.

―어른은 자신의 체면이나 안락을 위해 아이를 희생시키고 있습니다. 어른은, 특히 어머니는 아이를 위험으로부터 지키고 아이의 재능을 키워주는 게 일입니다. 아이의 자유를 빼앗고 아이의 인격을 빼앗는 것은 엄청난 죄악입니다. 아이를 자유롭게 놓아두세요. 자유의 천지에서 뛰어노는 건 자연이 아이에게 준 유일한 특권입니다. 그래야만 아이는 무럭무럭 인간다운 인간으로 자랄 수 있습니다―라고.

나는 결코 이러한 생각이 틀렸다고 생각하지 않는다.

13

할머니와 고모로부터 이런 선고를 받고 4, 5일 뒤의 일이었다.

무슨 수업 시간 뒤에 핫토리 선생님께서 문득 생각난 듯 교단에서 생도들을 보며 말씀하였다.

"참, 이번에 학교에서 농사짓기 시작한 것에 대해 너희들 집에서 뭐라고 얘기가 없었니? ……예를 들면 좋은 일을 시작했구나 라든가 곤란한 일이구나라든가 말이야……."

아이들은 입을 다물고 있었다.

선생님은 클래스의 호소다라는 남자아이를 지목하여

"호소다, 너희 집은 어때? 형님이 아무 말씀 안 하시든?"
소심한 형과 둘이서 사는 호소다가 대답했다.
"형님은 몸이 건강해지고 좋은 일이라 하셨습니다."
선생님은 기쁜 표정을 지으며 한 번 더 교실을 둘러보았다.
"우리 아버지도 그렇게 말씀하셨어요."
"우리 아버지도……."
아이들은 작은 소리로 서로 소곤거렸다. 그렇지만 나서서 큰 소리로 답하는 아이는 없었다. 선생님은 누군가를 또 지목하려 하였다.

나는 내가 지목당하는 것은 아닐까 하고 마음속으로 조마조마했다. 그래서 될 수 있는 대로 눈에 띄지 않도록 숨듯이 고개를 푹 숙이고 있었다. 그런데도 선생님은 일부러 나를 지명하였다.

"이와시타네는 어때? 할머니가 분명히 뭐라고 말씀하셨을 것 같은데…… 가만히 계실 리가 없는데……."

선생님은 모두 알고 있으면서 나에게 그렇게 묻는 것이라고 나는 생각했다. 또는 비록 할머니와 고모가 뭐라고 했는지를 모른다 해도 할머니와 고모의 성향을 잘 알고 있는 선생님께 억지로 갖다 붙인 것 같은 거짓말은 하고 싶지 않다고 생각했다. 하지만, 하지만 만약 사실을 말씀드린다면…….

평소와 달리 내 대답은 애매했다.

"네, 저…… 할머니께서는 농업, 농사꾼 같은 걸 하면 기모노가 색이 바래서 못쓴다고…… 말씀하셨습니다."

그러자 선생님은 비웃는 듯한 얼굴에 쓴웃음을 띠며 화난 듯이 말씀하였다.
"흥, 과연 너무나도 여왕님 같은 훌륭한 기모노를 입고 계시지……."
그렇게 말씀하고 선생님은 휙 교과서를 안은 채 문을 거칠게 밀치며 나갔다.
다들 내 기모노를 유심히 쳐다봤다. 나도 모르게 얼굴이 빨개졌다. 그리고 새삼 내 기모노의 허름함에 놀랐다.
흰 바탕에 감색 무늬가 있는 조잡한 유카다. 무늬가 이미 모두 벗겨지고 군데군데 해져 천을 덧댄 곳도 많다.
나는 하지만 선생님을 원망했다. 선생님은 왜 다른 아이들 앞에서 나를 창피 주었는지. 농업 시간에 자신이 기르는 것에 대한 사랑을 설명하던 선생님이 아니던가. 그런데도…… 그런데도…….
나는 집으로 돌아왔다.
학교에서 있었던 일이 가슴에 맺혀 떠나지 않았다. 게다가 내 대답이 할머니와 고모한테 잘못한 것은 아닐까 걱정이 되었다. 그것을 걱정하면 할수록 가만히 있을 수 없다는 생각이 들어 오늘 학교에서 일어난 일을 사실대로 이야기했다.
할머니와 고모는 화내지 않았다. 의기양양한 표정까지 지었다. 다만 고모와 얼굴을 마주보며 할머니는 이렇게 말하였다.
"하여튼 너 같은 바보 때문에 속 터져 죽겠다. 남한테 할 얘기

못할 얘기도 구분 못하니. 저기 앞으론 애 앞에서는 말조심해야겠다, 뭐든지 떠들고 다니니 말이야……."

할머니와 고모는 지금까지 자신들의 언행이 절대로 잘못이 없다고 나에게 믿게 하였다. 적어도 그렇게 믿도록 강요하였다. 하지만 나는 지금 처음으로 할머니와 고모도 역시 남 앞에서 해서는 안 될 말을 어쩌다 한다는 것을 알게 되었다.

나는 이제 바보같이 할머니와 고모의 말을 믿지는 않을 것이다. 무조건 받아들이지도 않을 것이다. 어렴풋이나마 나는 그런 느낌을 내 가슴속 깊이 느꼈다.

14

나는 이제 모든 것을 빼앗겼다. 학교도 가정도 지금 내게 그것들은 하나의 지옥에 불과했다.

하지만 나는 어렸을 때부터 아무리 얻어맞아도 완전히는 뻗지 않는 강한 아이임에는 틀림없었다. 그런 까닭에 이런 때에도 하나의 즐거운 세계를 가질 수 있었다. 그것은 내가 다른 사람과 떨어져 오직 혼자만 있는 것이었다. 그렇다, 오직 그것뿐이었다.

이렇게 괴로움들을 회고해보니 내가 마침 그 시절에 유일하게 맛본 즐거운 경험이 떠오른다.

대산臺山은 고모 집 소유의 산이었다. 고모부가 예전에 철도에 근무하던 시절 사놓았다고 하는 산으로 밤나무가 심어져 있었다. 그리고 그것이 그 무렵에는 꽤 큰 수입을 고모 집에 안겨주고 있었다.

　밤나무 사이사이에는 갈대나 억새 등이 키만큼 자라 매년 가을이 되면 인부를 사서 베게 하는데 그 수입도 상당하다고 했다.
　가을이 되어 밤이 떨어질 때가 되면 집 사람 누군가가 가서 밤을 주워 왔다. 그것은 대개 몸이 약한 고모부의 일이었지만 고모부는 가끔씩 그 산에도 오르지 못할 정도로 몸 상태가 좋지 않을 때가 있었다. 그럴 때는 내가 스스로 자진해서 그 일을 맡아 했다. 왜냐하면 나는 거기서 정말로 자유로운 자신을 만날 수 있었으니까.
　모든 것을 빼앗긴 가을이었다. 고모부 건강이 다시 안 좋아졌다. 나는 할머니를 졸라 학교도 쉬고 몇 번이나 밤을 주우러 갔다.
　산에 갈 때에는 나는 먼저 버선을 신고 각반을 두르고 신발을 발에 묶었다―왜냐하면 그 산에는 지네가 있어 가끔씩 물기도 하므로……. 낫이나 긴 막대나 주운 밤을 담을 포대 등도 준비했다. 그리고 나는 서둘러 집을 나왔다.
　아이들은 학교에 간다. 하지만 나는 이미 학교를 쉬는 것을 그다지 슬픈 일로 생각하지 않게 되었다. 그보다도 혼자 산에 가는 것이 얼마나 즐거운지 몰랐다.
　나뭇가지 끝에 금방이라도 떨어질 듯이 붉은 갈색의 밤이 밤송이 밖으로 얼굴을 내밀고 있다. 나는 밤송이를 끝이 양쪽으로 갈라진 긴 막대로 비틀어 꺾는다. 그리고 밤송이를 발로 밟아 알밤을 꺼낸다. 그래도 안 나올 때는 괭이의 등으로 껍질을 눌러서 벌린다. 가지에 매달려 있는 밤을 다 따면 이번에는 땅으로 눈을 돌려 떨어진 밤을 줍는다. 그렇게 나는 나무에서 나무로 옮겨 갔다.

때로는 풀 한 포기 없는 곳이 나오는가 하면 때로는 울창한 풀숲을 만나기도 했다. 그런 풀숲에서는 꿩이 놀라 날아오르거나 토끼가 뛰어다니곤 했다. 나는 놀라서 멈추어 서지만 곧 다시 그런 동물들에게 정겨움을 느끼기 시작한다. 그리고

"뭐야, 깜짝 놀랐잖아. 그렇게 도망 안 가도 돼. 우리 친구잖아?" 하며 큰 소리로 얘기를 걸어본다. 물론 토끼도 꿩도 나에게는 아무런 대답도 하지 않고 가버리지만. 그렇지만 나는 특별히 그것이 쓸쓸하다고는 생각하지 않는다. 오히려 미소가 번진다. 그리고 나서 "이상한 녀석!"이라고 또다시 얘기하고는 그 풀숲의 밤은 그들 몫으로 남겨놓고 또 다른 곳으로 간다.

자루가 무거워진다. 다리가 피곤해진다. 나는 그러면 가져온 모든 것을 내던져놓고 한달음에 산꼭대기로 달려간다. 그리고 거기서 쉰다.

정상에는 나무다운 나무는 없고 노란 마타리나, 보라색 도라지꽃이라든가 싸리꽃이 흐드러지게 피어 있었다. 선생님이 "그곳은 산이 아니라 언덕이다."라고 정의했을 정도로 이 산은 결코 높은 산이 아니었지만, 그럼에도 불구하고 위치가 좋아서 정상에 오르면 부강이 눈 아래 한눈에 보였다.

서북쪽으로는 논밭을 지나 정류장이나 여관이나 그 외 건물이 늘어서 있다. 동네의 형태를 갖춘 마을이다. 그중에서도 가장 눈

에 띄는 것은 헌병대 건물이다. 카키색 제복을 입은 헌병이 마당으로 조선인을 끌어내 옷을 벗기고 알몸이 된 엉덩이를 채찍으로 때리고 있다. 하나, 둘, 헌병의 새된 목소리가 들린다. 맞고 있는 조선인의 울음소리도 들려오는 듯하다.

그것은 그다지 기분 좋은 광경이 아니다. 나는 그래서 빙 뒤돌아 앉아 남쪽을 본다. 멋있는 부용봉이 멀리 저쪽에 솟아 있다. 그 산자락을 돌아 동에서 서로 가을 햇살을 받아 은색으로 빛나는 백천白川이 흰 비단을 휘감은 듯 천천히 흐르고 있다. 그 모래밭 위를 짐을 실은 당나귀가 께느른한 모습으로 지나간다. 산자락에는 나무 사이로 조선인 마을의 낮은 초가지붕이 띄엄띄엄 보인다. 안개 속에 흐릿하게 보이는 조용한 마을이다. 남화南畵[남종문인화]에 보이는 듯한 경치이다.

그것을 계속 보고 있으니 처음으로 나는 나 자신이 정말 살아 숨 쉬고 있는 듯한 느낌이 든다. 여유로운 기분이 되어 풀밭에 벌렁 드러누워 하늘을 본다. 깊고 깊은 하늘이다. 나는 그 끝을 알고 싶어진다. 나는 눈을 감고 생각에 빠진다. 상쾌한 바람이 불어온다. 풀이 바람에 운다. 다시 눈을 뜨면 잠자리가 코앞에서 날아다니고 있다. 귓전에서는 여치나 귀뚜라미가 울고 있다.

학교는 점심시간이겠지. 아이들의 떠드는 소리가 들려온다. 나는 일어나 바로 눈 아래로 보이는 교정을 본다. 아이들은 풋볼을 하고 있다. 볼이 땅에 떨어져 한참 있다 볼이 튀는 소리가 들려온다. 떨어진 볼을 서로 주우려고 아이들은 법석을 떤다. 재미있어 보이는 그 놀이여. 나는 지금까지 학교에서 그저 슬프게 보고만 있을 수밖에 없었다. 그렇지만 지금은 슬프지도 기쁘지도 않다. 단지 그 속에 몰입해 있는 나 자신을 느낀다.

왠지 속에서부터 힘이 솟아나는 느낌이 들어 나는 갑자기 "야!"라고 누구에게랄 것도 없이 불러본다. 하지만 당연히 누구도 대답할 리 없다. 나는 산에 혼자 있으니까.

벨이 울리고 아이들은 다시 교실로 들어갔다. 나도 정상에서 내려와 밤나무 사이로 들어간다.

마음이 깨끗해진 나는 나도 모르게 학교에서 배운 창가를 부르기 시작한다. 누구도 그것을 제지하는 이가 없고, 작은 새처럼 나는 자유다. 부르고 부르고 목이 쉬도록 계속 부른다. 때로는 즉흥적으로 스스로 노래를 만들어 부른다. 늘 갇혀 있기만 했던 감정이 자유분방하게 속에서 마구 터져 나온다. 그리고 그것이 나를 위로해준다.

목이 마르면 과수원지기의 배 밭에서 따온 배를 껍질도 벗기지 않고 깨끗하게 먹어치운다. 그러고 나서 다시 땅바닥에 누워 나무 사이로 새어 들어오는 구름들을 바라본다. 숨이 막힐 듯한 수풀의 후끈함과 버섯 냄새가 코를 찌른다. 나는 정신없이 그 냄새를 맡는다.

아, 자연! 자연은 거짓이 없다. 자연은 솔직하고 자유롭고 인간처럼 인간을 비틀지 않는다. 마음으로 이렇게 느낀 나는 "고마워" 하고 산에 감사하고 싶어진다. 동시에 또 문득 지금의 생활을 생각하면 울고 싶어진다. 그리고 그럴 때는 속이 후련해질 때까지 목 놓아 울었다. 하지만 어쨌거나 산에서 보내는 하루만큼 나 자신으로 돌아갈 수 있는 날은 없었다. 그날만이 내가 해방되는 날이었다.

15

더운 한여름이었다.

강경이라는 곳에서 혼자 병원을 경영하고 있는 후쿠하라福原라는 사람의 부인이 할머니를 찾아왔다. 미사오操라는 이름의 그녀는 할머니의 질녀였다.

미사오 상은 지금까지 한 번도 온 적이 없었다. 편지 왕래도 별로 없었다고 나는 생각한다. 하지만 미사오 상은 나처럼 가난뱅이는 아니었다. 할머니를 비롯하여 이와시타가는 모두가 법석을 떨며 이 진객을 맞이하였다.

미사오 상은 스물네다섯의 아름다운 여자였다. 젖먹이 한 명을 데리고 왔다.

도착했을 때 그녀는 가슴에서 소매까지 화려한 가을 풀 문양이 찍힌 비단 히토에 현란한 금종이와 은종이를 붙인 오비를 매고 있었다. 더운데도 그 위에 금실로 무늬를 짜 넣은 얇은 비단 반코트까지 걸치고 있었다. 목에는 금목걸이 손에는 금반지, 조화는 안 됐지만 언뜻 보면 귀부인으로 여겨질 차림이었다.

인사가 끝나자 할머니는 바로 미사오 상 기모노에 땀이 배어 있는 것을 보았다.

"어머, 미이 상, 오비랑 기모노 모두 땀투성이구나. 옷을 갈아입으렴."

하고 할머니가 말하자 미사오 상도

"그러게요. 갈아입을까요?"라고

대답하고 입고 있던 기모노를 벗었다. 할머니는 손수 가져가 하나하나 정성껏 햇볕에 널었다. 근처에 사는 가난한 사람들이 물을 길으러 오는 우물가에서 잘 보이는 곳에……

미사오 상은 시댁의 유복한 생활에 대해 할머니와 고모에게 이야기했다. "그래 그거 잘 됐다. 넌 행복한 줄 알아. 남편 봉양 잘 하고 잘 받들어야 한다." 등의 할머니와 고모의 축복의 말과 친절한 충고가 쏟아졌다. 동시에 할머니와 고모는 자신들의 살림살이며 부강에서의 지위 등을 자랑스러운 듯이 늘어놓았다. 그런 이야기는 하루 이틀에 끝나지 않았다. 그 사이 할머니와 고모는 미사오 상과 마당을 산보하거나 [이와시타가가] 소유한 땅을 보여주거나 했다.

내 얘기도 했음이 틀림없다. 미사오 상은 나를 곁눈으로 본 채 말 한번 제대로 건네주지 않았다. 나는 특별히 미사오 상을 미워하지는 않았다. 하지만 그다지 기분 좋은 여자라는 생각은 들지 않았다.

부강에서 10리 정도 떨어진 곳에 미사오 상이 아는 사람이 살고 있었다. 미사오 상은 그 사람을 방문할까 말까 망설이고 있는 듯했다.

"그럼 다녀오렴. 기차 타고 가면 되는데 뭘⋯⋯." 하며 할머니가 옆에서 격려하듯이 말했다.

"그렇지만 애 데리고 가기가 힘들어서요⋯⋯." 미사오 상은 아직 주저하고 있었다.

그것은 분명 애를 보게 하기 위해 나를 데려가고 싶어 하는 눈치였다. 그것을 눈치 챈 할머니가 미사오 상에게 말했다.

"그래라. 애는 후미한테 업혀서 가면⋯⋯."

큰일 났다고 나는 생각했다. 이렇게 더운데 별로 좋아하지도 않는 젖먹이를 업고 잘난 척하며 퀸 흉내나 내는 여자 뒤꽁무니나 따라가다니!

"그러네요. 그렇게 해주면 정말 좋겠지만, ⋯⋯그렇지만 후미 짱이 가줄런지⋯⋯." 하며 미사오 상은 넌지시 나의 동의를 구했다.

나는 당혹하여 확실한 대답을 하지 못했다. 그러자 여느 때라면 할머니로부터 불호령이 떨어졌을 텐데 왠지 오늘은 오히려 할머니가 내 눈치를 보듯 "다녀오렴, 후미." 하고 평소처럼 명령하는 것이 아니라 단지 그렇게 권했다. 그러고는 미사오 상이 잠깐 자리를 뜨자마자 작은 소리로 나에게 말하는 것이었다.

"정 싫으면 싫다고 확실하게 말하려무나. 싫은 일을 억지로 해서는 안 되니까 말이야."

따뜻한 말에 굶주렸던 나는 그런 말을 듣자 왠지 부드럽고 솔직한 마음이 들었다. 할머니 품에 안겨 울고 싶은 마음마저 들었다. 아이가 엄마에게 응석 부리는 마음으로 나는 분명히 대답했다.

"사실은 저 가지 않아도 되면 가고 싶지 않아요."

"뭐?" 하며 할머니는 갑자기 역정을 냈다. 그리고 나의 멱살을 잡고 흔들었다. 예상치 못한 일을 당한 나는 툇마루에서 땅바닥으로 벌렁 나자빠졌다. 그것을 보면서 후련한 듯 할머니가 또 야단치기 시작했다.

"뭐! 가기 싫다고! 조금만 좋게 말하면 바로 이렇다니까. 가기 싫은 게 어디 있어. 당연히 가는 거지. 농사꾼 코흘리개나 보던 주제에. 하지만 그렇게 가기 싫으면 억지로 가라고는 안 해. 네가 가지 않는다고 내가 괴로운 건 조금도 없으니까. 그 대신에 너는 이제 우리 집에서는 볼일 없으니 나가줘야겠다. 얼른 나가거라, 지금 당장 나가거라!"

할머니는 어느새 마당에서 신는 게다를 신고 내 곁에 와 있었다. 그리고 나를 한껏 밟고 차고 있었다.

나는 뒤로 자빠진 채 그냥 멍하게 있었다. 할머니는 부엌 쪽으로 갔다가 곧 다시 돌아와 머슴이 쓰는 이가 다 빠진 나무 그릇 하나를 내 품에 쑤셔 넣었다. 그러고는 내 머리채를 잡고 뒷문까지 땅바닥에 질질 끌고 가서는 집 밖으로 집어던지고는 요란하게 빗장을 잠그고 자신은 재빨리 마당 쪽으로 걸어갔다.

나는 완전히 지쳐버렸다. 몸이 아파 움직이지도 못할 정도였다. 조선인 두셋이 뭔가 수군거리며 지나갔지만 나는 일어나지도 못하고 쓰러져 엎드린 채 힘없이 울기만 했다.

하지만 언제까지 울고 있을 수만은 없었다. 아무도 지나가는 사람이 없었다. 누구 하나 집에서 부르러 오지도 않았다. 지금 내가 의지할 수 있는 것은 오직 할머니가 던져준 이가 다 빠진 나무 그릇 하나뿐이다. 그것은 너무나도 의지가 안 되는 물건이다.

"그래, 역시 다시 가서 용서를 비는 수밖에 없겠어."라고 생각한 나는 용기를 내서 일어났다. 그리고 비틀거리며 담장에 기대어 대문 옆까지 더듬더듬 가서 거기서 안으로 들어갔다.

앞치마를 하고 더러워진 툇마루를 나는 정성껏 걸레질했다. 할머니는 그것을 보고는 바로 고 씨를 불러 내가 닦고 있는 마루를 닦게 했다. 나는 밥공기를 씻기 시작했다. 그러자 할머니 자신이 거기로 와서 나를 밀쳐내고 자신이 씻었다. 마당을 청소하기 시작하면 할머니는 아무 말도 않은 채 내 손에서 빗자루를 빼앗아 버렸다.

절망한 들개 모양 나는 느릿느릿 나의 둥지—내 방으로 돌아왔다. 축 쳐진 채 누워 영혼이 빠져나간 인형처럼 그저 벽에 발라진 헌 신문을 멍하니 바라보다가 왈칵 눈물을 터트리곤 했다.

그렇게 긴 고통이 지나고 겨우 저녁이 되었다.

할머니는 내 방과 마당을 사이에 두고 있는 안채 마루 밑에 화덕을 놓고 튀김을 하기 시작했다. 기름 냄새가 코를 찌르듯 내 고픈 배에 스며들어왔다.

생각해보니 아침부터 나는 아무것도 얻어먹지 못했던 것이다.

고 씨의 어린 아들이 뭔가 남은 음식을 받았던 빈 바구니를 돌려주러 왔다.

"응 잘 왔다. 착하구나, 착해."

할머니는 튀김 두세 개를 아이 손에 쥐어주었다. 그러고는 내 쪽을 보며 쿡 하고 어깨를 들썩이며 웃었다.

나는 몰래 집을 나왔다. 나와도 갈 데가 없다. 바로 아래쪽 길가에 있는 조선인의 공동 우물가에 가서 하릴없이 안을 들여다보기도 했다. 그때 마침 아는 조선인 아주머니가 항아리에 푸른 나물을 담아 씻으러 왔다. 내 얼굴을 보더니

"또 할머니한테 야단맞았니?" 하며 친절하게 말을 걸어주었다.

나 묵묵히 고개를 끄덕였다.

"저런 가엾어라." 아주머니는 나의 애처로운 모습을 동정어린 눈으로 유심히 보면서 말했다. "우리 집에 놀러오지 않을래. 딸아이도 집에 있으니까."

나는 또 눈물이 나려 했다. 슬퍼서가 아니라 그냥 큰 자비심을 만난 감격의 눈물이…….

"감사합니다. 가겠어요."라고 감사해하며 나는 아주머니 뒤를 비슬비슬 따라갔다.

아주머니 집은 고모 집 뒤의 언덕 위에 있었다. 거기서는 고모 집 안이 잘 보였다. 그래서 나는 또다시 고모 집 사람 눈에 띄는 것은 아닐까 하고 걱정하기 시작했다.

"미안하다만 점심은 먹었니?"

"아니오. 아침부터……."

"어머! 아침부터……." 하고 딸아이가 놀란 듯이 소리쳤다.

"어머, 가엾어라!" 하며 아주머니는 다시 그 말을 반복했다. "보리밥이라도 좋다면 먹지 않을래? 밥은 많이 있어……."

아까부터 이미 주체할 수 없을 정도로 감정이 복받쳤다. 나는 나도 모르게 소리 내어 울었다.

조선에 있던 기나긴 7년 동안을 통틀어 이때만큼 나는 인간의 사랑이라는 것에 감동해본 적이 없었다.

나는 마음으로 감사했다. 위에서 손이 나올 정도로 밥을 먹고 싶었다. 하지만 나는 할머니와 고모의 눈이 무서웠다—조선인 집에서 밥이나 얻어먹는 거지는 집에 들일 수 없다고 화낼 게 분명한 할머니가 무서웠다. 나는 그것을 사양했다. 그리고 고픈 배를 부여잡은 채 조선인 집을 나왔다. 그렇지만 집으로 돌아갈 마음은 들지 않았다. 뒤쪽 들판을 정처 없이 방황하였다.

아무리 생각해도 길이 없었다. 나는 다시 집으로 돌아갔다. 날은 이미 저물어 집에는 램프가 켜져 있었다. 거실에서는 모두 모여 큰 소리로 얘기하며 식사를 하고 있었다.

나는 여느 때처럼 거실 밖의 마루에 꿇어앉아 내 잘못을 빌었다.

대답이 없었다.

다시 세 번 나는 반복해서 빌었다. 하지만 나의 바람은 전혀 이루어지지 않았다.

"시끄러워. 조용히 좀 하렴." 하고 할머니가 결국 나에게 버럭 소리를 질렀다. "낮에 실컷 놀다가 슬슬 해가 지고 갈 데 없으니까 기어 들어와서는 그런 식으로 뻔뻔스럽게 빌거나 넋두리나 늘어놓는 게 네 특기잖니. 어때, 밥 한 그릇이라도 그저 먹여주는 집이 있더냐? 우리도 마찬가지야. 너한테 줄 밥 따윈 없단 말이다······."

나는 고모한테 매달려 빌어보려 했다. 하지만 고모는 선수를 쳐 할머니와 함께 나를 몰아붙였다. 미사오 상도 함께 있었지만 물론 말 한마디 거들어주지 않았다.

모두는 식사를 마쳤다. 설거지도 고모와 할머니가 법석을 떨며 마쳤다. 그러고는 여느 때처럼 벤치[긴 의자]를 꺼내 마당으로 더위를 식히러 나갔다.

혼자 집에 남겨진 나는 그 사이에 뭔가 먹어야겠다고 생각했다. 하지만 먹을 게 전혀 눈에 띄지 않았다. 드디어 나는 할머니 방 바로 뒤쪽 넓은 처마에 파리가 못 들어가게 만든 사각 '간식통'이 늘 걸려 있던 것을 생각해내었다. 나는 슬그머니 그 안을 들여다보았다. 하지만 그 안에는 아무것도 없었다. 그래서 부엌 구석에 놓여 있는 '찬장' 문을 소리 안 나게 조용히 열어보았다. 하지만 거기도 역시 아무것도 없었다. 언제나 있던 설탕 통조차도.

나는 다시 내 방으로 돌아왔다. 방으로 들어와 손으로 더듬어 이불을 깔고 모기장을 쳤다. 잠옷으로 갈아입을 힘도 없어 그대로 나는 이불 위로 쓰러졌다.

마당에서는 가까이 사는 미나미南 상 부부의 목소리까지 섞여 떠들썩한 얘기 소리나 웃음소리가 들려왔다. 그 소리가 귀를 찔러 제대로 잠을 잘 수가 없었다.

나는 할머니와 고모가 미웠다. 하지만 또 나 자신이 한 일이 정말 잘못한 일일 거라고 생각해보기도 했다. 정말 잘못했다고 말하는 것을 어떻게든 알아주면 좋겠다고 생각했다. 하지만 알아주지 않았다. 한 시 넘어 나는 겨우 잠이 들었다.

다음 날 아침 눈을 떴을 때는 이미 해가 떠 있었다. 고 씨는 언제나처럼 마당 청소에 분주하고, 할머니는 부엌에서 아침 식사를 준비하고, 고모는 내가 하던 방 청소를 하느라 장지문이나 장식품의 먼지를 탁탁 털고 있었다.

"용서를 빌려면 지금이다! 지금 나가 아무리 야단을 맞더라도 열심히 일을 하면 반드시 용서해주실 거야. 그래, 지금 이 기회를 놓치면 안 돼!"

그렇지만 나의 정신과 육체는 모두 지칠 대로 지쳐 있었다. 아무리 일어나려 해도 몸이 저절로 다시 쓰러졌다.

전전날 아침 먹은 게 다였기 때문에 배가 고프다 못해 배고픈 감각조차 없어져 몸이 천근만근이었다. 일어나 움직이기는커녕 발을 떼는 것조차 힘들었다…….

그리고 있는 사이 식사가 끝난 듯 미사오 상과 고모부는 외출하고 할머니와 고모도 마당의 채마밭으로 가신 듯 집 안이 조용

하고 아무 소리도 나지 않았다

나는 결국 기회를 놓쳐버린 것이다.

"아 할 수 없다!" 나는 나도 모르게 한숨을 쉬었다. 그리고 "에이 될 대로 되라!"는 마음으로 내 몸을 운명에 맡겨버렸다.

차라리 마음이 편해졌다. 피곤한 몸으로 뒤척거리거나 구석으로 밀어둔 이불 위에 다리를 얹고 천정을 쳐다보며 비몽사몽 몇 시간을 보냈다.

뭔가의 소리에 퍼뜩 잠에서 깨어보니 그것은 그릇 달각거리는 소리였다. 집에서는 지금이 점심시간이었던 것 같다.

"지금이야말로." 하고 나는 겨우 힘을 모아 일어났다. 어질어질하여 비틀거리며 나는 식사하고 있는 곳으로 갔다. 그리고 또다시 마루방에 이마를 조아리며,

"제가 잘못했어요. 이젠 정말 제멋대로 하지 않을게요······." 하고 진심으로 용서를 빌었다.

아니 진심 정도가 아니다. 곧 목이 날아갈 죄인이 있는 힘을 쥐어 짜 목숨을 구걸하는 듯한 그러한 비장함마저 있었다.

아 그렇지만 결국 그것도 부질없었다. 지성이면 감천이라지만 할머니나 고모는 하늘이 아니었다.

"야 오늘 생선 맛있네." 하며 할머니는 고모에게 과장되게 말을 건넸다. ······내 말이 할머니 귀에는 들리지 않는 듯······.

"그렇게 네 자신이 잘못한 걸 알면 왜 아침 일찍 일어나 일을 하지 않는 거냐. 넌 아직 정말 잘못했다고 생각하지 않잖니. 그런

마음이면 할머니께 빌어도 소용없어…….'라고 고모는 나를 나무랐다.

어쩌면 이렇게 될지도 모른다고 각오하고는 있었지만 이렇게 확실하게 내쳐지니 기가 막혔다. 맥없이 내 방으로 돌아와 나는 또 엎어져 울었다. 이젠 눈물도 잘 안 나왔다. 창문 옆의 벽에 기대 앉아 나는 한참 동안 그저 내 발만 쳐다보고 있었다.

그러자 멍하게 얼이 빠진 마음속 어디선가 '죽음'이라는 생각이 불쑥 얼굴을 내밀었다.

"그렇다, 차라리 죽어버리자…… 그 편이 조금은 편할지 몰라."

그렇게 생각한 순간 나는 완전히 구원받은 느낌이었다. 아니 완전히 구원받고 있었다.

내 몸에도 정신에도 힘이 넘쳤다. 축 처져 있는 수족이 쫙 펴지며 수월하게 나는 일어났다. 배고픔 따위는 영원히 잊은 듯했다.

12시 반 급행이 아직 지나가지 않았을 거야. 그거야. 눈을 감고 한 번에 뛰어들면 돼.

하지만 그렇더라도 이대로는 너무나도 초라하다. 정신없는 와중에도 나는 그런 생각이 들었다. 그래서 급히 속치마를 갈아입고 방구석의 상자에서 소매가 달린 히토에와 모슬린으로 된 반폭 오비를 꺼내 작게 접어 보자기에 쌌다.

서두르지 않으면 시간에 맞게 도착할 수 없다. 보따리를 겨드랑이 밑으로 감추고 나는 뒷문으로 빠져나왔다. 그러고는 정신없이 뛰었다. 모든 것을 버리고 죽음의 구원을 향해 아주 깨끗한 마음으로…….

역에서 가까운 동쪽 건널목까지 왔다. 시그널[신호기]이 아직 내려와 있지 않았다. 아직 괜찮아. 곧 오겠지.

고모 집 동쪽 언덕에서 보이지 않도록 나는 건널목 근처 담벼락에 숨어 기모노를 갈아입었다. 아까 입었던 기모노는 둘둘 말아 보자기에 싸서 담장 옆 잡풀더미에 두었다.

담장 그늘에 숨어 나는 기차를 기다렸다. 아무리 시간이 지나도 기차는 오지 않았다. 그때서야 나는 기차가 벌써 통과한 뒤라는 것을 알았다.

그것을 알자 나는 당장에라도 누군가에게 쫓겨 잡힐 것 같은 생각이 들어 안절부절못했다.

"어떡하지……. 어쩜 좋아……."

텅 빈 머리의 회전은 빨랐다. 나는 바로 다음 또 하나의 방법을 생각해냈다.

"백천으로! 백천으로! 그 깊이를 알 수 없는 푸른 강 속으로……."

나는 건널목을 돌진하여 달렸다. 담장이나 가로수나 수수밭 그늘 등에 숨어가며 뒷길에서부터 14, 5정 거리인, 백천의 깊은 소沼가 있는 구시장 쪽까지 숨도 안 쉬고 달렸다.

깊은 소 주변에는 다행히도 아무도 없었다. 나는 휴 하고 한숨을 쉬며 자갈 위로 쓰러졌다. [자갈의] 불타는 뜨거움에도 나는 아무것도 느끼지 못했다.

심장의 고동이 잦아진 후 나는 일어나서 자갈을 소매 안에 넣기 시작했다. 소매가 꽤 무거워졌지만 자칫하면 그것이 빠질 수도 있으므로 빨간 메린스[모슬린]로 된 속치마를 벗어 그것을 땅 위에 펼쳐놓고 돌멩이를 그 안에 넣었다. 그다음에 그것을 둘둘 말아 복대처럼 몸통에 묶었다.

준비가 끝났다. 그래서 나는 강가의 버드나무 가지를 잡고 깊은 소 가운데를 조용히 들여다보았다. 깊은 소의 물은 검푸르고 마치 기름을 부어놓은 듯 조용했다. 작은 물결 하나 일지 않았다. 계속 응시하고 있으니 전설 속의 어떤 용이 강바닥에서 떨어지는 나를 기다리고 있는 것 같다는 생각이 들었다.

나는 왠지 등골이 오싹해졌다. 다리가 후들후들 떨렸다. 갑자기 머리 위에서는 매미가 맴맴 울기 시작했다.

나는 다시 한번 주위를 둘러보았다. 참으로 아름다운 자연이구나. 나는 다시 한번 귀를 기울여 들었다. 어쩌면 이토록 평화롭고 고요할까.

"아, 모두 이별이다! 산도 나무도 돌도 꽃도 동물도 이 매미 소리도 모두……"

그렇게 생각한 순간 갑자기 나는 슬퍼졌다.

할머니나 고모의 박정함이나 냉혹함으로부터는 벗어날 수 있겠지. 그래도, 그래도 세상에는 아직 사랑할 만한 게 무수히 있다. 아름다운 게 무수히 있다. 내가 사는 세계도 할머니나 고모 집만으로 한정되지는 않는다. 세상은 넓다.

엄마와의 일, 아버지와의 일, 여동생과의 일, 남동생과의 일, 고향의 친구들과의 일, 지금까지 겪은 모든 일이 펼쳐지고, 그것들도 그리워졌다.

나는 이제 죽는 게 싫어져 버드나무에 기대 조용히 생각에 잠겼다. 내가 만약 여기서 죽으면 할머니와 고모는 뭐라고 할까, 엄마나 동네 사람들한테 내가 뭐 때문에 죽었다고 말할까. 어떤 거짓말을 해도 나는 이미 "그렇지 않다고요."라고 말할 수 없겠구나.

그렇게 생각하자 나는 곧 "죽어선 안 돼."라는 생각까지 하게 되었다. 그래, 나처럼 고통을 받으며 살아가고 있는 사람들과 함께 고통을 주는 사람들에게 복수를 하지 않으면 안 돼. 그렇다, 죽어서는 안 된다.

나는 다시 강가의 자갈밭 위로 내려왔다. 그리고 소매와 속치마에서 돌멩이를 하나둘 꺼내 던져버렸다.

16

나이도 안 찬 불쌍한 소녀가 죽음을 결심하고 죽는 데 실패했다. 어린 풀처럼 쭉쭉 뻗을 나이에 구원을 죽음에서 구하려는 것도 무섭고 부자연스럽거니와 단지 복수하려는 희망으로 살아남았다는 것도 얼마나 무섭고 또 슬픈 일인가.

나는 죽음 나라의 문지방에 한쪽 발을 들여놓다 갑자기 발꿈치를 뺐다. 그러고는 이 세상의 지옥인 내 고모 집으로 돌아왔다. 돌아온 내게는 오직 한줄기 희망의 빛이—우울한 검은 빛이—

빛나고 있었다. 그리고 이제는 어떤 고통에도 견딜 수 있는 힘을 갖고 있었다.

나는 이제 어린애가 아니었다. 안으로 뿔을 숨긴 작은 악마와도 같았다. 지식욕이 맹렬하게 내 안에서 불타올랐다. 모든 지식을 말이다. 세상 사람들이 어떻게 살고 있는지. 세상에 대체 어떤 일이 일어나고 있는지. 단지 인간 세상 속의 일만이 아니다. 벌레나 짐승의 세계에서, 풀과 나무의 세계에서, 달과 별의 세계에서, 한마디로 이 거대한 대자연 속에서 어떤 일이 일어나고 있는지. 학교의 교과서에서 가르치는 그런 빈약한 지식이 아니다.

학교에서는 운동이나 놀이를, 가정에서는 모든 자유를, 그런 것들을 모조리 빼앗긴 나이지만, 그래도 내 안에 살아 있는 생명은 그런 것으로 위축될 정도로 약하지 않았다. 생명의 의욕意慾! 그것을 나는 어딘가에 쏟아내지 않으면 안 되었다.

마침 그런 때였다.

어느 날 나는 언제나처럼 애들이 재미있게 뛰노는 모습을 학교 벽에 기대 지루함을 참아가며 계속 보고 있었다. 그러자 거기로 뭔가 옛날 잡지를 가지고 친구가 왔다.

"이게 뭐야?" 하고 내가 친구에게 물었다.

"소년세계야."라고 친구가 대답했다.

"재밌어?"

"응 재밌어."

나는 그것을 읽고 싶어 참을 수가 없었다.

"좀 보여주라…… 빌려주지 않을래?"

"빌려줄게."

그것을 손에 잡자마자 나는 첫 페이지부터 읽기 시작했다. 아이들이 노는 사이 빨려들 듯 탐독했다. 무엇 하나 재미없는 게 없었다. 수업 시간 중에도 이 책이 잊히지 않았다. 학교가 파한 후에도 잠시 교실에 남아 읽었다. 집에 가는 도중에도 느릿느릿 소처럼 걸으며 읽었다. 집에 와서도 조금이라도 틈을 내서는 몰래 숨어 읽었다.

물론 나는 할머니한테 들켜 야단을 맞았다. 그렇지만 나는 이제 아무리 해도 단념할 수가 없었다. 그러고 나서는 집에서 읽는 것만은 그만두었지만 등교 도중이나 돌아오는 도중이나 학교의 노는 시간이나 수업 시간 중에도 때때로 몰래 읽었다. 그리고 계속해서 여러 친구로부터 여러 책이나 잡지를 빌려 읽었다.

곤란한 것은 학교를 졸업하고 나서였다. 나는 계속 집에 있어야 했다. 그래서 누구로부터도 아무것도 빌릴 수가 없었다. 어떻게 해서든 책을 빌릴 방법이 없을까 나는 그것만 생각하고 있었다. 그러고 있는데 그때 이웃집의 여자아이가 매달 정기 구독하는 『부녀계婦女界』인가 뭔가를 가져왔다. 나는 그것을 빌렸다. 그리고 옛날 것도 좋으니 모두 빌려달라고 말했다. 그 여자아이는 그후 1년치 정도의 잡지를 가져와 할머니와 고모 앞에서 내게 빌려주었다.

나는 기뻐 어쩔 줄 몰랐지만 할머니와 고모의 눈치를 보느라 머뭇머뭇했다. 그러자 할머니와 고모도 다른 사람 앞이라 체면상 고맙다며 받아주었다. 그래서 나는 그것을 공공연하게 읽을 수 있게 되었다. 한두 권을 읽는 동안은 할머니와 고모도 묵인해주었다. 하지만 머지않아 할머니가 말을 꺼냈다.

"아무래도 후미에게 책을 읽히면 거기에만 빠져 집안일은 소홀해져서 문제야. 말 안 하고 있으면 잘하는 줄 알고 기어오른다니까. 지금부터 책은 일절 읽지 않는 걸로 하겠다……."

고모도 물론 동의했다.

"아 안돼요."라고 나는 울상이 되어 "맹세코 낮에는 읽지 않겠으니 밤에만이라도 어떻게……." 하고 애원하듯이 탄원해보았다.

하지만 할머니와 고모는 들어주지 않았다. 그러고는 읽고 있던 잡지를 빼앗아 빌려준 주인에게 뭔가 듣기 좋은 말을 하며 돌려주어버렸다.

그 이후 내 눈에 띄는 읽을거리는 단지 신문뿐이었다. 하지만 그 신문조차도 읽는 것을 금지당해버렸다. 어린아이는 신문 같은 것을 읽어서는 안 된다. 이것이 할머니와 고모의 '고상한 의견'이었다.

나는 단지 루비[한자에 다는 후리가나]를 따라 읽는 할머니의 음독音讀에 의지하여 신문의 내용을 알려고 애썼다. 때로는 몰래 곁눈질하여 3면의 제목만을 읽기도 했다. 그리고 또 아침저녁의 청소 시간을 이용하여 오른손으로는 방문이나 선반을 털면서 왼손으로는 신문을 잡고 띄엄띄엄 연재소설 등을 읽었다. 재미있어 보이는 기사가 있으면 몰래 변소 안으로 가지고 가 읽었다.
　고모부의 보잘것없는 책 상자에는 몇 권의 책이 있었다. 나는 그것을 읽고 싶어 평소부터 노력하고 있었지만 기회가 없었다. 그런데 어느 날 고모와 고모부가 여행을 가고 없었다. 기회는 이때다라고 생각한 나는 그 안에서 책을 한 권 빼들었다. 그것은 안데르센의 동화책이었다. 나는 별로 동화를 좋아하지 않았지만 고모부의 책 상자에는 그런 책들밖에 없었기 때문에 할 수 없이 선택한 것이었다. 가지고 나오기는 했지만 할머니가 눈치 채지 못하도록 읽는 것이 쉬운 일은 아니었다. 하루 이틀은 무사했지만 사흘째 오후 틈을 보아 평소처럼 뒷밭 구석의 변소 옆에서 정신없이 읽고 있는데 할머니가 언제나처럼 발소리를 죽여 다가온 모양이었다―나는 전혀 눈치 채지 못하고 있었지만.
　"후미야, 이 나무 가지 좀 잘라주렴." 하고 할머니가 큰 소리로 나를 불렀다. 깜짝 놀라 나는 당황하여 책을 품속에 넣었다. 하지만 사륙판 400쪽 가까운 책이라 품이 불룩해졌다. 할머니는 재빨리 그것을 발견하고 내 품에서 책을 홱 빼냈다. 그리고 먼저 "이 도둑년!"이라고 나를 도둑 취급을 하며 계속 말했다.
　"고모부가 아끼는 책을 훔쳐내다니 넌 어떻게 돼먹은 애냐. 만약에 책을 더럽히거나 파손하기라도 하면 무슨 말로 사과할 작정이냐? 무서운 계집애야, 너는······."
　할머니와 고모 입장에서는 책은 읽는 것이 아니라 방의 장식품이었던 것이다.

할머니는 그것을 가지고 방으로 돌아갔다. 그리고 고모부의 보잘것없는 책 상자를 얼른 벽장 속에 넣고는 열쇠를 채워버렸다.

나는 결국 내 마지막 친구이자 세계였던 모든 책으로부터 멀어져갔다. 학교를 졸업하고 고모 집을 나올 때까지 만 2년간 나는 아무것도 읽을 수가 없었다. 내가 읽을 수 있는 글자는 단지 내 방에 붙여져 있던 헌 신문의, 중간에 끊어졌다 이어졌다 하는 문구들뿐이었다. 나는 매일같이 그것을 읽었다. 완전히 외울 정도로 그것을 읽었다. 할머니와 고모는 애들이 신문을 보아서는 안 된다는 고상한 규칙을 만들어놓고는 내 방—그것은 나중에 언급하겠지만—에 헌 신문을 붙여놓다니 참으로 가소로운 일이 아닐 수 없다. 그러나 이유는 간단하다. 식모 방에 돈 들이는 바보가 있겠는가. 헌 신문이나 붙여놓으면 그걸로 충분하다. 그 정도의 일인 것이다. 할머니와 고모는 어떤 '고상한 규칙'이라도 자신들의 이익 앞에서는 태연히 깨뜨리는 것이었다.

17

이러한 상황에서 나는 어찌 되었든 간에 열네 살 되던 봄에 고등소학교만을 졸업했다.

고슈에 나를 데리러 왔을 때 약속한 여자대학은커녕 여학교에도 보내주지 않았다. 이것이 내가 받은 최대한도의 교육이었던 것이다. 아니 그 고등과조차도 수업료가 보통과와 같은 40전이 아니었다면 그리고 고등과도 안 보낸다더라 하는 체면상의 문제만 없었다면 나에게 더 일찍 학교를 그만두게 했을 것이다.

졸업 후의 생활은 견디기 어려운 것이었다. 학교에 다닐 때는 어찌 되었든 간에 반나절이라도 할머니의 눈을 피할 수 있었지만 이제는 아무리 해도 아침부터 밤까지 나의 모든 생활이 할머니의 심술궂은 감시 아래 놓이게 된 것이다. 지금 생각해보아도 내가 지금 이렇게 감옥에 있는 것보다도 훨씬 괴로웠다고 생각한다.

소학교를 졸업한 바로 그해 아마 여름쯤이었을 것이다. 할머니 방 뒤의 헛간 봉당에 소나무 통나무로 침상을 만들고 그 위에 두세 장의 헌 다다미를 깔아 그것을 내 방이라고 주었다. 그 방을 할머니와 고모는 뒤에서는 '식모 방'이라고 불렀다. 드디어 나는 진짜 '식모'로 추락해버린 것이다.

식모 방은 할머니 방과 마주하고 있었다. 벽 하나 옆이 바로 땔감을 넣어두는 곳이고 식모 방은 헛간의 일부였다. 넓이는 3조 정도였으므로 혼자 있기는 괜찮았으나 그래도 본래 헛간이라 식모 방이 되어도 여전히 반은 헛간으로 쓰고 있었다. 입구의 봉당에는 바케쓰[양동이]나 항아리나 물통 등이 어수선하게 놓여 있고, 방의 선반에는 씻어놓은 광주리나 상자, 신문으로 싼 여러 물건이 빼곡이 놓여 있었다. 내 물건이라고는 옷을 넣은 상자와 더럽고 바랜 이불 정도로 책상은커녕 방석 하나도 없었다. 어둡고 축축하고 곰팡내 나는 음침한 방이었다. 창이라고는 할머니 방 쪽 벽에 창호지 반 장 크기의 구멍이 뚫려 있을 뿐이었다. 그 싫은 방에서 나는 밤이나 낮이나 잡스런 물건들과 함께 살았다. 안채에 볼일이 없는 한 나는 그 음침한 방에서 혼자 명령받은 바느질 등을 하며 세월을 보냈다.

그렇다고 내가 이 헛간의 음침함을 싫어한 것은 결코 아니다. 가난과 고통에는 나는 매우 익숙하다. 나는 단지 그 '식모 방' 생활의 무의미함 때문에 초조함을 느꼈다.

함께 학교를 졸업한 친구들 중에는 다시금 상급 학교에 진학한 아이들이 있었다. 뭔가 직업을 찾아 자활의 길을 강구하는 아이들도 있었다. 다른 아이들도 자기 집에서 뭔가 미래의 생활을 준비하느라 여념이 없었다. 그런데도 나는 지금 이 '식모 방'에 갇혀 고모 집의 허드렛일만 하면서 뭐 하나 생활에 필요한 것을 배울 수 없었다. 나는 특별히 꽃꽂이나 다도나 무용 등과 같은 사치스러운 기예를 익힐 기회를 생각한 것이 아니다. 하지만 적어도 보통 가정에서 필요한 재봉이나 예의범절 정도는 알아두고 싶었다. 그보다도 더욱더 책이 읽고 싶었다. 하지만 그런 일들은 모두 무시당하고 금지당했다. 가끔 뭔가 바느질을 해야 했지만 그것은 그저 고모 집에 필요한 것을 그때그때 꿰매는 정도라서 재봉 연습은 전혀 되지 않았다—학교에서도 우리는 좋은 선생님이 안 계셔서 재봉은 거의 배우지 못한 것이나 마찬가지였다—요리라 해도 내게 시키는 것은 그저 밥 짓기와 된장국을 끓이는 것 정도뿐이었다. 요컨대 나는 고모 집에서 그때그때 필요한 일만 하면 되는 생활로까지 추락해버린 것이다. 할머니와 고모는 나에게 어엿한 여자로서 살아가려면 익혀야 할 생활 방도는 하나도 가르쳐주려 하지 않았다. 할머니나 고모나 친절이라고는 눈곱만큼도 없는 사람들이었다.

젊은 생명은 쭉쭉 뻗어가고 싶어 한다. 그러나 누구 하나 키워주는 사람이 없었다. 나는 말할 수 없이 초조함을 느꼈다. 이대로 이 곰팡내 나고 숨 막힐 듯한 공기 속에서—식모 방에서, 일생을 보내는 것은 아닌지 하는 불안이 나를 계속 엄습했다. 이리하여 결국 나는 신경쇠약까지 걸린 모양이었다.

아마 나는 불면증에 걸린 것 같았다. 일을 하면서 머리가 아프고 몸이 나른해지고 졸기 일쑤였다가, 마침내 정식으로 자려고 누우면 잠이 오지 않았다. 한 시 두 시 때로는 세 시경까지 잠들지 못하는 밤도 많았다. 계속 뒤척이고 괴로워하다 자려 할수록 눈은 점점 더 말똥말똥해지고 나중엔 신경이 곤두서는 것을 느꼈다. 때로는 괴로워하다 결국 밤에 한잠도 못 자는 날도 있었다. 그런 다음 날은 몸이 축 처지고 기분이 무겁고 두통까지 있었다. 막연한 불안이 늘 계속 나를 괴롭혔다. 어두운 생활이 더 어둡게 느껴졌다.

18

생각해보면 조선에 온 이후 나는 계속 구박만 받아왔다. 그 사이 나는 단 한 번도 할머니와 고모로부터 따뜻한 사랑을 받은 적이 없었다. 그것은 지금까지의 내 기록으로도 대략 아시리라 생각한다. 그렇지만 지금까지 내가 쓴 것은 내가 받은 구박의 역사의 정말 한 부분에 지나지 않는다. 그것도 가장 대표적이며 가장 잔혹한 구박의 기록은 아니다. 나는 일부러 그것은 쓰지 않았다.

그런 일을 쓰면 내가 거짓말하고 있는 것으로밖에는 보지 않을 거라고 생각하기 때문이다. 적어도 "이젠 질렸다. 결국 그것은 당신의 성격이 꼬이고 뒤틀려 있기 때문이다. 당신의 할머니가 아무리 냉혹하다 해도 설마 그 정도일 리는 없어."라는 말을 들을 거라고 생각하기 때문이다.

그렇게 많이 빼고 쓴 것을 읽어도 역시 그리 생각하는 사람이 많을 것이다. 그리고 나도 결코 내가 꼬여 있지 않다고도, 뒤틀려 있지 않다고도 말하지 않겠다. 사실 나는 꼬여 있었다. 또한 뒤틀려 있었다. 하지만 무엇이 나를 이렇게 비뚤어지게 했는지.

어릴 때부터 나는 다른 아이들보다 훨씬 말괄량이였다. 나는 남자아이들과 남자 같은 놀이를 하는 것을 좋아했다. 나는 지금도 결코 어두운 여자아이도 우울한 새침데기도 아니다. 그런데 조선에 있던 7년 동안은 완전히 그 반대였다.

사랑받지 못하고 구박받았기 때문에 나는 뒤틀린 것이다. 모든 자유를 빼앗기고 억압당했기 때문에 꼬인 것이다. 학교에서와는 달리 집에 있을 때는 말 한마디도 나는 조심조심 말했다. 지금은 뭐든지 이렇게 이러쿵저러쿵 말하지만 그때는 결코 그럴 수가 없었다. 나는 먼저 할머니나 고모의 눈치를 살폈다. 그리고 거스르지 않으려고 걱정하며 말을 했다. 아니 말뿐만 아니라 모든 행동도 그렇게 했다. 그 때문에 나는 결국 거짓말도 하고 겉과 속도 달리하고 마지막에는 마침내 도둑질까지 하게 되었다. 『참회록』 속에서 루소가 고백하듯이 나도 역시 온갖 구박을 받은 끝에 꼬이고 꼬여 드디어는 결국 도둑질을 하게 되었던 것이다.

도둑질이 좋은 일인지 나쁜 일인지 나는 지금 그런 것을 생각지 않는다. 그렇지만 철저하게 진실과 솔직함과 정의를 추구하는 나로서는 남의 것을 훔치는 행위는 철저하게 배척하고 물론 도둑질도 하지 않는다. 조선에서 도쿄로 와서, 아무리 힘들 때라도, 나는 실제로 남의 볏짚 부스러기 하나 몰래 손댄 적 없다. 그런 내가 이 고모 집에 있을 때는 도둑질까지도 했던 것이다.

왜 내가 그렇게 야비한 성격으로 바뀐 것일까? 나는 대강 그 사정을 말하지 않으면 안 된다.

아이에게 돈을 주고 물건을 사 오게 시키는 것은 지체 낮은 가난뱅이들이나 하는 짓이고 품위 있고 돈 있는 계급에서는 해서는 안 된다. 이렇게 말하는 것이 할머니와 고모의 처세 철학이고 긍지이기도 했다. 그 때문에 나는 내가 필요하다고 생각하는 물건을 사는 데 돈을 가져간 적이 없었다. 대부분은 집의 누군가가 사 오거나 그렇지 않으면 '외상'을 하거나 했다.

그런데 그것은 내가 나 자신의 물건을 살 때의 얘기고 할머니와 고모 집에 필요한 것을 살 때는 얘기가 또 달랐다. 특히 내가 학교를 졸업하고 '식모 방'의 주인이 되고부터는 더욱 그러했다. 나는 자주 돈을 들고 물건을 사 와야 했다. '장'이 서는 날은 반드시 그랬다.

조선의 시골에는 보통 한 달에 대여섯 번 장이 서는데 부강장은 음력 1일 6일에 섰다.

시장은 예전에는 백천 가까이에 있었고 조선에서도 손꼽힐 정도로 큰 장이 섰다고 하나 철도가 놓인 뒤로는 매우 쇠퇴해 장소도 마을 가운데로 옮겨와 이제는 겨우 삼사십 리 이내에 있는 마을 사람들이 모이는 정도였다. 그렇다 해도 일, 이천 명 정도는 왔다. 그래서 그런 사람들을 상대로 고깃간이나 음식점이나 옷집이나 과자점이나 약국이나 채소 가게나 그 외 온갖 종류의 가게가 사방팔방에서 모여 열었다. 일본 상인들도 물론 이러한 좋은 기회를 놓칠 리가 없었다. 마찬가지로 많은 주민도 시장의 싼 물건을 사기 위해 [장에] 가지 않을 턱이 없었다.

품위 있는 집안임을 자처하는 고모 집에서는 그런 곳에 가게를 여는 꼴사나운 일을 할 수는 없었고 게다가 '하등 사회의 아낙'들처럼 몸소 시장에 물건 사러 갈 수도 없는 노릇이었다. 그렇다 해도 근본이 남 몇 배로 구두쇠인지라 어찌해서든 시장의 싼 물건을 사 올 필요가 있었다. 그래서 그 역할을 내게 떠맡긴 것이다. 그리고 이것이 나로 하여금 도둑질까지 불사하는 지경으로 몰고 간 유일한 이유이다.

아마 내가 열네 살 때 연말이었던 것 같다. 그즈음 생선이 적고 값이 크게 올라 고모 집에서는 설음식을 생선 대신 계란으로 가능한 한 많이 만들기로 했다. 계란 값은 보통 10개에 10전 내외였다.

 그래서 나는 계란을 사러 장날마다 시장에 가야 했다. 그리고 나갈 때마다 나는 "흥정을 잘해서 최대한 싸게 사 와야 해. 비싸게 사 오면 안 돼."라고 할머니와 고모로부터 주의를 들었다.
 그렇지만 어린 내가 그런 흥정이 잘 될 리가 없었다. 아니 물건이 비싼지 싼지조차 정말 몰랐다.
 어쩌다가 나도 싸게 사 올 때가 있었다. 그러면 할머니는 "음 이건 싸네." 하며 흡족해했지만, 대개 할머니는 "좀 비싼 거 같은데" 하며 기분이 안 좋은 얼굴로 야단치는 것이었다.
 어느 날 나는 분부대로 계란을 사 왔다. 그러자 할머니는 그것을 자신의 손바닥에 올려놓고 눈대중으로 달아보며 이렇게 얘기했다.
 "이 계란은 너무 작지 않니? 그러니 이건 평소보다 비싼 거야. 아까 미우라 씨 부인이 장에서 돌아오면서 오늘은 유난히 계란 값이 싸다고 하던데 말야……. 혹시 너 오방떡이라도 사 먹은 거 아니냐. 가난뱅이 애하고 어울려서 말야……."
 얼마나 말도 안 되는 무자비한 의심이란 말인가. 나는 값을 깎을 만큼 깎았던 것이다. 장사가 화를 낼 정도까지 지독하게 값을 깎았다. 게다가 마침내 계란을 산 뒤에도 비싸게 산 것은 아닌가 하여 다른 사람이 산 값을 물어보거나 돌아오는 길에 계란을 볏짚 꾸러미에서 꺼내 내 손으로 무게를 달아보기도 하며 할머니 마음에 들려고 무진 애를 쓰지 않았는가. 그런데도, 그런데도 역시 나는 비싸게 주고 사 온 것일까. 나는 할머니에게 당치 않은 의심을 받지 않으면 안 되는 것일까.

물론 아무리 그래도 나는 어린애다. 사실 대부분의 경우 뭘 사도 어른만큼 싸게 사지는 못했던 모양이다.

나는 그게 괴로웠다. 그래서 나는 어떻게 하면 할머니가 좋아할까 여러 가지로 궁리했다. 그리고 그러한 궁리 끝에 생각한 하나의 수단이 바로 나에게 도둑질을 하게 한 유일한 동기였던 것이다.

시장에 심부름 가는 날 아침이면 나는 먼저 집안사람들이 눈치채지 못하는 시간을 보아 적당한 때에 몰래 벽장 속에 있는 동전함에서 동전 7, 8닢을 훔쳤다. 그러고는 그것을 오비 사이에 말아 넣었다가 [장에서] 돌아와서는 그것을 그대로 거스름돈에 덧붙여 할머니 앞에 꺼내놓는 것이었다.

그럴 때면 할머니는 물론 웃는 얼굴을 보였다. 기뻐하기까지는 안 해도 심통을 내지는 않았다. 나는 그로부터 1, 2개월은 이 방법으로 할머니 환심을 샀다. 하지만 물론 마음속으로는 자못 불안했다. 언제 발각될지 모른다는 생각에 조마조마했다. 그뿐만 아니라 곤란한 경우도 있었다. 그것은 동전함에 은전만 있고 동전이 없는 적도 자주 있었기 때문이었다. 은전을 들고 나가면 잔돈 없어지는 자리가 눈에 띄어 한층 더 빨리 들킬 우려가 있었다.

더 나은 방법이 없을까 하고 나는 다시 궁리하기 시작하였다. 그리고 또 한 가지 묘책을 생각해냈다.

아마 열다섯 되던 해 겨울이라고 생각한다. 장날 아침에 나는 뭔가 핑계를 만들어 마당 옆의 곳간으로 들어갔다.

창고의 왼편에는 쌀가마니가 높이 쌓여져 있었고 오른편에는 내 가슴 높이까지 현미가 들어 있는 통이 대여섯 개 놓여 있었다. 입구에서 가장 가까운 통의 덮개를 나는 들었다. 그리고 창문으로 비쳐 드는 빛을 비추어 쌀의 표면을 바라보았다. 평평한 표면에 '수壽'라는 글자가 손가락으로 써져 있었다—이것은 머슴인 고 씨가 자주 곳간을 들어가기 때문에 고 씨가 쌀을 훔쳐가지나 않을까 하여 예방책으로 할머니가 해놓은 수단이었는데 나는 그것을 전부터 알고 있었다.

쌀 위의 글씨를 나는 뚫어져라 보았다. 그리고 할머니가 쓴 글자체를 손가락으로 흉내 내어 보았다. 그럭저럭 흉내 낼 수 있다는 자신이 생기자 나는 재빨리 그 쌀을 다섯 되 들이 됫박으로 퍼서 자루에 담았다. 그리고 자루를 가마니 뒤에 숨겨놓고 쌀의 표면을 원래처럼 평평하게 했다. 그 뒤 미리 연습해둔 '수' 자를 할머니 필체를 흉내 내어 손가락으로 그려 넣었다.

드디어 시장에 갈 시간이 되었다. 주위에 사람이 없는 것을 확인하고 나는 미리 숨겨둔 자루를 뒷문으로 갖고 나왔다.

자루는 물론 하오리 아래 숨겼다. 더욱이 집 사람들 눈에 안 띄도록 같은 시장으로 가는 조선인들 틈에 끼여 조용히 시장의 인파 속으로 들어갔다.

시장은 여느 때와 마찬가지로 소란스러웠다. 사람들은 가게들을 둘러보며 걸어 다니고 있었다. 가게는 언제나처럼 파는 사람이 늘 있던 자리에 전을 펴고 있었다. 나는 이미 어디서 뭘 파는지 대강 알고 있었다. 어디서 무엇이 거래되는지도 알고 있었다. 하지만 내가 가져온 쌀은 어떻게 처분해야 할까. 빨리 돈으로 바꾸고 싶었다. 그렇지 않으면 아는 사람들의 의심을 받을 것이다. 가끔 고모부가 장에 들러 갈 때도 있기 때문에 더욱이 들키면 큰일이다. 쌀집에 가져갈까. 하지만 쌀집에 가져가기는 양이 너무 적었다. 우선 그런 곳에 가져가 흥정할 용기도 없었다. 가끔 가까운 이웃에 사는 아는 사람들을 만나기도 했다. 그러면 마치 그런 사람들이 모두 고모 집의 '염탐꾼'으로 느껴졌다. 내 마음은 두더지처럼 겁에 질릴 대로 질려 있었다. 그냥 쓰레기 더미에라도 내버릴까조차 나는 생각했다.

우왕좌왕하는 사이에 시간은 자꾸 흘렀다. 벌써 네 시에 가까워지고 있었다. 날은 점점 저물어갔다. 빨리 돌아가지 않으면 안 되었다. "뭐하고 있었니. 뭐가 또 사 먹고 있었던 거지." 하며 야단맞을 터였다.

마을 아주머니들이 물물교환처럼 물품을 가지고 와서 돈으로 바꿔 그것으로 필요한 물건을 산다는 것을 나는 알고 있었다. 나도 그렇게 하면 된다. 하지만 그것을 그렇게 간단하게 할 수가 없었다. 하나는 내게도 체면이라는 것이 있었기 때문이다. 또 하나는 그러고 있는 것이 누군가 아는 사람 눈에 띄어 할머니한테 고자질이라도 하게 되면 어쩌나 하는 염려가 있었기 때문이다.

하지만 이제 시간이 없었다. 절체절명이다라고 나는 생각했다. 그래서 나는 있는 대로 모든 용기를 내어 아주머니들이 당연히 하는 일을 해보자고 결심하였다.

문득 정신을 차려보니 나는 바로 아는 조선인 아주머니가 하는 음식점 앞에 서 있었다. 여기다! 여기 들어가는 거야! 라고 나는 생각했다. 하지만 아직 손님이 남아 있었다. 좀 빨리 돌아가면 좋을 텐데. 뒤에 손님이 오지 않아야 할 텐데. 그렇게 마음속으로 빌며 나는 그 주변을 두세 번 왔다 갔다 했다. 그리고 손님이 겨우 끊긴 틈을 타 살그머니 나는 그 음식점 안으로 들어가 귀까지 새빨개진 자책과 창피함을 억지로 눌러가며 쭈뼛쭈뼛 기어들어가는 목소리로 부탁해보았다.

"저…… 아주머니 쌀 좀 사주세요, 좋은 쌀이에요…… [돈은] 얼마라도 좋아요……."

아주머니는 놀란 듯한 얼굴로 나를 보았다. 그 얼굴을 본 나는 더 놀랐다. 거절당하면 어쩌나, 할머니한테 이르면 어쩌나, 나는 정말 쥐구멍이라도 있으면 들어가고 싶은 느낌이었다.

하지만 뭐라고 말할 수 없는 구원이리라. 아주머니는 대답했다.
"어떤 쌀인지 보여주렴."

아, 살았다, 나는 휴 안심이 되어 가슴을 쓸어내렸다. 그리고 계속 들고 다니다 힘들어 결국 근처 고깃간 옆에 숨겨둔 쌀자루를 가져와 아주머니에게 보였다.

아주머니는 자루 입구를 열고 쌀을 한 줌 집어보았다.

"정말 좋은 쌀이네, 얼마나 되니?"

"닷 되입니다."

"틀림없이 닷 되네. 괜찮네."

쌀은 틀림없이 닷 되 이상 있었다. 자루에 담을 때 나는 넘칠 만큼 충분히 닷 되를 담은 뒤 계속해서 그 위에 쌀을 조금 더 담았던 것이다. 하지만 지금 그것은 아무래도 좋다. 빨리 흥정을 끝내고 얼마라도 좋으니 돈으로 바꾸고 싶었던 것이다. 나는 대답했다.

"네, [쌀은] 충분합니다…… 그래도 부족하면 돈은 얼마라도 좋습니다."

드디어 아주머니가 흥정에 응해주었다. 대금을 지불받자 나는 그 돈을 빼앗다시피 하여 세어보지도 않고 가게를 나왔다. 그러고는 사람들 사이로 내 몸을 숨겼다.

그러나 얼마나 한심스러운 일인가? 그렇게 무서워서 벌벌 떨면서도 나는 그후에도 역시 내가 비싸게 산 부분을 메워 할머니를 기쁘게 하기 위해 몇 번이나 그 짓을 계속하였다. 점차 뻔뻔해져가는 나의 마음에 무서움을 느껴가며…….

"아 그때 만약 들켰다면…….." 하며 나는 지금도 가끔 그 일을 생각하면 오싹하다. 그러면서도 이상하게 나는 그랬을 때의 결과의 무서움을 생각만 하지 나 자신이 잘못했다고는 생각지 않는 것이다. 나는 내가 그런 짓을 한 것은 그것을 하도록 그들이 시켰을 뿐 나 자신에게 그리 책임을 지울 일은 아니라고 지금도 생각하는 바이다. 오히려 나는 나에게 그러한 오점을 덮어씌운 것이다—라고 생각하며, —내 할머니의 인색함과 박정함에 무한한 분노를 느끼지 않을 수 없다.

19

조선에서의 나의 생활 기록이 너무 길어졌다고 생각한다. 그래도 나는, 나로서는 적어도 이 정도 일을 쓰지 않고는 견딜 수 없었다. 나라는 사람이 조선에 있던 어언 7년 사이에 어째서 이렇게까지 꼬이고 뒤틀린 사람이 되었는지 그 이유만이라도 알아주었으면 하는 마음에서라도…….

어찌 되었던 지금 나는 나의 지옥이었던 고모 집에 작별을 고할 날이 왔다. 나를 괴롭히고, 못살게 굴고, 나로부터 모든 자유와 독립을 빼앗고, 나의 좋은 점을 모두 죽이고, 나의 성장을 방해하고, 나를 휘어 구부리고, 비뚤어지게 하고, 뒤틀리게 하고, 그리고 마지막에는 마침내 나를 도둑질까지 하는 여자로 만든 나의 할머니와 고모의 손에서 벗어날 날이…….

열여섯 살의 봄이 나를 찾아오려던 무렵이었다. 어느 날 할머니가 나를 당신 방으로 부르더니 이렇게 말하는 것이었다.

"얘 후미야, 나는 내일 잠시 볼일이 있어 대전에 다녀오려고 하는데, 그래서 간 김에 네 나들이 기모노를 사 오려고 하는데, 네 저금 좀 찾아오는 게 어때? 넌 특별히 돈 같은 거 필요 없으니 그냥 갖고 있어봤자 소용없잖니. 억지로 할 건 없지만 그러는 게 좋을 것 같다. 너도 이제 나들이 기모노 한 벌 정도는 있어야 하는 나이가 되었으니…….”

어릴 때부터 좋은 기모노를 입고 싶다는 욕망을 그다지 가진 적이 없던 나였지만 그래도 나들이 기모노를 사 온다는 소리를 들으니 나로서는 그리 기분 나쁘지만은 않았다. 하지만 그다음에 바로 할머니가 그 기모노를 내 돈으로 사라는 소리를 하는 데는 나는 실로 어이가 없어 말도 나오지 않는 느낌이 들었다. 아무리 아이라고 해도 그것을 나 자신의 돈으로 사야 하는지, 할머니와 고모가 사주는 것이 당연한지 정도는 알고 있었다. 왜냐하면 할머니는 처음부터 그 비단옷이나 시고키로 우리를 잡아놓고 어느 사이엔가 그것을 사다코 상에게 보내고 나에게는 햇수로 7년 동안 기모노다운 기모노 한 벌 사준 적 없이 불과 1엔 50전이나 2엔 하는 염색한 싸구려 옷을 나들이 옷이라고 입히지 않았는가. 또한 아무리 그동안 학교에 보내줬다고는 하나 학교에서 돌아오면 부려먹고 학교를 졸업하고 만 2년은 완전한 식모로 부려먹으며 단돈 한 푼의 급료도 준 적이 없던 할머니와 고모이지 않는가. 그래놓고 나이가 차 메이센銘仙[질기고 값이 싼 옷감]으로 만든 옷 한 벌이라도 사야 하는 때가 되자 깨트린 그릇 값을 배상하고 남은 내 돈을 모두 내놓으라고 하는 것이다. 아무리 인색한 사람들이라지만 너무나 박정하다는 생각이 들었다.

“저 기모노 같은 거 필요 없어요.”라고 나는 이렇게 확 말해주고 싶었다. 하지만 나는 또한 만약 그런 말을 해서 할머니의 기분을 상하게 하면 무슨 일이 벌어질지 모른다는 생각에 차마 말을 하지 못했다. 그리고 그저 할머니가 말한 대로 듣기로 하고 바로 그 자리에서 저금을 전부 찾으러 나갔다. 저금은 변상하고 남은 돈 6엔과 나중에 엄마가 용돈으로 보내준 4엔을 합쳐 10엔 남짓이었다.

다음 날 할머니는 약속대로 메이센 한 필을 사 왔다. 검은 바탕에 예쁘지 않고 수수한 격자무늬로, 서른예닐곱 된 여자라도 입을 만한 무늬였다. 그것을 보고 나는 실망했다. 하지만 겉으로는 '고맙다'고 인사를 할 수밖에 없었다.

그렇다고는 하지만 드디어 이것으로 기모노를 만드는 단계가 되자 옷자락 안쪽에 대는 천도 필요하고 안감도 필요했는데, 옷자락 안쪽에 대는 천은 고모가 쓰던 낡은 쥐색 천을, 소맷부리의 검은 소매 단에 대는 천은 집에 있는 것을 주었다. 주홍빛 옥양목 안감만은 내 남은 저금으로 샀다.

그런 것은 아무래도 좋았다. 알 수 없는 것은 왜 할머니가 갑자기 이런 일을 생각했는가라는 것이었다. 그러나 그 이유는 얼마 안 있어 분명히 알게 되었다.

아마 4월 초로 3, 4일쯤이었던 것 같다. 어느 날 내가 심부름에서 돌아와 보니 내 방 선반에 낡은 고리짝 하나가 놓여 있었다. 살짝 내려서 보니 안은 텅 비어 아무것도 들어 있지 않았다. 다만 뜯어진 부분은 안쪽에서 옷감의 포장지를 덧대어 가는 흰 실로 기워져 있었다.

"어, 이걸 어떻게 할 작정이지? 어쩌면 나를……."이라고 나는 그것을 보자 그런 생각이 들었다.

그런 생각을 하자 나는 뭔가 춤추며 뛰어오를 듯이 마음이 가벼워졌다. 하지만 한편으로는 뭔가 불안한 마음이 들기도 했다. 드디어 폐기 처분당하는구나 하는 일종의 상처받은 자존심이 그런 생각을 들게 했다.

나는 하지만 그 고리짝에 대해 아무것도 묻지 않았다. 전혀 모르는 듯 가장하여 평소대로 행동했다. 고모부가 나에게

"너도 오래 우리 집에 있었지만 학교도 고등을 나왔으니, 이제 머지않아 결혼이라도 할 나이가 될 테니 야마나시 쪽으로 돌아가는 게 좋겠다. 마침 할머니가 내일 히로시마 쪽으로 가시니 함께 가거라. 그런 줄 알고 준비해라."라고 하신 것은 그로부터 4, 5일 지난 11일 아침이었다.

그것으로 나는 모든 것을 알게 되었다.

나는 이제 나이가 찬 것이다. 더 길게 있으면 시집을 보내줘야 하므로 쓸데없는 돈이 들게 된다. 돌려보내려면 지금이 좋다. 그러기에는 할머니가 히로시마로 갈 때가 딱 좋다. 함께 데려가게 하자. 뭐 이런 궁리로 나를 고향으로 돌려보낼 것을 작년 연말부터 정했음이 틀림없다.

그러나 고향에 보내려 해도 너무 초라한 행색은 좀 곤란하다. 외갓집 사람들이나 동네 사람들이나 나의 엄마가, 약속했던 그 기모노는 어쨌니, 학교는 어땠니 등 이상해하다 보면 이쪽의 박

정함이 두드러지게 된다. 그러니까 적어도 메이센으로 만든 기모노 한 벌이라도 입혀 돌려보내야 한다. 이런 마음에 내 저금으로 사게 한 것이 틀림없다.

밥상을 치우자 곧 할머니가 나에게 내 방에서 그 고리짝과 기모노를 가져오라고 명했다. 내가 그것들을 가져가자 나에게는 일체 손도 못 대게 한 채 할머니와 고모 둘이서 내 옷 하나하나를 펼쳐 보며, 마치 감옥의 영치물을 검사하듯이, 소매 끝을 샅샅이 살펴보거나 옷깃 주위를 훑어보거나 했다. 그리고 아마 나에게 한 자신들의 대우가 이전에 할머니가 선전했던 것과는 전혀 딴판이었음을 너무나도 확실히 알게 하지 않도록 속이려는 듯, 너무 심한 누더기 쓰쓰소데는 버리고 그럭저럭 입을 만한 것만 채워 넣었다. 그래봤자 그것은 빛바래고 기워 붙인, 너덜너덜한 메이센으로 만든 겹옷이나 가스실[방적한 직후 가스 불꽃 속을 빠른 속도로 통과시켜 잔털을 태워 매끈한 광택이 나게 한 실]로 짠 안감을 댄 새 메이센으로 만든 하오리 등이 가장 좋은 축에 드는 것이었다. 내가 가장 좋아하던 모슬린 히토에는 언제인가 사다 짱에게 보낸 지 오래였고, 그 대신 무늬가 마음에 들지 않아 내가 있던 7년 동안 단 한 번도 입은 적이 없는 고모의 이세사키 메이센으로 만든 히토에를 한 벌 넣어주었다. 그런데도 고모는 그것도 마치 대단한 은혜를 나에게 베푼다는 듯이

"저, 엄마 내가 아이를 못 낳는 게 생각해보면 참 손해가 많아요. 이렇게 신경을 쓰면서 돈을 써야 하니 말이에요······."라고 할

머니께 말하는 것이었다.

할머니는 할머니대로 내가 예전에 입고 온, 이제는 입지도 못하는 옷들을 고리짝에 넣으며

"얘, 후미야, 네가 예전에 입고 온 모슬린 하오리는 속옷으로 고쳐서 그대로 네가 보고 있는 앞에서 고리짝 속에 넣었다. 또 흰색 히토에 한 벌은 네가 직접 입어서 떨어지고 이젠 없다."고 설명하면서 "그리고 말해두겠는데 집에 돌아가서 조선의 할머니가 좋은 기모노를 많이 가지고 가서 널 데려온 건, 그건 사실은 널 속이려 했던 거라고 말해선 안 돼. 잘 들어! 네 마음가짐이 좋았다면 모두 다 네 것이 됐을 거야. 단지 네 마음가짐이 좋지 않았기 때문에 네가 그것을 받지 못한 거란다. 즉 자업자득인 셈이지. 알았니?" 등등 내가 집에 돌아가서 불평을 쏟지 못하도록 먼저 예방책을 펴는 것이었다.

물론 나는 "예." 하고 대답했다. 하지만 마음속에서는 "나도 이젠 어린애가 아니라고요."라고 말대꾸하고 있었다.

다음 날 할머니와 이른 아침을 먹고 집을 나왔다.

할머니는 사다 짱을 여학교에 보내는 상의도 하고, 아울러 할머니 친정 집안인 미사오 상의 친정으로부터 장남 결혼식에 초대받았기 때문에 히로시마에 가기로 전부터 결정되어 있었다.

집을 떠나던 날 고모부가 나에게 용돈이라며 딱 5엔을 주었다. 그리고 그것이 이와시타가 내게 준 전부였다. 고모가 역까지 전송해주었다. 고 씨도 짐을 들고 배웅해주었다.

기다릴 틈도 없이 기차가 도착했다. 나와 할머니는 기차에 올라탔다.

어언 7년간 살았던 땅을 떠난다는데도 나는 눈물 한 방울 흘리지 않았다. 슬프게도 마음속으로는 오히려 이렇게 기도하고 있었다.

―아아, 기차여! 7년 전 너는 나를 속이고 데려왔다. 그리고 나를 오로지 혼자 고통과 시련 속에 남겨두고 가버렸다. 그 사이 너는 몇 백 번 몇 천 번 내 곁을 지나쳤는지 모른다. 하지만 언제나 곁눈으로 흘끗할 뿐 말없이 지나쳤구나. 하지만 이번이야말로 너는 나를 마중 와주었다! 너는 나를 잊지는 않았던 것이다. 자 어디라도 데려가다오! 어서 어서 어디라도. 그냥 빨리 이 땅에서 데려가다오!

고향으로 돌아오다

고향 역에 도착한 것은 그날로부터 3일 후의 저녁이었다[1919년 4월]. 아버지가 예전에 머물렀던 적이 있는 엔코지圓光寺의 지요千代 상이 마중을 나왔다.

나보다 두세 살 위인 지요 상은 얼른 나를 알아보고 달려와 내 손을 덥석 잡았다.

"아, 후미 상, 잘 돌아왔어."

"고마워요. 돌아왔습니다."

이러면서 우리는 손을 맞잡은 채 잠시 말없이 서 있었다.

나는 아무 말도 하고 싶지 않았다. 반갑기도 하면서 면목도 없는 듯하여, 뭐라 말하기 힘든 마음에 입이 안 떨어졌다.

"짐은 어딨어?"

"딱히 없어요. 고리짝이 있는데, 오늘은 아직 도착하지 않았죠?"

"그래. 그럼 얼른 가자."

"네."

둘은 개찰구를 빠져나왔다. 그리고 바로 마을을 향해 걷기 시작했다. 그러나 벌써 저녁 무렵이다. 해 있을 때 도착하기는 어려웠다. 그래서 우리는 역에서 집 사이의 딱 중간쯤에 있는 외삼촌 절―이것은 나중에 쓰겠다―에서 묵었다. 그리고 다음 날 마을로 가니 벌써 점심때였다.

봄날이었다. 화창한 날이었는데 안개가 껴 있었다. 보리는 색이 들기 시작하고 유채꽃이 노랗게 피어 있었다. 꾀꼬리가 울고, 집집마다 마당에는 라일락 향기가 가득했다.

눈앞에 외갓집이 보였다. 동쪽 작은 개천의 통나무 다리를 건너 집 앞으로 오자 외삼촌이 앞밭에서 일하고 있었다.

조선을 떠날 때 나는 흥분해 있었다. 한시라도 빨리 이 지옥에서 도망치고 싶었다. 기차에게 나를 빨리 조선에서 데려가달라고 빌었다. 어디라도 그저 빨리, 라고 빌었다 그렇다고 갈 데가 딱히 있었던 것도 아니다. 별 수 없이 고슈의 시골로 올 수밖에 없었다. 하지만 이곳이 어찌 내가 쉴 곳이겠는가. 외삼촌을 보자 더 우울해졌다.

외삼촌은 나를 보자 쟁기질을 멈췄다.

"외삼촌, 저 왔어요……. 용서해주세요, 제가 잘못했어요."

겨우 이렇게 인사할 수밖에 없었다. 나는 벌써 울고 있었다.

"아니야, 괜찮아, 후미, 나는 모두 다 짐작하고 있었다."

평소 말수가 적은 무뚝뚝한 외삼촌은 잘 웃지 않는 얼굴에 미소를 띠며 위로해주었다. 쟁기를 지팡이 삼아 나를 자상하게 바라보면서 말했다.

"울 것 없다. 못 본 새 많이 컸구나. 그만큼 컸으니 뭐라도 할 수 있어. 걱정하지 마."

집에 가면 얼마나 야단맞을지 걱정하며 왔다. 그런데 외삼촌은 야단치기는커녕 자상하게 격려의 말까지 건네주었다. 나는 어깨의 무거운 짐을 확 내려놓은 것처럼 기뻤다. "역시 여기가 내가 있어야 할 집이구나."라고 나는 생각했다.

외삼촌은 일손을 멈추고 집에 같이 가주었다. 외숙모는 부엌에서 점심을 차리고 있었다.

"아, 후미, 잘 왔다. 어머 많이 컸구나!" 하며 외숙모도 나를 환영해주었다.

마당의 텃밭에서 일하던 외할아버지도, 안채의 누에 방에서 뽕잎을 주던 외할머니도 내 소리를 듣고 달려오셨다.

"어이구, 후미구나. 이제 돌아왔구나. 너무 갑작스러워 뭔가 잘못된 게 아닌가 생각했다. 잘 왔다."라고 외할아버지가 말하자,

"많이 컸구나, 몸은 괜찮니? 아무 소식이 없어 걱정했단다."라고 외할머니가 거들었다.

나는 우물물로 발을 씻었다. 지요 상도 마찬가지로 했다. 그리고 지저분하지만 마음 편한 방으로 갔다.

점심 무렵이어서 모두 같이 밥상에 앉았다. 보잘것없는 식사였지만 나는 어느 진수성찬보다도 맛있었다. 적어도 밥이 목으로 잘 넘어가주어 감사했다.

밥을 먹으면서 가족들은 이것저것 물어봤다. 나는 조선에 대

해, 부강에 대해, 고모 집에 대해, 학교에 대해 단편적으로 대답하였다. 하지만 조선에서 얼마나 고생을 했는가? 얼마나 괴로웠는지, 얼마나 구박을 받았는지 등은 일절 말하지 않았다. 말하지는 않았지만 모두들 눈치 채고 있는 듯했다.

외할아버지와 외할머니는 다른 곳에서 식사를 하여 여기에는 안 계셨으므로 외삼촌이 밭에 간 뒤 나는 외할아버지 외할머니 방으로 갔다. 그리고 이것저것 이야기를 하였다.

내가 왔다는 이야기를 듣고 엄마도 다음 날 아침 일찍 나를 보러 왔다. 엄마는 나이가 좀 들어 보였지만 차림새는 좋았다.

"많이 컸구나." 하며 반갑게 나를 보는 눈에 눈물이 고여 있었다. 그리고 내 머리에 핀을 꽂거나 등을 만지거나 하다가 문득 내 팔을 보더니,

"어머나, 이 팔! 동상 흔적투성이잖아."

라고 화들짝 놀라며, "분명히 아침부터 밤까지 물일만 시켰구나." 하며 통곡을 하는 것이었다.

나의 간절한 바람을 저버리고 나를 버렸던 엄마다. 나는 지금껏 그것을 잊을 수 없다. 하지만 이렇게 절절히 나를 생각해주는구나라고 생각하니 나 역시 기뻤다. 조선에서 죽어라 구박받던 뒤라 더 사무치게 고마웠다.

"조선에서 어땠니? 학교는 어디까지 했니?"

이런 식으로 엄마는 나의 조선 생활을 알고 싶어 했다. 생각해 보면 나는 조선에서 있었던 일을 사실대로 써 보낸 적이 없었다.

내 마음대로 편지도 보낼 수 없었기 때문이다. 가끔 편지를 써도 하나하나 감옥처럼 할머니의 검열을 받아야 했다. 그리고 "전 아무 불편 없이 행복하게 지내고 있습니다. 부디 안심하세요."라는 구절을 반드시 써야 했다. 그래서 엄마는 아마 조선의 할머니가 예전에 약속한 대로 내가 행복하게 생활하고 있는 줄 알고 있었을 것이다.

나는 그런 일에 대해서는 아무 말도 할 수 없었다. 구차한 이야기를 하기도 싫었고 말해봤자 진실을 알아주지도 않을 것이라는 생각에서였다. 나는 단지 학교는 고등보통학교까지만 했고 사다짱이 이와시타의 후계자로 정해져 나는 이미 이와시타 집안에서는 필요 없는 인간이 되었으므로 돌아왔다는 것만 이야기하였다.

"어째 이상하다 했다. 처음 한두 번은 편지에 이와시타 후미로 쓰더니 곧 가네코 후미로 바뀌었기에 뭔가 이상하다고 생각했지."라고 엄마가 말하자,

"그래도 설마 갑자기 아무 말도 없이 몸만 딸랑 보낼 줄은 몰랐네."라고 외할머니도 맞장구를 치며 이와시타 집안을 욕했다.

그렇게 두 분은 조선의 할머니가 이전에 나를 데리러 왔을 때 했던 이야기 등을 생각해내며 그때부터 이상했다는 식으로 사사건건 이와시타 집안의 처사에 대해 저주하였다.

7년 만에 돌아온 외갓집은 꽤 달라져 있었다. 외할머니는 여전히 집안을 주관하며 뒷방에 있었지만 [외삼촌 집으로 통하는] 노송

나무문은 단단하게 못질이 되어 열리지 않았다. 집 뒤의 샘은 나뭇잎과 진흙으로 뒤덮여 얕고 탁했다. 증조외할아버지가 돌보던 식물원은 볼품없이 황폐해졌고, 집 서쪽에 두 채나 있던 창고는 부서져 그 자리에 파가 무성했다.

집안의 공기도 변했다. 한집에 살고 있는 외할아버지 외할머니와 외삼촌 부부의 사이가 매우 나빠져—문이 굳게 닫혀져 있었던 것도 그 때문인 것 같았다—이 부자간 두 가족도 따로따로 살고 있었다. 외할아버지 외할머니는 집안의 밭을 일구고 누에를 키워 용돈을 조금 벌며 근근이 생계를 유지하고 있었고, 외삼촌은 몸이 약한 데다 농사일을 좋아하지 않아 주로 포목이나 헌 옷 행상을 하며 생활하고 있었다. 아이들은 모두 넷이었고 예전에 내가 업고 학교에 갔던 큰딸은 내가 여기 있을 때의 나이—아홉 살—가 되어 있었다.

엄마는 다른 데 시집가서 살고 있었다. 엔잔의 상인 집에 가서 잘살지 못했던 엄마는 내가 조선으로 간 뒤 바로 돌아와 다시 제사 공장에서 일하다가 엔코지 스님의 지인인 스님에게 시집갔으나 그 또한 너무나 가난한 스님이어서 결혼 두 달 만에 뛰쳐나왔다. [그후] 엄마는 옛날에 엄마 친정이 잘나가던 시절에 뒷문으로 출입하던 소네會根라는 집안의 게으름뱅이 차남과 사귄다는 소문이 났지만 친척들이 심하게 반대하여 다시 조슈上州[현재의 군마현群馬県]의 야마토구미山十組 제사 공장에 다니다가 마지막으로 지금에는 엔잔역 근처에 사는 다와라田原라는 누에 중개인의 후처가 되었다.

　이미 썼듯이 몇 남자와 동거하기도 했던 엄마는 내가 조선에 간 뒤에도 그런 일을 반복했던 모양이다. 나는 지금 그 일로 엄마를 탓할 생각은 없다. 왜냐하면 그것은 엄마가 정조 관념이 희박해서이기도 했지만 동시에 엄마는 또 너무나 의지가 약하여 혼자서는 도저히 살 수 없었기 때문이다—그래서 누군가 엄마를 붙잡아줄 또는 그럴 것 같은 남자가 필요했으므로 엄마가 혼자 됐을 때마다 상대가 잘산다는 등의 얘기를 하면서 엄마에게 혼담 이야기를 해오는 사람이 있었고, 그리고 외갓집에서도 또한 첫 결혼에 실패한 딸을 잡아두는 꼴사나움을 면하고 그런 부유한 집안과 관계를 맺는 이익을 생각하여 엄마의 진정한 행복은 생각지도 않고 무리하게 엄마에게 결혼을 강권한 사정이 있기도 했기 때문이다.

　그러나 어디서 굴러먹던 말 뼈다귀인지 소 뼈다귀인지도 알 수 없는 사내를 만나 집을 나가 갖은 고생 끝에 남자에서 남자로 전전하다 돌아온 우리 엄마 같은 여자에게 아무 결함 없는 집에서 혼담을 걸어줄 리가 없었고 엄마가 갈 수 있는 곳이 어딘가 결함이 있는 집뿐이라는 것은 어쩌면 당연한 일인지도 몰랐다. 그러나 이것은 사실 말 그대로 맞는 말이었지만 그런데도 엄마는 그런 곳에서는 살지 못하겠다며 자주 집을 나왔다. 그래서 결국 엄마는 너무 참을성 없는 여자여서 전남편 사에키와도 잘 못 살게 된 것이라는 말을 들었고, 심지어 엄마의 혼담을 둘러싸고 외할아버지 외할머니나 외삼촌 부부, 엔코지의 스님들과도 사이가 나빠지게 되었던 것이다. 더욱이 엄마는 또 이번의 다와라 역시 지금까지의 상대와 마찬가지로 중매인 이야기와는 전혀 다른 집이라며 친정에 오자마자 질리지도 않나 싶을 정도로 험담만 하는 것이었다.

그래서 지금도 엄마는 처음에는 나를 보고 좋아하고 조선의 이야기를 듣고 분노하기도 했지만 어느 사이에 자신의 하소연으로 바뀌어 쉴 새 없이 외할머니에게 호소하는 것이었다.

그것을 듣고 있으니 엄마도 물론 불쌍하긴 했지만 그러나 그것은 나의 조선에서의 고통에 비하면 아무것도 아니었다. 게다가 내가 조선에서 고통 받았던 이야기를 하나도 하지 않는데 엄마는 계속 하소연만 하니 좀 속상하기도 했다. 그 어둡고 음침한 지옥에서 벗어나 겨우 한숨 돌리는 줄 알았던 나는 또 이렇게 어두운 이야기를 들으니 너무나 무거운 짐을 진 것 같은 느낌이 들었다.

그래서 나는 오랜만에 만나기는 했지만 이런 이야기는 듣기 싫어 결국 외할머니와 엄마 옆에서 빠져나왔다. 하지만 갈 데가 없었다. 큰집―외삼촌 집―에 가서 오래 있으면 외할머니가 싫어했다. 그렇다고 엔코지에 가는 것도 엄마와 그 절의 관계상 거북했다. 이렇게 나는 집에 돌아오자마자 또 안주할 수 있는 곳이 없다는 것을 알아야 했다.

그리하여 나는 마을 거리를 그저 하릴없이 걸어 다닐 뿐이었다. 그러던 어느 날 아마 마을로 돌아온 지 4, 5일 정도 지났을 때였을 것이다. 멍하게 큰집 문 앞에 서 있는데 옛날에 다녔던 학교의 친구들 두세 명이 바구니를 지고 낫을 들고 올라왔다. 우리는 서로 크게 웃으며 반가워한 뒤, 어디 가냐고 내가 물었다.

"고사리 캐러 가." 하고 친구가 대답했다.

갑자기 나도 함께 가고 싶어졌다.

"좀, 기다려줄래? 나도 갈래……."

모두 흔쾌히 가자고 했다. 나는 집으로 돌아가 몰래 산에 갈 준비를 하고 달려 나왔다.

바위가 많고 맑은 물이 흐르는 개울을 따라 우리는 걸었다. 울창한 나무들 사이로 감제풀, 산딸기, 두릅 등이 많이 있었다. 내가 모르는 많은 초목이 우거져 있고 꽃들이 흐드러지게 피어 있었다. 조용하면서 물기를 머금은 숲에 매가 이 산 저 산 날아다니고 있었다. 그런 숲길을 벗어나자 잔디가 깔려 있는 듯한 산이 눈앞에 솟아 있었다. 안개가 산을 휘감고 있었다.

산은 물론 잔디로 덮여 있지는 않았다. 키가 꽤 큰 관목이 자생하고 있었는데 아직 5월이라 푸른 잎이 많이 나지 않아 우리는 쉽게 그 사이를 걸어 다닐 수 있었다.

천으로 얼굴을 가리고 있는 듯한 고사리가 무성했다. 그것을 뿌리 부분을 잘라 바구니에 넣을 때의 기쁨이란 이루 말할 수가 없었다.

서로 흩어져 큰 소리로 부르면서 웃고 떠들고 노래하고 산을

오르락내리락하며 바구니 가득 나물을 캐왔다

의기양양해서 나는 집으로 돌아왔다.

"외할머니, 저, 고사리 캐 왔어요."

돌아온 나는 무거운 바구니를 외할머니 앞에 내려놓으면서 외할머니의 기뻐하는 말을 기대하며 말했다. 하지만 외할머니는 별로 좋아하지 않았다.

"고사리? 고사리는 외할아버지가 싫어하시는데." 하며 그것을 손에 집어보려고도 하지 않았다.

나는 실망했다.

"그래요? 외삼촌네 드릴까요?"라고 했더니 외할머니는 그것도 달가워하지 않았다. 한집에 사는 부모 자식 간인데도 사이가 나빠지니 조금도 친절하기가 어려운 모양이었다.

외할머니가 말했다.

"큰집에는 가져가지 마. 모토에이元榮네라도 갖다주렴."

모토에이는 작은외삼촌이다.

작은외삼촌은 어렸을 때부터 부드럽고 조용한 성격이어서 작은외할아버지들의 귀염을 많이 받았다. 큰외삼촌이 농사짓기를 싫어해서 그걸 핑계로 나중에 작은외삼촌에게 호주상속을 시키려고 했는데 작은외삼촌은 열두세 살 무렵에 꼭 스님이 되고 싶다고 하였다. 그래서 작은외삼촌은 마을에서 10리 떨어진 이웃 마을에 있는 에린지慧林寺의 동자승이 되어 당시 임제종臨濟宗의 관장管長[원장]을 하고 있던 큰스님의 제자로 들어갔다. 지금은 에린지 경내에 있는 보게쓰암望月庵이라는, 전 관장—이때는 이미 관장을 그만둔 뒤였다—의 은거지에 살고 있었다.

내가 조선에서 돌아온 날 지요 상과 둘이서 묵은 곳이 이 보게쓰암으로 나는 이미 외삼촌의 얼굴을 잘 알고 있었다. 그래서 나는 그다음 날 외할머니의 말대로 고사리를 들고 보게쓰암을 방문하였다.

내가 갔을 때 외삼촌은 검은색 기모노에 흰 오비를 매고 바깥 정원에서 분재를 손질하고 있었다.

"안녕하세요." 하고 인사를 하니 외삼촌은 고개를 들어 나를 보고는 "아 후미야. 잘 왔다." 하고 빙긋이 웃으며 일어섰다. 그리고 "우선 앉으렴." 하며 자신이 먼저 툇마루에 걸터앉았다.

나는 내가 따온 고사리를 외삼촌 앞에 놓았다. 그리고 어제 고사리를 캐 왔더니 외할머니가 외삼촌 갖다드리라 하여 놀러도 올 겸 가져왔다고 말했다.

외삼촌은 내게 고맙다고 했다. 그리고 고사리를 보따리에서 꺼내어보기도 했다. 그러고는

"조선에서 오니까 어때?" 하고 물었다.

조선 이야기는 하고 싶지 않았기 때문에 나는 그저

"그렇죠 뭐."라고 대답하고는 "외삼촌은 여기서 혼자 살기 외롭지 않아요?" 하고 물어보았다.

"외롭기는 하지만 혼자라 마음 편하기도 해."라며 외삼촌은 웃으며 나를 보았다.

왠지 나는 이 외삼촌이 내가 지금까지 만나온 사람들 중에서 가장 고상한 사람이라는 생각이 들었다. 하지만 별로 할 이야기도 없어 근방을 둘러보았다.

농가와는 달리 정원이 아름답고 잘 정돈되어 나무나 바위의 배치가 아치雅致가 있었다. 나는 물론 그런 깊이는 잘 몰랐지만 왠지 "아 참 좋다."고 생각했다. 그리고 암자 주변을 다 돌고는 어느 사이엔가 앞에 있는 에린지 경내를 돌고 있었다. 꽤 큰 절이었다. 정원도 상당히 넓었다. 큰 나무도 있었다. 무엇보다도 나는 그 조용함에 이끌렸다.

나는 아무 생각도 안 하고 있었다. 시끄러운 것도 듣지 않고 고통스런 압박도 받지 않았다. 처음으로 안식을 얻은 느낌이었다.

다시 보게쓰암으로 돌아오니 외삼촌은 부엌에서 뭔가 요리를 하고 있었다. 나를 보더니 부엌에서 소리쳤다.

"올라와 신문이라도 보고 있으렴. 후미 짱, 맛있는 거 해줄게."

말하는 대로 올라가려던 참이었다. 내 옆으로 개 한 마리고 오고 있는 게 보였다. 나는 개를 아주 좋아한다. 개를 보니 나는 뭔가 인연에 이끌리는 느낌이었다. 나는 개와 놀기 시작했다.

"이 개, 외삼촌이 키우시는 거에요?"

"응."

"이름이 뭐에요?"

"에스."

"에스? 이상한 이름이네. 에스! 에스! 에스 이리 와!"

에스는 꼬리를 흔들고 머리를 흔들며 뛰거나 쿵쿵거리며 나에게 달려들었다. 나는 에스와 함께 논두렁 밭두렁을 돌아다녔다.

나는 조선의 고모 집에서 키우던 개를 생각했다. 그 춥디추운 조선의 겨울밤에 멍석 하나 없이 밖에서 자던 개가 생각났다. 내가 밥도 먹지 못하고 집 밖으로 쫓겨나 있을 때 마치 내 고통과 슬픔을 알아주는 듯이 꼬리를 흔들고 머리를 숙이고 코를 벌름거리며 내게 다가왔던 그 개가 생각났다. 그리고 그런 내가 개 목에 얼굴을 대고 꽉 끌어안고 숨죽이며 울었던 일도. 또 밤에 몰래 밖으로 나와 개집에 자리를 깔아주었던 일도. 그리고 또 어렸을 때 아버지가 찔러 죽인 개의 무참한 모습까지도.

조선에 있을 때 나는 나와 개를 항상 연관 지어 생각했다. 개와 나는 같이 학대받고 같이 고통 받는 가장 불쌍한 동포 같은 존재라고 생각했다.

와락 에스를 끌어안았다.

"에스! 너는 행복하니?"

작은 소리로 나는 마음속으로 이렇게 말했다.

그때 외삼촌이 부르는 소리가 들렸다.

"후미, 올라와. 점심 먹자."

나는 다시 한번 개를 안아주고는 올라갔다. 내가 가져온 고사리가 어느새 데쳐져 계란과 함께 조려져 있었다. 따뜻한 밥도 준비되어 있었다. 오랜만에 맛있는 밥을 먹었다.

밥을 다 먹었을 때쯤 앞에 있는 에린지에서 젊은 스님 두세 명이 놀러왔다. 모두 나보다 서너 살 위로 같이 놀기 딱 좋은 상대였다. 잠시 이야기하면서 우리는 바로 친해졌다.

　나는 나중에 스스로도 얼굴이 붉어질 정도로 그 스님들과 많은 이야기를 했다. 가루타까지 하면서 노니 마치 설날이 된 듯한 기분마저 들었다.

　저녁이 되어 집으로 돌아왔다. 집에 돌아와 보니 엄마는 외숙모의 양잠 일을 도우면서 여전히 하소연만 하고 있었다. "아 또 시작이네."라는 생각이 들었다. 그리고 더 한층 낮에 외삼촌 절에서 재미있게 놀았던 일이 그리웠다. 뭐든지 다 잊어버리고, 뭐든지 다 떨쳐버리고 자유롭고, 마음 편하고 그리고 뭔가 피가 솟는 것처럼 힘이 넘쳤던 그 한때를.

　그 뒤 나는 틈만 나면 외삼촌 절로 놀러갔다.

호구虎口로

　친척 중 누군가가 내가 돌아온 것을 알렸는지 하마마쓰에서 아버지가 왔다.
　어릴 때 엄마와 나를 버리고 떠난 아버지이다. 조선에서 나를 그렇게까지 괴롭혔던 할머니와 고모의 혈육인 아버지이다.
　나는 아버지를 좋아할 수가 없었다. 반감까지 갖고 있었다. 하지만 아버지는 그래도 오랜만에 만난 나에게 뭔가 애착을 갖고 있는 듯했다. 게다가 여전히 나에게 아버지의 권위까지 느끼고 있는 듯했다. 나는 그 모습에 왠지 마음이 아팠다.
　아버지는 그러나 외갓집에 오래 머물지는 않았다. 작은외삼촌이 이웃 마을에 있는 것을 알고는 나에게 외삼촌 집으로 안내하라고 했다. 나는 아버지의 말을 듣고 싶지는 않았지만 작은외삼촌한테 가는 것이 즐거웠기 때문에 아버지와 함께 갔다.
　외삼촌은 아버지의 방문을 매우 반겼다. 아버지도 외할아버지를 만났을 때와는 전혀 달리 격의 없는 태도로 외삼촌을 대했다.
　"너무 오랜만이네요. 잘 오셨습니다."라고 외삼촌이 말하자,
　"못 본 지 몇 년 되었군. 근데 자네도 안정돼 보여 좋네. 곧 홀

룽한 지식인이 될 거야." 하고 아버지는 반은 놀리면서 의젓하게 말했다.

외삼촌은 옅은 쓴웃음을 지었다.

"제가 형님 집에 신세졌을 때가 오키쓰興津에 사실 때죠? 그때 제가 열일곱 살이었으니까 벌써 6년이나 되었네요."

"그래 맞아, 내가 오키쓰 있을 때 자네가 놀러 왔었지. 그때는 정말 어린애였는데……."

"그래도 제가 까불고 그러진 않았어요."

이렇게 말하며 외삼촌은 크게 웃었다.

"그렇긴 했지." 하며 아버지도 같이 소리를 내어 웃었다.

그즈음 외삼촌은 한때 승려를 그만두고 선원이 되려 하고 있었다. 그 일자리가 결정될 때까지 아버지 집에 와 있었던 것이다.

여기서 외삼촌의 경력을 좀 이야기해둘 필요가 있겠다.

앞에서도 이야기했던 것처럼 외삼촌은 열두세 살 무렵에 스님이 되겠다고 말했다. 외삼촌을 가네코 집안의 후계자로 생각하고 있던 외할아버지는 엄청나게 말렸지만 외삼촌은 굽히지 않았다. 그래서 외할머니가 먼저 체념하고 외할아버지에게 말했다.

"여보, 저렇게 완강한데 할 수 없잖아요. 저 아인 태어날 때부터 배냇저고리를 가사처럼 어깨에서 가슴에 걸쳐 입었는데 스님이 되면 출세할 징조인지도 모르죠."

그렇게 얘기하자 외할아버지도 한참 생각하더니 결국 외할머니 뜻을 따랐다.

"그러고 보니 그렇네. 아무래도 농부가 체질은 아닌 모양이야. 농사짓는 것보다는 훨씬 더 편하게 살 게 틀림없어."

외삼촌이 에린지의 동자승이 된 것은 그로부터 얼마 안 되어서였다. 에린지는 다케다 신겐武田信玄[1521~1573. 일본 전국시대의 무장]과 무슨 관계가 있는 유명한 절로 많은 승려가 있었다. 외삼촌은 이 절에서 소학교를 다니며 승려 수업을 했다. 그리고 스님들의 귀염을 많이 받았다.

하지만 외삼촌은 원래 뭔가 종교적인 믿음이나 동기가 있어 스님이 되겠다고 한 것은 아니었다. [외삼촌이 스님이 되고자 한 것은] 이 절의 다른 스님들과 마찬가지로 그저 스님이 되면 편하게 먹고살 수 있을 것이라는 극히 얄팍한 생각에서였다.

그러므로 외삼촌은 열예닐곱이 되어 바야흐로 성에 눈뜨기 시작하면서 승려로서의 자신의 생활에 의문을 품기 시작했다.

절 생활은 겉으로는 평화스럽게 보인다. 하지만 청년에게는 평화만이 절대 가치는 아니다. 젊은이에게 평화는 아무것도 아니다. 그것은 거세된 인간이 바라는 것이다. 젊고 건강한 남자는 좀더 발랄한 생활을 원한다. 손발을 자유롭게 놀리고 욕망도 자유롭게 펼치고 채울 수 있는 자유를 원한다.

외삼촌은 이렇게 생각했다. 그리고 자유가 없는 절 생활에 대해 너무나 불만을 갖게 되었다.

외삼촌은 드디어 결심을 했다. 자신의 가사를 갈갈이 찢어 헛간

밑으로 던져놓고 무단으로 절을 뛰쳐나온 것이다. 오키쓰에 있던 아버지를 찾아온 것이 그때였다. 그리고 다행히 요코하마에 나가니 선원의 일자리가 있어 규슈를 왕복하는 기선에서 일했다.

해상 생활은 고슈의 산골 농사꾼에게는 너무나 다른 세계였다. 평화로운 절 생활과는 너무나 동떨어진 힘든 일이었다. 하지만 그 대신 망망대해와 끝없는 창공, 파도, 바람, 오존, 건강한 선원들의 분방한 생활 모두 외삼촌의 젊음을 키우기에 충분했다. 그리고 외삼촌은 뭐라 말할 수 없는 유쾌한 해상 생활을 한 달여 계속하다가 첫 항해를 마치고 요코하마로 돌아왔다.

요코하마에 상륙하면서 외삼촌은 집안사람들에게 붙잡혔다. 그리고 집으로 끌려갔다.

자신의 장래를 잘 생각해보라. 뱃사람을 하다니 무슨 짓인가. 너는 많은 제자 중에서도 큰스님이 가장 예뻐하지 않았느냐. 그 스님이 이번에 교토 본사의 관장이 되었다. 스님이 출세하면 너도 출세할 수 있지 않니. 스님 마음에 들도록 노력하여 장래의 토대를 쌓는 것이 지금 네가 할 가장 중요한 일이다.

이런 야단을 외삼촌은 외할아버지한테서부터 엔코지의 스님한테서까지 맞았다. 외삼촌은 할 수 없이 다시 절로 돌아갔다.

하지만 외삼촌은 이전의 순진한 외삼촌이 아니었다. 할 수 없이 모두의 의견을 따라 다시 스님 생활로 돌아갔을 뿐이었다. 외삼촌은 나중에 스승을 따라 교토로 갔다. 그리고 하나조노가쿠인 花園學院에서 보통학을 배웠다.

그렇지만 그즈음부터 외삼촌은 이미 작은 파계승이었다. 외삼촌은 학교에 다니며 어느 담배 가게의 딸을 따라다녔다. 병을 고치기 위해 보게쓰암으로 온 스승을 따라 돌아왔을 때는 엔코지의 지요 상과 애인이 되었다. 아니 사랑에 빠졌다.

조선에서 돌아온 나를 마중 나온 지요 상이 나와 함께 잔 데가 외삼촌의 보게쓰암이었다. 우리는 그날 밤 세 명이 뒷방에서 나란히 잤다. 나는 이틀 밤낮을 기차를 탔기 때문에 아무것도 모르고 정신없이 잠들어버렸지만 두 사람은 그날 밤 셋이서 잔다는 것을 핑계로 밤새 딴짓을 했던 것이다.

외삼촌과 지요 상과의 관계는 엔코지도, 마을 사람들도, 나의 외할아버지 외할머니도 알고 있었다. 하지만 엔코지의 스님도, 나의 외할아버지 외할머니도 별 말을 하지 않았다. "마침 잘됐다."고 오히려 내심 좋아하고 있었다.

하지만 나는 아직 외삼촌의 그런 경력에 대해서는 전혀 모르고 있었다. 그리고 오직 일종의 호의를 갖고 있었을 뿐이었다.

아버지가 엄청난 술꾼이라는 것을 알고 있던 외삼촌은 있는 안주를 다 동원하여 술상을 보았다. 두 사람은 서로 술잔을 돌려가며 여러 울분을 토로하거나 친척들 이야기를 안주 삼아 험담을 하다가 외삼촌의 지금의 상황이나 내 이야기까지 하기에 이르렀다. 술자리가 매우 무르익어갔다. 아버지는 새삼스러운 말투로,

"후미코에 대해서는…… '모토에이' 실은 오늘 자네에게 긴히 할 말이 있어 왔는데 별실로 가서 얘기했으면 하네……."라며 외

삼촌 얼굴을 빤히 보며 말하는 것이었다.
"그래요. 좋습니다……."라며 외삼촌이 일어나 "그럼 이쪽으로 오시죠……." 하고 아버지를 이끌었다.
두 사람은 비틀거리며 별실로 들어갔다.
내가 들어서는 안 될 이야기! 더구나 그것은 나에 관한 이야기임에 틀림없었다. 나는 뭔가 불안한 마음에 쓸데없는 간섭을 한다는 반항적인 기분이 들었다. 그러나 나는 조용히 혼자 우두커니 앉아 있었다.
두 사람은 뭔가 작은 소리로 소근대더니 이윽고 이야기를 끝내고 별실에서 나온 듯했다. 외삼촌은 평소와 같은 목소리로,
"그렇게 해주시면 정말 좋겠습니다. 무엇보다 본인에게 가장 좋을 거라고 생각합니다."라고 말하며 아버지를 데리고 내가 있는 방으로 들어왔다.
두 사람은 매우 기분이 좋아 잔을 또 들었다.

두 사람은 별실에서 무엇을 이야기한 것일까. 나는 일부러 들으려고 하지는 않았다. 두 사람 또한 그것에 대해 나에게 아무것도 말해주지 않았다.
아버지는 갑자기 말을 바꾸어 내게 말했다.
"나는 지금까지 네게 아무것도 해주지 못했다. 나도 해주고 싶었지만 사정이 여의치 않았단다. 하지만 지금은 내게도 조금은 여유가 생겼다. 지금은 하마마쓰에서도 꽤 알려져 있다. 그래서

지금까지의 일을 속죄하는 마음으로 널 데려가려 해. 어때 가지 않을래, 후미…….”

나는 아버지가 좋지는 않다. 또 믿지도 않는다. 하지만 어차피 시골에 있을 바에는 도회지에 나가 노는 것이 낫다고 생각하여 아버지 말대로 하마마쓰에 가기로 했다.

외삼촌 집의 별실에서 외삼촌과 아버지가 나에 대해 한 이야기를 안 것은 하마마쓰의 아버지 집에 도착한 밤이었다.

기차를 타서 피곤했던 나는 오자마자 잠이 들었다. 문득 잠이 깨자 옆방의 말소리가 들렸다. 잘 들어보니 지금 잠자리에 든 아버지와 이모의 목소리로 계속해서 후미코라는 말이 들려왔다.

내 이야기를 하네, 하는 생각에 내 신경이 찌릿하며 한쪽으로 쏠렸다. 베개에서 머리를 들고 귀를 쫑긋 모았다.

작은 소리로 아버지가 이야기하고 있었다.

“……그 절은 아직 정식으로는 모토에이의 절은 아니지만 모토에이만 안정되면 물론 그 아이 것이 될 거야. ……모토에이 얘기로는 그 절은 원래 관장이 은거하는 절이어서 신도는 없지만 그 대신에 절에 부속된 재산이 있어 절 땅에서 나오는 연공年貢만으로도 편하게 살 수 있다네…….”

거기까지 들은 나는 “에이 별 얘기 아니네.”라는 생각이 들었다. 다시 베개에 머리를 대고 자려 하는데 곧 또 후미코라는 말이 들렸다. 나는 다시 귀를 기울여 들어보았다.

“……[그 절에] 은거하는 할머니 얘기론 후미코는 오자마자 엔코지의 딸과 함께 모토에이한테 와서 자고 간 적도 있고, 그 뒤로도 자주 모토에이한테 놀러온다고 하더군. 내가 보기에는 걔가 모토에이를 좋아하는 게 틀림없어……."

그 이야기를 듣고 나는 깜짝 놀랐다. 어두운 방에 혼자 있으면서 갑자기 얼굴이 붉어지는 것을 느낌과 동시에 "내가 정말 그런가……." 하고 나 자신에게 물어보았다. 하지만 "말도 안 돼……." 하며 내가 나 자신을 부인하며 태연해졌다.

하지만 아버지는 이야기를 계속했다.

"그래서 나는 단도직입적으로 모토에이한테 의견을 물어보았지. '어떤가. 후미코를 자네의 아내로 삼지 않겠는가.'라고. 그러자 모토에이는 두말없이 그 자리에서 승낙하더군……. 아니, 사람들이 좀 뭐라 해도 상관없어. 그 절에 후미코를 맡겨두기만 하면 평생 먹고살 걱정하지 않을 것이고, 무엇보다 우리 형편도 좋아질 테니……."

아, 아버지는 나를 외삼촌한테 시집보내려 한 것이다. 아니, 이미 약속을 한 것이다. 얼마나 무서운 일인가. 아버지는 나를 노예로 외삼촌한테 팔려는 것이다. 아버지는 어쩌면 그토록 나를 모독할 수 있을까. 아니, 아버지뿐이 아니라, 적어도 불자인 외삼촌까지도 얼마나 때가 탄 짐승인가. 나는 지금 그 생각만 해도 소름이 돋는다.

하지만 이상하게도 나는, 그때의 나는 그 이야기를 듣고 아무 느낌도 들지 않았다. 기쁘지도 슬프지도, 좋은 일인지도 나쁜 일인지도. 내 생명 안에 뭔가 이성을 갈구하는 마음이 싹트고 있었음에 틀림없다. 하지만 나는 아직 시집을 갈 생각이 전혀 없었다. 그런 이야기는 전혀 생각도 못해봤다. 아무 판단도 없이 아무 느낌도 없이 그저 잠이 들었다.

하지만 아무리 생각해도 이 일은 말할 수 없이 추한 일이었다. 단지 나뿐 아니라 아버지나 외삼촌, 인류 모두에게도⋯⋯.

그때 나는 아무 생각도 안 들었다. 아니 그 뒤로도 한동안 멍했다. 하지만 나는 어린애가 아니었다. 또한 아무것도 모르지 않았다. 이 사건의 본질을 알게 되었을 때, 아아, 나는 얼마나 이를 갈고 울었는지 모른다.

아버지는 보게쓰암의 재산을 보고 그리고 그 재산에서 자신이 받을 이익을 생각하여 나를 하나의 물건처럼 외삼촌에게 팔려고 했던 것이다. 그리고 외삼촌은 외삼촌대로 처녀의 몸을 탐하는 금수처럼, 그래 금수가 맞다, 나를 사려고 했던 것이다.

아버지의 심사가 비열하다는 것은 너무나 자명하다. 하지만 외삼촌에 대해서 나는 왜 이렇게 이야기하는 걸까. 말할 것도 없이 그것은 질녀를 아내로 약속한 부도덕함 때문이었지만 단지 그뿐만은 아니었다. 그는 놀랄 정도의 색마였던 것이다. 일체의 속세와의 인연을 끊고 성스러운 낙토에 사는 출가 승려이면서 그저 고기를 쫓는 짐승과 같았다.

왜냐하면 그는 한편으로는 지요 상과 정을 통하면서 다른 한편으로는 나를 그의 위안부로 쓰려고 했기 때문이다. 나에 대해 아버지한테 약속한 지 반달도 지나지 않아 또 다른 여자를 취하려고 했기 때문이다. 나는 그것을 나중에 그 자신으로부터 직접 들었다. 그는 말했다. 확실히 자기 입으로 말했다.

"그 뒤—내가 아버지와 함께 그를 방문한 뒤—14, 5일쯤 지났을 때였어. 지요가 미즈시마水島라는 도쿄 친구를 데리고 와서 잔 적이 있는데, 그 미즈시마라는 여자는 너무 미인이었어. 지요와는 하늘과 땅 차이였지. 나는 그래서 역까지 일부러 배웅을 갔는데 그때 나는 미즈시마에게 열예닐곱 살 되는 여동생이 있다는 이야기를 듣고 참을 수가 없었어. 그래서 [미즈시마가 떠난 지] 4, 5일도 채 지나지 않았을 때쯤 몰래 절을 빠져나와 도쿄의 스가모巢鴨까지 미즈시마를 쫓아 그 여동생을 보러 갔지. 그런데 그 여동생은 얼굴이 검고 키도 작고 너무나 못생긴 거 있지. 이런 낭패가 어디 있겠니……."

이 이야기를 들었을 때 나는 아직 외삼촌과 자주 편지 왕래를 하고 있었다. 하지만 그것은 연애편지 같은 것은 아니었다. 나로서는 그저 형태도 아무것도 없는 동경의 마음을 채우기 위한 편지를 쓰는 데 지나지 않았다. 비록 그런 일이 있기는 했어도 그때까지는 외삼촌을 결코 미워하지는 않았다. 게다가 나는 그런 이야기에는 별로 질투를 느끼지도 않았다.

나는 말했다.

"왜 그런 여동생을 따라다녀요? 미즈시마라는 여자가 그렇게 예쁘면 그 사람을 좋아하면 되잖아요……."

그러자 외삼촌은 쿡쿡 웃으며 아무렇지도 않게 말했다.
"말도 안 돼. 아무리 미인이어도 그 여자는 처녀가 아니야……."
그렇다. 그 무렵 외삼촌이 원한 것은 단지 처녀였던 것이다. 그리고 나도 또한 처녀였기 때문에, 오직 그 이유만으로 나를 자신의 아내로 맞으라고 말도 안 되는 이야기를 한 어리석은 내 아버지에게 약속을 한 것이었다.

아버지는 하마마쓰의 시타타레 초下垂町에 살고 있었다.
집은 큰길에서 좀 들어간 곳에 있었는데, 24엔 정도의 집세를 내는 작고 아담한 셋집이었다.
집에는 쥐가 못 들어가게 만든 찬장에 큰 화로, 서랍장 등이 갖추어져 있었다. 확실히 지금은 내가 알고 있던 시절의 아버지보다는 훨씬 안정된 생활을 하고 있는 것이 틀림없어 보였다. "어쨌거나 아버지는 기가 막힌 게으름뱅이니까. 이렇게 갖추긴 했어도 생활은 힘들단다."라는 이모 말도 사실이겠지만 뭐라고 해도 지금은 옛날보다는 훨씬 형편이 좋아진 것은 사실이었다.
아버지 일은 여전히 불량스런 일로 어쨌든 질 나쁜 공갈 신문 기자인 것 같았다. 그리고 그 신문이 무서워 사람들이 겉으로는 아버지를 대우하는 듯했다. 말하자면 겉으로는 다들 아버지에게 예를 차리나 속으로는 다 피하는 격이었다.
재미있는 것은 아버지는 지금도 여전히 엄청난 미신가여서 거실 벽의 천정 가까이에 단을 만들어 이나리稲荷 상이나 고진荒神

상 등을 모시며 매일 아침 기도를 드리고 있는 것이다. 그리고 손님방인 8조 크기의 응접실에는 어떤 유명한 스님이 썼다는—그래서 지금은 그 스님이 살아 있어 가치가 없지만 죽으면 값이 많이 나갈 것이라고 아버지가 믿는, '유시천명唯是天命'이라는 족자가 걸려 있었다. 이것도 '운'을 숭상하는 아버지의 미신 철학이 지금도 그대로 남아 있음을 보여주는 것이다.

족자 앞에는 '사에키가계도佐伯家系圖'라고 쓴 좁고 긴 상자가 놓여 있고, 그것과 함께 이모가 고미술상에서 사 온, 아버지 눈썰미로는 무엇인지는 몰라도 대단한 가치가 있다고 하는 오래된 화병이 놓여 있었다. 그리고 그 가까이에 문갑 같은 것이 있고 그 위에 거친 원고지나 봉투, 법률 책 두세 권 외에 밤 노점에서 팔 것 같은 구식 영일사전이 쌓여 있었다.

아버지는 이렇게 겉모습으로 자신의 비열한 인격이나 텅 빈 머리를 포장하려고 하는 것이었다.

이런 아버지의 생활을 나는 좋아하지 않았다. 왜 아버지는 이렇게 거짓말만 하고 안정된 생활을 하지 않는 걸까. 왜 이렇게 허세만 떨까. 이젠 나이도 먹었으면서 여전히 게으른 불량배 노릇이나 하고 있는지. 그러면서도 집에서는 엄청난 인격자인 양 끊임없이 도덕적인 설교를 되뇌는 것이었다.

예를 들면 이모가 부엌에서 일하고 있을 때, 내가 방에서 책이라도 보려고 하면 아버지는 바로 커다란 목소리로, 그것도 이모가 들으라는 듯이 "후미코는 뭐하고 있어. 엄마만 일을 시키고 저는 놀기만 하는 게 어딨어……. 빨리 가서 도와드려." 하며 야단치곤 했다. 그리고 이모가 없으면 나를 자기 앞에 앉혀놓고 눈물을 글썽이며 "후미코, 내가 너를 자주 혼내지만 오해하지 마. 나는 너를 부려먹고 싶지 않아. 하지만 세상은 그렇게 간단하지 않잖니. 내가 시끄럽게 계속 떠드는 것도 결국 너를 위해서야. 어쨌든 엄마는 너의 새엄마라는 걸 잊지 마."라고 말하는 것이었다.

이러는 아버지를 보고 있으면 나는 오히려 아버지가 불쌍해졌다. 왜냐하면 나는 왜 내가 이모에게 예의를 차려야 하는지를 이해할 수 없었기 때문이다. 아버지는 자신이 한 일은 뒷전에 두고 점잖을 떨며 게다가 엄청난 도덕가인 양 나에게 예의를 강조하는 것이다. 이 점은 이모가 오히려 잘 알고 있다. 이모는 결코 나에게 거리를 두려 하지 않았다. 이모는 진실로 나를 사랑해주었다. 그래서 아버지가 이런 설교를 할 때마다 나는 이모에게 아버지가 한 말을 해주며 둘이 크게 웃곤 했다.

이런 식이었으므로 아버지 집에 와서 10일이나 20일 정도 지났을 때 나는 아버지 집의 공기와 내가 아무래도 맞지 않다는 것을 느끼게 되었다. 즉 나는 아버지 집 식구가 아니라는 것을 점차 알게 되었던 것이다.

그중에서도 제일 괴로운 것은 아버지 집에서 행하는 아침 예배였다.

아버지 집에서는 아버지, 이모, 동생이 모두 매일 반드시 아침 식사 전에 거실에 꿇어앉아 그 '사에키가계도'를 향해 경건한 예배를 드렸다.

물론 이것은 아버지와 같은 사상의 소유자로서는 너무나 당연한 도리일 것이다. 하지만 다른 것은 제쳐두고 태어나서 한 번도 사에키 성을 써보지 못한 내가 왜 이들과 함께 사에키 집안의 가계도를 받들어야 한단 말인가.

모두와 함께 그 가계도 앞에 앉아 예배를 하는 것은 나에게는 커다란 고통이었다. 게다가 아버지는 항상 잘난 척하며 나를 감시하였다. 마음에도 없는 숭배를 나는 강요받았다. 나는 참을 수 없었다. 한편으로는 또한 나의 그런 마음이 자연히 태도에 나타났으리라. 그리고 그것이 또한 아버지로 하여금 나를 너무나 건방지고 오만한 '불초자식'으로 생각하게 했음이 틀림없다.

하마마쓰에 와서 나는 그곳의 실과實科여학교 재봉과에 다녔다. 그것은 아버지가 나를 보게쓰암의 여주인으로 만들기 위해서였다. 외삼촌이 "무엇보다 재봉을 잘해야 합니다."라고 말했기 때문에 그 연습을 시키기 위해서였던 것이다. 하지만 몇 번이나 말했듯이 나는 재봉을 좋아하지 않았다. 좋아하지 않기보다 재봉을 가르쳐준 좋은 선생님이 없었으므로 전혀 할 줄을 몰랐다. 그래서 학교에 가도 다른 학생들은 어느 정도 알고 있는 것을 '총정리'하러 온 식인데 나는 초보라 처음부터 시작해야 했기 때문에 선생님도 결국 귀찮아 하며 제대로 가르쳐주지 않았다.

그래서 자연히 나는 학교를 소홀히 했다. 할 수 없이 학교에는 가지만 늘 수다만 떨며 그날그날을 보냈다. 물론 이것도 자연히 아버지가 알게 되어 아버지는 자신의 뜻대로 되지 않는 것에 화를 내었고 또한 나도 나대로 더욱 불만을 느끼게 되었다.

7월 중순경부터 학교가 방학에 들어갔다. 계속 편지 왕래를 했던 외삼촌 모토에이가 방학에 놀러 오라고 해서 나는 도망치듯이 고슈로 갔다.

엔잔역에 도착한 것이 오후 2시경이었다. 소나기가 내리고 있었다.

비도 오고 기차 멀미도 심하고 해서 비가 그치기를 기다리며 대합실 벤치에 약 반 시간 정도 앉아 있었다. 하지만 비가 그칠 기미가 보이지 않아 어떻게 할까 궁리하다가 결국 엄마 집에 가서 우산을 빌리기로 했다.

엄마 집은 역에서 서너 정 정도 떨어진 밭 가운데에 있었다. 나는 역을 나와 집들의 처마 밑이나 나무 밑을 지나 엄마 집 근처까지 갔다. 하지만 엄마는 자식이 없는 것으로 되어 있었기 때문에 나는 공공연히 엄마를 찾아갈 수가 없었다. 나는 단지 엄마가 밖에 나오는 때를 기다릴 수밖에 없었다. 그래서 엄마 집의 높은 담에 숨어 비를 피하는 시늉을 하며 엄마가 나오기를 기다렸다. 차 마시는 시간인지 안에서는 엄마의 높은 웃음소리가 딸들의 소리와 섞여 밝게 들려왔다. 하지만 엄마는 좀처럼 밖으로 나오지 않왔다. 나는 담 사이로 안의 기척을 살피고 있었다. 하지만 비가 오고 있어서 엄마뿐 아니라 누구도 나오지 않았다.

비는 더 심해졌다. 안으로 들어가지도 못하고 돌아올 수도 없었다. 나는 그저 화가 난 채 서 있을 수밖에 없었다. 그때 앞 뽕나무밭에서 거름통을 진 한 농부가 무릎이 해진 바지를 입고 도롱이를 쓰고 걸어와 집으로 들어가려고 했다.

"저 좀 여쭤보겠는데요." 하며 나는 그 남자를 따라갔다. "저, 저, 이 집 …… 아주머니 [안에] 계세요?"

"예 있는데요…….",라고 그 남자는 대답하며 미심쩍은 눈길로 나를 보고는 그 이상 아무 말도 않고 집으로 들어가버렸다.

지금 남자가 집에 들어가 뭔가 말을 했을지 몰라. 그럼 누군가가 이상해서 나올지도 몰라. 그러면 일이 귀찮게 될지 몰라. 그런 생각이 들자 왠지 속이 상했다. 할 수 없이 나는 다시 역 대합실로 돌아왔다.

기차 멀미는 낫지도 않았고, 머리부터 발끝까지 비에 흠뻑 젖어 역으로 돌아오자 속이 더 안 좋아졌다. 그리고 결국 기차에서 먹은 귤까지 웩웩 토해버렸다.

나는 잠시 벤치에 앉아 고개를 숙이고 가만히 있었다. 그때 누군가가 내 이름을 불렀다. 나는 얼굴을 들었다. 고마쓰야小松屋의 아저씨(하마마쓰 이모의 바로 밑의 여동생의 시동생)가 내 옆에 서 있었다.

"후미코 상 어떻게 된 거야. 기차 멀미가 심한 모양이네 ……

얼굴이 안 좋아…….."

"네, 기차 멀미를 했는데 비까지 맞아서요……."

"저런 좀 기다려……." 하며 말도 채 끝나지 않았는데, 어디론가 사라져버렸다. 그러더니 다시 돌아와 나에게 인단을 주었다.

나는 인단을 좋아하지는 않았지만 그 친절에 고맙다고 인사를 하고 인단을 받아 몇 알 먹었다.

아저씨는 내 옆에 앉아 내 등이나 어깨를 문질러주었다. 잠시 있으니 좀 나아졌다. 그리고 비도 좀 가늘어진 듯했다.

"감사합니다. 이젠 괜찮아요. 이제 가야죠."

이렇게 말하고 내가 채비를 하니 아저씨는

"우산도 없네, 후미코 상." 하고 물었다.

"네, 아까요." 하며 나는, 인척 사이여서 아무 숨김없이, 엄마 집에 가서 우산을 빌리려고 했는데 안으로 들어갈 수 없었던 이야기를 하고 "요즘은 엄마가 좀 조용한가요?" 하고 물었다.

"응, 요즘은 좋은가 봐."라고 아저씨는 대답하며 근처에서 우산을 빌릴 테니 같이 가자고 나에게 말했다.

나는 아저씨의 뒤를 따라 대합실을 나왔다. 아저씨는 역 앞에서 왼쪽 길로 접어들어 좀 가더니 어느 작은 식당으로 들어갔다. 그리고 식당 여주인과 뭔가 한두 마디 하더니 주저하고 있는 나를 불렀다.

"얼른 들어와요. 들어와서 좀 쉬었다 가요."라고 아주머니가 말했다. 아저씨는 신발을 벗고 위로 올라갔다. 나도 할 수 없이 아저씨를 따라 2층으로 올라갔다.

 빨간 앞치마를 한 점원이 방석 두 개와 재떨이를 갖고 올라왔다.

 왜 이러는 거지? 여우에라도 홀린 듯 뭐가 뭔지 어리둥절할 뿐이었다.

 "저, 빨리 우산을 빌려 오세요. 저 빨리 가야 해요. 곧 해가 저물 텐데……."라며 나는 아저씨를 재촉했다.

 하지만 아저씨는 여유를 부리며 담배를 피우기 시작했다.

 "아, 우산은 금방 빌려줄게. 배가 고플 것 같아 튀김을 주문했어……."

 "아니요. 전 배고프지 않아요. 그리고 아직 속이 안 좋아요……."

 "아직 괜찮아, 해가 길거든……."

 그러는 동안에 아까의 점원이 덮밥 두 개를 가져와 하나씩 놓아주었다. 그러고는 다시 1층으로 내려갔다.

 나는 사실 속이 안 좋았다. 그래서 예의상 조금 먹다 젓가락을 내려놓고 아저씨가 다 먹기를 기다렸다.

 이윽고 아저씨의 식사가 끝나자, 기다리던 나는 또 우산을 재촉했다.

 그러자 아저씨는 "응, 알았어." 하며 이쑤시개로 이를 쑤시며 일어나, 내 뒤의 장지문을 조금 열고 밖을 보았다. 그리고 "마침 비가 그친 것 같네."라고 혼잣말하듯 말하였다.

나는 구원받은 느낌이었다.

"비가 그쳤다고요? 아이 좋아, 어디요……."

나도 일어나 밖을 보려고 하였다. 아, 바로 그때였다!

나는 어질어질 눈앞이 캄캄해졌다.

아아, 세상에 그는 악마였던 것이다. 밀쳐도, 밀쳐도 그는 짐승처럼 달려들었고, 나는 정신없이 좁고 가파른 계단을 몇 계단씩 뛰어내려왔다.

나는 사람을 잘못 보았던 것이다. 조선에서 돌아왔을 때 외할머니와 고마쓰야에 있는 막내 이모네 사돈집을 간 적이 있었는데, 그 남자를 그때 본 그 이모의 시동생이라고 생각했던 것이다. 그런데 실은 이 남자는 이모의 시동생이 아니라 그때 내가 근처 목욕탕에 목욕하러 가면서 만난 적이 있는 남자애들 중 한 명이었던 것이다.

이 일을 나는 지금까지 한 번도 말한 적이 없다. 하지만 나의 존재가 언제 이 세상에서 사라질지 모르는 마당에 숨길 필요도 없으리라. 내 생활이나 사상이나 성격에 큰 영향을 미쳤을 것으로 생각되는 것은 무엇이든 나는 지금 만천하에 드러내야 한다. 그것은 단지 법관이 나를 아는 데 하나의 재료로서 필요하기보다 큰 진리의 천명을 위해 절대로 필요하다고 믿고 있기 때문이다.

성에 눈뜨며

　나는 소마구치 杣口의 외갓집으로 돌아갔다. 하지만 아버지 집이 내 집이 아니었던 것처럼 이곳 또한 나의 진짜 집이 아니었다. 나는 이 세상에 집이 없는 불쌍한 식객에 지나지 않았다. 더군다나 혈육이 서로 싸우는 공기에 숨이 막히기만 했다.
　오직 내가 쉴 수 있는 곳은 외삼촌인 모토에이의 절밖에 없었다. 그래서 나는 매일같이 뭔가 알 수 없는 힘에 이끌려 외삼촌의 절에 가 있었다. 밤낮을 가리지 않고 나는 외삼촌 절에서 지냈다.
　말할 것도 없이 지요 상도 자주 외삼촌 절에 놀러왔다. 지요 상은 진심으로 외삼촌을 좋아하고 있었다.
　그런데 그즈음 지요 상한테는 혼담이 하나 들어와 있었다. 지요 상에게 직접 들어온 것이 아니라 지요 상의 아버지—실은 아버지가 아니라 쉰 살이나 나이 차가 나는 오빠였지만 여기서 이런 것은 설명할 필요가 없으리라—한테 얘기가 들어와 있었다.
　어느 날 지요 상은 이사와 石和라는 곳에 살고 있는 언니한테서 갑자기 전보를 받았다. 지요 상은 급히 외출복을 갈아입고 언니 집으로 갔다. 가보니 별다른 용무가 있었던 것은 아니었다. 단 도쿄에서 손님이 와 있으니 차를 내가라거나 과자를 내가라는 부탁을 받았다. 그다음으로는 올을 성기게 짠 남자용 하오리 천을 주고는 "미안하지만 급히 바느질 좀 해줘."라고 시켰다. 그러고 나서는 손님의 식사 접대까지 했음은 말할 것도 없다.

지요 상은 2, 3일 있다가 집으로 돌아왔다. 그리고 그후 얼마 안 있어 손님과 언니 부부 사이에 지요 상의 혼사가 결정되었다.

지요 상은 어쩔 수가 없었다. 지요 상은 자신이 사랑하는 사람이 있었다. 하지만 지요 상은 자신의 남편을 제 손으로 고를 수가 없었다. 지요 상은 그저 노예처럼, 물건처럼 팔려 가는 것이었다.

지요 상은 번뇌하였다. 깡마를 정도로 괴로워했다.

지요 상은 그 사정을 나와 외삼촌에게 얘기했다. 그리고 어떻게 하면 이를 거절할 수 있을지 상담하였지만 장본인인 외삼촌은 이미 이전 같은 열정을 지요 상에게 품고 있지 않았다. 물론 지요 상과 결혼할 생각은 전혀 없었다. 결혼하기에는 지요 상이 너무 신선함이 없었던 것이다.

지요 상이 진심으로 호소해도 외삼촌의 마음은 움직이지 않았다. 외삼촌은 그저 예의상 인사를 할 뿐이었다.

"슬픈 일이야. 너만 그런 게 아니야. 나도 괴로워."

이런 식으로 외삼촌은 말했다. 그러고는 바로 이렇게 얘기하는 것이었다.

"하지만 우리는 너무 힘이 약해. 우리는 어쩔 도리가 없어. 운명이야. 인간은 운명을 받아들일 수밖에 없어······."

불쌍한 지요 상! 지요 상은 모르는 남자와 결혼이 결정되었다. 지요 상은 스스로 선택한 애인이 있었다. [그래서] 그 애인에게 도움을 청했다. 그러나 그 애인은 이미 [마음이] 지요 상을 떠났다. 지요 상은 어디로 가야 하는가.

하지만 그러면서도 두 사람은, 지요 상과 외삼촌은 여전히 관계를 이어가고 있었다.

외삼촌은 이미 자신이 버린 여자와.

아무리 운명이라 해도 다른 남자에게 몸을 맡기려고 결심하고 있는 여자와.

지요 상은 이미 자신을 찬 남자와.

스스로는 이미 새로운 상대를 가슴으로 그리며 지나간 사랑의 잔해와.

내가 너무 외삼촌 절에만 있었기 때문에 친척들은 이런 관계가 다른 승려들에게 알려지면 외삼촌은 신용이 떨어져 실패할지도 모른다고 걱정하기 시작했다.

그래서 모두들 나를 외삼촌에게서 멀리 떨어뜨려놓고 외삼촌에게는 누군가 좋은 상대를 맺어주려고 의논한 결과 엄마가 시집간 집의 둘째 딸 요시에よしエ 상을 외삼촌에게 권했다.

요시에 상은 똑똑하고 재봉도 잘하고, 게다가 집안도 좋고 나이도 적당하여 외삼촌에게는 매우 좋은 상대였다.

외삼촌은 지금까지 여러 번 엄마 집을 방문하였다. 그래서 물론 요시에 상을 알고 있었다. 아니 그저 아는 사이가 아니고 적어도 마음으로는 꽤 친한 사이이기도 했다. 요시에 상을 통해 외삼촌과 알게 된 요시에 상 학교 친구들 중 한 명이 외삼촌에게 연애편지를 보낸 적이 있었는데, 그 일로 요시에 상과 그 친구들의 사이가 나빠진 일조차 있었다고 한다.

하지만 외삼촌에게 혼담을 꺼낸 사람은 나의 외할머니만이 아니었다. 내가 외삼촌 절에 붙박여 있을 때, 외삼촌이 교토에서 알고 지냈던 나라奈良의 시골 스님으로부터 사위가 되어달라는 이야기도 있었다.

"그 딸은 미인인데. 하지만 교토면 모를까 나라는 시골이어서." 라고 외삼촌이 그때 얘기한 적이 있었다.

그뿐이 아니었다. 외삼촌한테는 여자들로부터 자주 편지가 왔다. 그러면 외삼촌은 조금도 숨기지 않고 그것을 나에게 읽어주기까지 했다.

나는 별로 질투를 느끼지 않았다. 나는 그저 뭐든지 알고 있는 친구처럼 외삼촌을 생각했다. 하지만 그러면서도 급작스럽게 눈 뜨게 된 젊음의 외로움이라고나 할까, 내 마음 어딘가에 채워지지 않는 외로움이 있었다. 그것이 뭔지도 모르면서 뭔가를 갈구하는 마음이 내 안에서 끊임없이 타고 있었다.

여름방학도 끝나가고 있었다.

8월 26일인가 27일인가에 나는 고마쓰야에 갔다. 거기에 오후에 외할머니가 이모에게 볼일이 있어 찾아왔다.

그날 밤 나와 외할머니는 고마쓰야의 이모부와 함께 활동사진을 보러 갔다.

영화는 이미 시작한 상태였다. 외할머니와 이모부는 겨우 구석에 자리를 잡았지만 나는 앉을 곳이 없었다. 그래서 나는 뒤쪽에서 선 채로 보기로 했다.

서양 영화 제1막이 끝났다. 문득 정신을 차려보니 내 바로 왼쪽에 언제 왔는지 감색 학생복에 학생모를 쓴 한 청년이 나와 나란히 서 있었다.

나는 청년을 한 번 보고 곧 제2막 화면으로 눈을 돌렸다. 잠시 후에 갑자기 그 청년이 내게 말을 걸었다.

"실례지만 이거 아가씨 것 아닌가요? 지금 내 발에 뭐가 밟혀 더듬어보니 이게 떨어져 있었어요."

청년은 셀룰로이드로 만든 머리핀을 보여주었다. 나는 내 머리를 만져보았지만 머리핀이 그대로 있었다.

"아뇨, 제 게 아니에요."

"그래요. 어쩌나."라고 청년은 혼잣말을 하더니 뒤의 창가까지 가서 난간 위에 그것을 올려놓고는 돌아와 "이전 막은 뭐였죠?"라고 친한 척하며 물었다.

나는 좀 귀찮아 "글쎄요. 저도 금방 와서."라고 대답한 뒤 화면만 열심히 보았다.

하지만 청년은 개의치 않고 계속해서 뭔가 말을 걸어왔다. 지금은 내 마음을 확실히 해부할 수 있지만 나는 그때 아마 이 청년의 목적을 알아채고 있었을 것이다. 하지만 나는 단호하게 거부할 수가 없었다. 왜냐하면 나에게도 그즈음 뭔가 알 수 없는 동경이 소용돌이치고 있었기 때문이다. 그래서 나는 결국 두 번, 세 번 이야기하는 사이에 그 청년을 원래 알던 친구처럼 생각하게 되었다.

그러는 사이에 대담하게도 그 청년은 갑자기 내 손을 꽉 잡았다. 나는 깜짝 놀랐지만 뿌리치지는 않았다. 사람들도 많은데 소리치기가 뭐하다는 평계를 대고 있었지만 실은 뿌리치기는 너무 아깝다는 생각도 들었던 것이다.

그 청년에게 손을 잡힌 채로 나는 가만히 있었다. 그러자 청년은 또 한 번 손을 꽉 쥐며 뭔가 사각의 두터운 종이를 나에게 쥐어주었다. 나는 그것도 말없이 받았다. 그리고 살짝 품속에 집어넣었다.

도대체 이게 뭘까, 빨리 나는 보고 싶었다. 그래서 집에 가는 길에 출구의 밝은 전등 아래서 몰래 품에서 꺼내보았다.

금테를 두른 작은 꽃 모양으로 만든, 여자들이 갖고 다니는 현란한 명함에 청년의 주소와 세가와瀨川라는 이름이 쓰여 있었다.

여름방학이 끝나 나는 다시 하마마쓰로 돌아왔다.
왠지 뒤가 켕기는 마음으로 돌아왔다. 밤이었다. 가족이 모두 어딘가로 외출했는지 현관이 잠겨 있었다. 하지만 나는 들어가는 방법을 알고 있었으므로 마당 담 밑으로 손을 넣어 문 자물쇠를 열고 들어가 변소의 세숫대야 옆으로 해서 집 안으로 들어갔다.

더워서 나는 먼저 문을 열어젖혔다. 그리고 땀에 젖은 기모노를 벗었다. 기차 안에서 아무것도 먹지 못했기 때문에 배가 고팠다. 부엌 찬장을 열고 먹을 것을 찾아 남은 반찬에 혼자 밥을 먹고 있으니 현관에서 게다 소리가 들렸다. 이모가 돌아온 것이다.

"어머, 후미코가 돌아왔구나. 닫아놓은 문이 열려 있어 무슨 일인가 깜짝 놀랐어."

"지금 왔어요……. 배가 고파 먹고 있는데, 이 반찬 먹어도 되는 거죠?"

"그럼 물론이지……. 근데, 고슈에는 모두들 잘 계시디?"

"네, 모두들 잘 있어요……. 이모 어디 갔었어요?"

"오늘 밤은 아키바秋葉 상의 제삿날이었어. 그래서 별로 할 일도 없고 덥기도 해서 모두 갔었어."

"그래. 아버지랑 겐 짱은?"

"두 사람은 이시바시石橋 상 집에 갔다 온대. 하지만 나는 이 차림으로 가기 뭐해서 먼저 왔어……."

이런 이야기를 하면서 이모는 외출복을 벗고 풀을 먹인 유카타로 갈아입고는 화로[서랍과 물 끓이는 그릇 등이 딸려 있는 직사각형의 상자 모양의 나무로 된 화로[長火鉢]로 거실에 두고 씀] 앞에 앉아 "후미야 차라도 마실까." 하며 화로의 불을 뒤적거렸다.

그 사이 나는 설거지를 했다. 그리고 처음으로 편하게 앉았다.

이모는 갑자기 생각난 듯이 "후미코 좋은 거 보여줄까?" 하며 서랍장 위에서 뭔가 종이에 싼 것을 가져와 "오늘 사 왔어." 하며 보여주었다.

그 속에서 조각한 금반지 두 개가 나왔다.

나는 놀랐다. 놀라서 물어보았다.

"어디서 이 금을 모았어?"

"금 아니야." 이모는 입가에 미소를 띠며 말했다. "이거 두 개에 겨우 50전이야. 이거 끼면 금방 벗겨지지만 외출할 때만 끼면 속일 수 있거든."

이모는 그것을 양손에 하나씩 끼고는 정말 금처럼 보이는 것 같다며 스스로에게 납득시키려는 듯이,

"가짜라도 괜찮네. 아버지 시계나 안경 모두 가짜지만 2년이나 썼는데도 말짱해."라고 덧붙였다.

아아, 이모도 드디어 아버지한테 동화되어버린 것이다. 왜 사람들은 이렇게도 허영쟁이일까. 돌아오자마자 나는 이 사람들에게서 불쾌감을 느꼈다.

아버지 및 가족들과 나와의 거리가 일 있을 때마다 분명히 드러나는 게 나는 슬펐다. 그리하여 나는 이런 생활이 아닌 스스로의 생활을 갖고 싶다는 욕망이 더욱 커져갔다.

활동사진을 보러 가서 만난 세가와에게 편지를 쓴 것은 그로부터 4, 5일이 지나서였다. 그런 편지는 어떻게 써야 할지 몰라 외삼촌한테 온 여자의 편지를 생각해내어 문구도 그대로 흉내 내

고 봉투에는 남자 이름을 써서 부쳤다.

곧 답장이 왔다. 분홍색 봉투에 여자 이름을 쓰고 안에는 이상한 영어를 많이 섞어 쓴 편지였다.

나는 또 학교에 다녀야 했다. 하지만 싫은 재봉은 잘 안 되고 학과는 너무 시시하게 여겨져 더욱 학교가 싫어졌다.

그래서 나는 될 대로 되라는 식이 되어 학교에서는 일부러 선생님께 대들고 집에서는 닥치는 대로 책만 읽었다. 하지만 아버지 집에 있는 책은 다 야담 책뿐이어서 읽다 지쳤지만 아버지가 용돈을 주지 않아 나는 새 책을 살 수도 없었다. 나는 견딜 수가 없었다.

나는 그래서 도쿄로 보내달라고 아버지께 부탁하였다. 그러나 아버지는 절대 허락해주지 않았다. "바보 같으니라고. 여자가 아니냐, 너는." 하며 나를 야단쳤다. 그리고 또 아버지의 일류 철학으로 설교를 시작하는 것이었다.

"도쿄 같은 데 젊은 여자를 쉽게 내놓을 수 있다고 생각하니, 바보 같으니라고. 세상은 네가 생각하는 것만큼 쉽지가 않아. 쉬운 예로 남자가 여자에게 길을 물어봐도 세상 사람들은 바로 색안경을 쓰고 보지. 여자가 한번 소문이 나 봐. 그걸로 끝이야. 흠 있는 여자가 되고 말지. 그뿐만 아니라 너는 어디나 마음대로 다닐 수 있는 사람이 아니야. 말하자면 내가 널 맡고 있으니 내 책임상 그런 건 허락할 수 없어."

아버지는 자신들[아버지와 이모]이 한 일은 이미 잊고 있었다. 또 아버지가 마음대로 정한 일은 내가 인정하건 말건 절대로 권위 있는 일로 믿고 있었다.

하지만 나는 이렇게 언제까지나 아버지의 압제 밑에 있어야 하는 걸까? 읽을 게 없어 가끔씩 있는 강연회를 들으러 가는 것조차 금지당하는 이런 폭압 아래서 나는 자신을 닫아놓고 살아야 하는 걸까?

젊은 생명은 뻗어가려 한다. 뻗지 않고는 견딜 수가 없다.

나는 드디어 학교를 그만둘 결심을 했다. 그리고 선생님에게도 아버지에게도 아무에게도 알리지 않고 무단으로 너무나 싫었던 봉재학교에서 나와버렸다.

아버지는 물론 불같이 화를 냈다. 하지만 이제는 아버지를 따를 생각이 없었다. 아니 아버지의 폭압에 굴하지 않았다. 내가 나 자신을 보호해야 한다고 결심하며 다시 고향으로 돌아갔다.

외할아버지 외할머니는 그러나 이번에는 내가 외삼촌 절에 가는 것을 허락하지 않았다. 나는 고마쓰야로 끌려가 다시 그곳의 봉재학교에 다녔다.

하나의 지옥을 빠져나와 또 다른 지옥으로 간 것이다. 나에게는 거기서 빠져나올 힘이 없었다. 아직 어엿한 어른이 아니었다. 내가 좋아하는 길을 가는 데 필요한 돈이 없었다. 나는 내가 아닌 생활에 매일 수밖에 없었다.

이런 경우에 빠지면서 내가 자포자기의 심정이 돼버린 것을 탓할 수 있을까. 물론 나는 야단을 맞아야 한다. 내가 나 자신의 생명을 모독하고 있는 것이다. 하지만, 하지만 적어도 나는 이런 생명의 모독에 대해 너그럽게 용서받아도 되는 것 같다. 누구도 나를 이해하여주지 않고 누구도 나를 동정해주지 않으니 나는 스스로 자신을 안아주고 싶다.

반항심에 나는 집안일은 하나도 하지 않았다. 아이 돌보기는 물론 내가 먹은 밥그릇조차도 제대로 씻으려 하지 않았다. 무엇 하나 진심에서 우러나는 행동을 할 용기가 없어진 것이다.

세가와는 이곳의 중학 4학년이었지만 퇴학을 했는지 당했는지 여하튼 내가 고마쓰야에 왔을 때는 이미 도쿄로 가서 부기학교에 다니고 있었다. 나는 그와 편지 왕래를 시작했다. 그와 동시에 또 가능한 범위 내에서 외삼촌한테도 갔다. 그리고 세가와한테서 온 편지도 외삼촌 절 벽장에 있는 내 짐 가운데 넣어두었다.

지요 상의 결혼은 계속 미뤄지고 있었다. 그리고 그 사이에도 지요 상은 여전히 외삼촌 절을 드나들었다. 언젠가 외삼촌 절에서 지요 상과 나는 같이 만나기도 했다.

지요 상은 그때 친구 한 명을 데려왔다. 날이 저물고 저녁이 되어 식사를 끝냈지만 지요 상은 아직 빨래를 개거나 하면서 미적미적 시간을 보내고 있었다. 나는 지요 상의 마음을 알아채고 여느 때처럼 자고 가라고 했다.

"지요 상, 너무 늦었으니 오늘 자고 가세요. 그럼 나도 같이 자고 갈 테니······."

지요 상은 물론 그러고 싶었지만 단지 친구가 있어 주저하고 있었다. 그러자 친구도 또한 지요 상의 마음을 읽고

"후미 상이 함께 있으니 엔코지에서도 괜찮다고 할 거야. 자고 와."라며 나와 함께 지요 상이 자고 가도록 권했다.

지요 상은 하지만 "너 혼자 가기 무섭잖아."라고 친구를 염려했지만, 친구는 "아니 괜찮아!"라며 다소 마땅찮은 얼굴로 돌아갔다.

나는 조선에서 돌아온 첫날 밤처럼 푹 자지는 못했다. 하지만 한편으로 지요 상을 동정도 했다.

그후 외삼촌은 지요 상에게 전별 선물로 지요 상이 늘 갖고 싶어 했던 진주 반지를 선물했다. 그리고 그것이 둘의 관계가 끝난 정표가 되었다.

11월 중순 지요 상은 드디어 시집을 갔다. [정식] 결혼식은 도쿄에서 올린다고 하였다. 그래서 엔코지에서는 몇몇 마을 사람을 초대하여 조촐한 잔치를 하기로 하고 간단한 음식을 장만하여 식을 올렸다. 사람들은 지요 상의 행복을 빌어주러 밝은 얼굴로 왔다.

잔치를 도와주던 마을 사람들은 바쁜 듯이 일하고 있었다. 그런데 주인공인 지요 상의 얼굴은 어두웠다.

"흥, 나는 지금까지 이렇게 재미없는 결혼식은 처음이야. 아무

리 절이라지만 마치 장례식 같잖아."

라고 엔코지의 스님이 지요 상 앞에서 중얼거릴 정도로 지요 상은 울상을 하고 있었다. 실로 이것은 지요 상의 장례식이 아니고 무엇인가.

그날 밤 지요 상은 조용히 일어나 마지막 긴 편지를, 영원의 결별 편지를 외삼촌에게 썼다. 다음 날 내가 엔코지에 가니 지요 상은 나를 사람들이 없는 본당 옆 어두운 방으로 데려가더니 "후미 상 이것 좀 전해줘." 하며 그 편지를 주었다.

지요 상은 울어서 부은 얼굴이었다. 그리고 지금도 계속 눈물을 흘리고 있었다. 나는 지요 상을 동정했다. 우리는 서로 꽉 끌어안으며 같이 울었다.

하지만 그날 안으로 지요 상은 울어서 퉁퉁 부은 얼굴에 분칠을 하고 옷을 차려입은 뒤 마을 어귀까지 4, 5명의 지인들의 전송을 받으며 시집을 갔다.

시집을 간 지요 상은 반달 정도 후에 외삼촌 앞으로 편지를 보냈다. 외삼촌은 거칠게 봉투를 뜯고 대충 읽은 뒤 "체…… 사람을 바보로 아나." 하며, 그렇다고 많이 화나지도 않은 표정으로, 슬프지도 않은 듯, 그저 좀 쓴웃음을 지으며 편지를 내게 던졌다.

나는 이미 그 편지의 문구 등은 기억하지 못한다. 그러나 대개 새로운 집의 생활을 기록하여 식모 외에 서생書生이 있고, 간호사가 있으며, 환자가 많아 살기가 편하고, 모두가 자신을 사모님이라고 부른다는 것 등이 쓰여 있었다.

지요 상은 반달 전까지의 번뇌는 싹 잊고 지금은 이 새로운 생활에 충분히 만족하고 있는 것 같았다.

한 해가 저물어가는 12월 28, 29일경 세가와는 부기 속성과를 끝내고 돌아왔다.

세가와의 집은 고마쓰야에서 세 정 정도 떨어진 곳에 있었다. 우리는 아침저녁으로 만났다. 하지만 아무리 내가 아무렇게나 지낸다 해도 낮에는 재봉학교에 가거나 집안일을 도와야 했으므로 세가와는 내놓고 놀러오지는 못했다. 하지만 밤이 되면 언제나 고마쓰야의 가게 밖에 와서 휘파람을 불거나 어두운 데 담뱃불을 깜박이거나 하여 내게 신호를 보냈다. 그러면 나는 뭔가 구실을 만들어 집을 나왔다. 때로는 집안사람들에게 말하고 나오기도 하고 대개는 몰래 뒷문으로 도망 나왔다.

겨울밤의 추위는 입김이 얼 정도였다. 그래도 젊은 우리는 전혀 개의치 않았다. 한 망토에 둘이 들어가 캄캄한 시골길을 걷거나 가까운 사찰 경내에서 산보를 했다. 때로는 텅 비어 있는 넓고 어두운 본당에 들어가 키스를 하거나 포옹을 하기도 했다.

이렇게 나는 약 반달 동안 거의 매일 밤 집을 빠져나와서는 2시나 3시까지 세가와와 함께 돌아다녔다.

이런 식으로 방탕한 생활을 하면서도 나는 아직 나의 진실한 바람과 목적을 잃어버리지는 않았다.

나의 진실한 바람! 진실한 목적!

그것은 더 많은 책을 읽고 더 많은 것을 배우고 나 자신의 생명을 고양시키고 싶다는 것이었다. 하지만 나는 가난하다. 나는 다른 부잣집 아이들처럼 많은 돈을 들여 오랫동안 학교에 다닐 수가 없다. 도대체 어쩌면 좋단 말인가. 여러 가지로 생각한 끝에 나는 현립 여자사범학교에 가서 선생님이 되어 경제적 독립을 이룩한 뒤 서서히 내가 좋아하는 공부를 하려고 생각했다. 왜냐하면 사범학교에 가면 관비로 배울 수 있고 집에서는 아주 조금만 보조하면 되기 때문이었다.

이렇게 생각한 나는 외삼촌에게 부탁하여 그 부족한 학비만 빌려달라고 말하려고 생각했다. 그래서 나는 열심히 수험 준비를 하고 있었다. 세가와와 밤에 노는 것이 공부에 방해는 좀 되었지만 그 대신 다른 시간을 더욱 유효하게 이용함으로써 긴장하여 공부할 수 있었다.

여러 학교의 입학기가 가까워졌다. 나는 그래서 학교의 안내서 등을 사서 입학원서를 썼다.

나는 그 원서를 들고 외삼촌을 찾아갔다. 그런데 외삼촌은 평소와는 달리 찡그린 얼굴로 나를 맞았다. 나는 하지만 그다지 신경 쓰지 않았다. 아마 지요 상이 없어서 외로운가 보다고 생각했다.

나는 먼저 외삼촌에게 부탁하였다.

"저어, 제가 원서를 썼는데 도장 좀 찍어주세요."

"원서!" 하고 외삼촌은 한층 화난 얼굴로 나에게 말했다. "그래, 사범학교 원서구나. 그런데 말이야, 그 문제는 내가 좀 더 생각해봐야 하니까 당분간 미뤘으면 한다. 그리고 내 생각으로는 말이지, 후미 짱은 아무래도 하마마쓰의 아버지에게로 돌아가는 게 좋을 성싶다."

"왜요?" 나는 느닷없는 외삼촌의 말에 깜짝 놀라 물었다.

"왜냐구? 그렇게 물을 필요도 없어."라고 말하며 외삼촌은 잠깐 웃음을 보이더니 금세 어두운 표정으로 말했다. "어쨌든 이유는 나중에 알 거고 오늘은 바로 돌아가. 나는 좀 바쁜 일이 있어서……."

아 나는 얼마나 낙담했는지 모른다. 처음에는 외삼촌이 진심으로 그런 것은 아니라고 생각했다. 하지만 이렇게 확실히 거절당하니 결코 농담이나 거짓이 아니라는 것을 알았다. 내가 바라고 있던 단 하나의 활로! 그것이 지금 무참하게 짓밟힌 것이다. 나는 눈물도 나지 않았다.

나는 하는 수 없이 고마쓰야로 돌아오기는 했지만, 왜 그럴까, 외삼촌은 무슨 생각을 하고 있을까를 생각하느라 한잠도 자지 못했다.

다음 날 외삼촌은 소마구치의 외할머니를 데리고 고마쓰야로 왔다. 그리고 하마마쓰까지 가는 차표 두 장을 사서 나와 외할머니를 기차에 태웠다.

"어떻게 된 일이에요, 외할머니." 하고 나는 기차에서 외할머니께 여쭈어보았다. 하지만 외할머니는 아무 말도 하지 않았다.
"어떻게 된 일인지는 나도 몰라. 하지만 모토에이가 2, 3일 있으면 온다고 했으니까 그때 알겠지."
외할머니가 아무것도 모를 리가 없다고 나는 생각했다.
"그럼 왜 외할머니는 저와 함께 가시는 거에요?"
"왜는 무슨. 단지 모토에이가 널 데리고 가라고 해서 가는 거야. 나도 오랜만에 기쿠노[이모] 얼굴도 보고 싶고······."
나는 더 이상 외할머니에게 아무것도 묻지 않았다. 나는 그저 중대한 위기가 내게 닥쳐오고 있다는 것만을 느끼고 있었다.
우리는 아버지 집에 도착하였다. 그전에 나는 아버지와 싸우고 나왔기 때문에 나 혼자 갔으면 아버지는 아마 뭔가 트집을 잡아 나를 집에 들이지 않았을지도 모르나 외할머니와 함께 갔기 때문에 아무 말도 하지 않았다. 그리고 외할머니를 본 이모는 여간 반가워하지 않았다.
내 마음은 가라앉아 있었다. 나는 아버지와도 외할머니와도 이모와도 말하고 싶지 않았다. 나는 혼자 있고 싶었다. 혼자 있으면서 혼자서 생각하고 싶었다. 그래서 실제로 혼자서 따로 신문을 읽거나 생각에 잠겨 있거나 했다.
외할머니는 나에 대해 아무 말도 하지 않은 것 같았다. 단 외삼촌이 나중에 온다는 것만 내 앞에서 말했다.
드디어 외삼촌이 왔다. 하지만 외삼촌 역시 나에게는 아무 말도 하지 않았다. 아니 내 앞에서는 아버지에게도 이모에게도 아무 말도 하지 않았다.
　아버지와 외삼촌은 술을 마셨다. 외할머니도 그 옆에 있었다. 나는 별실에 혼자 있었다. 외삼촌은 뭔가 작은 소리로 아버지에게 얘기하고 있었다. 나는 그것을 들으려 귀를 쫑긋 세우고 있었지만 잘 들리지 않았다. 단 때때로 아버지가 "저런 그런 일이!"라든가 "그놈을 여기서"라는 등 화가 나서 소리치면 외삼촌이 아버지를 조용히 시켰다. 하지만 때때로 들려오는 단편적인 말을 통해 나는 대체적인 내용을 구성할 수 있었다. 그리고 그것을 안 나는
　"참 사람을 바보 취급하네." 하며 맹렬한 반항심이 일어나는 것을 느꼈다. 달려가서 아버지나 외삼촌에게 마음껏 따지고 싶은 마음도 들었다.
　하지만 나는 그것을 꾹 참았다. 지나간 일은 마음대로 하라지. 지금부터가 중요하다고 나는 생각했다.
　얘기가 끝나자 외삼촌은 자지도 않고 바로 그날 돌아갔다.
　나는 외삼촌을 현관에서 배웅했다. 외삼촌은 나에게 말했다.
　"모든 것은 아버지한테 말씀드렸으니 나중에 잘 들어봐."
　나는 아버지를 보았다. 아버지는 일그러진 얼굴로 나를 노려보고 있었다. 지금이라도 한 대 칠 기세였다.

　외삼촌을 보내자 아버지는 더 이상 참을 수 없는 듯, 외삼촌을 배웅하고 아직 현관 다다미 위에 앉아 있다 막 일어서려는 나에게

"이 놈의 계집애! 이 화냥년!"하고 화를 내며 갑자기 내 어깨를 걷어찼다.

갑자기 맞은 나는 악 신음 소리를 내며 옆으로 쓰러졌다. 어깨뼈가 부서진 듯한 느낌이었다. 일어날 힘도 없이 그저 쓰러져 있었다.

아버지는 계속했다.

"그런 못된 짓은 잘도 따라하는구나. 내 얼굴에 먹칠을 하다니……. 조선에서 돌아온 것도 아마 그런 일을 저질렀기 때문이겠지, 그래, 틀림없이 그랬을 거야. 좋아 마음대로 해……."

겨우 의식을 회복한 나는 화가 나 아버지에게 대들었다.

"뭐라고요? 제가 뭘 어쨌는데요?"

그러자 아버지는

"뭐? 니가 한 짓을 몰라. 가슴에 손을 얹고 생각해봐. 모르면 알게 해주지."하며 다시 내 다리를 찼다.

"여보, 무슨 일이에요. 하지 말아요. 그만하라니까요……."하며 부엌에 있던 이모가 달려와 아버지 팔을 잡고 자신의 몸으로 나를 막았다.

"뭐하는 거야. 애를 왜 편들어. 비켜, 비켜."하며 아버지는 이모에게 화를 냈다. 하지만 이모는 바위처럼 나한테 붙어 떨어지지 않았다.

"이제 됐네. 내가 나중에 잘 타이를 테니……."하며 외할머니도 머뭇머뭇 아버지를 타일렀다.

"마음대로 해. 나는 이제 몰라. 마음대로 하라구."

아버지는 이렇게 마지막 대사를 읊고는 자기 방으로 가버렸다.

아버지가 가자 이모가 일어나 나를 일으켰다. 이모는 내 소매를 걷어보고 어깨를 문질러주었다.

"괜찮아? 상처는 없어? 정말 아버지는 난폭해서 문제야."

"아니. 괜찮아. 아무렇지도 않아." 하며 나는 맞은 쪽 팔을 흔들어 보이며 대답했다.

이모는 나를 아버지가 없는 방으로 데려갔다. 외할머니도 우리와 함께 들어왔다.

"어이 기쿠노 술 좀 가져와." 하고 아버지가 소리쳤다.

이모는 혼잣말을 해가며 아버지 방으로 갔다. 외할머니와 나는 침묵을 지키며 각각의 생각에 잠겼다. 그렇게 약 30분 정도 지났을까. 아버지는 취해서 붉어진 얼굴로 시내로 나갔다. 이모는 다시 우리 방에 와서 앉았다. 나는 처음으로 이모에게 물었다.

"외삼촌이 내 말을 어떻게 했어?"

"아니 처음부터 아버지가 나빴어." 하며 이모는 나와 외할머니 얼굴을 번갈아 보며 말했다. "외삼촌과 질녀를 부부로 만들려 하다니, 그런 도리에 없는 짓을 아버지는 그저 모토에이 절의 재산을 목적으로 마음대로 정한거야. 그게 뜻대로 되지 않는 건 당연하지 않겠니? 저렇게 아버지가 화를 내봐야 아무 소용없는 거 아니냐? 화내는 쪽이 잘못한 거야."

"잘 안됐다니 무슨 말이야?"라고 나는 대체로 짐작은 했지만 좀 더 확실히 알고 싶어 물었다.

"즉 모토에이는 너와 부부가 되기로 한 약속을 취소하러 온 거야." 하며 이모는 비웃는 듯한 어조로 "네가 불량소년과 편지 왕래를 하고 밤에 놀러 나가고 덜렁거리고 등등을 줄줄 늘어놓으면서."라며 오히려 나를 동정하듯이 사건의 진상을 간략하게 얘기해주었다.

"아 그래? 치, 자기 생각도 좀 하라 그래."라고만 말하고 나는 침묵했다.

나에게는 이미 모든 것이 명백해졌다. 나는 이미 뭘 물어볼 필요도 말할 필요도 없었다.

네댓 살부터 칠칠치 못한 성생활 교육을 받은 나였다. 부자연스런 성에 일찍 눈뜰 수밖에 없었다. 그런 내가 열예닐곱 살이 되어 자신도 알 수 없는 이상한 힘에 이끌려 뭔가를 동경한 일이 엄청난 죄라고 아버지나 외삼촌은 말하는 것일까. 하지만 조금은 자신들도 돌아보면 좋겠다는 생각이 들었다.

내가 아버지나 외삼촌이 한 것과 같은 것, 아니 정말 시늉 정도만 한 일을 가지고 외삼촌은 나를 무책임하게 노리개로 삼고 아버지는 나를 도구로 쓰고, 결국 그들은 나를 헌신짝처럼 내동댕이치고 짓밟았으며 걷어찼다.

내가 아무것도 모르는 사이에 내가 그 절 여주인으로서 적당한지 어떤지는 생각해보지도 않고, 그저 한 사람은 나를 노리개로 삼기 위해, [다른] 한 사람은 나를 자신의 생활의 안전판으로 삼기 위해 마음대로 남편으로 정하고 부인으로 정한 것에 아무런 책임도 없단 말인가.

어린아이를 그 엄마와 함께 버려놓고 갑자기 10년 뒤에 나타나 친권을 휘두르며 딸을 물건처럼 작은 절의 중 마누라로 팔 약속을 마음대로 하고 그것이 마음대로 안된다고 하여 딸을 짐승처럼 대하는 아버지는 자신이 저지른 일에 대해 아무런 책임이나 죄악罪惡이 없다고 생각하고 있는 것일까.

나는 아무 변명도 필요 없었다. 나는 아무것도 듣고 싶지 않았다.

"아니, 차라리 잘됐어. 모토에이를 위해서도 후미코를 위해서도 잘된 일이야. 우리는 처음부터 이렇게 되기를 바랐지만 어쩔 수가 없었어. 잘됐다고." 라고 외할머니도 말하며 나를 탓하지 않았다.

—불쌍한 외할머니, 당신은 그저 외삼촌이 안전판으로 모시고 온 것뿐입니다. 외삼촌은 당신이 나와 외삼촌을 붙이는 일에 반대한다는 걸 알고 있었어요. 그래서 외삼촌이 지금 아버지와의 약속을 파기하려 할 때 아버지가 만약 반대할지도 모른다는 걱정에 그 대비책으로 당신이 외삼촌 편을 들어줄 거기 때문에 모시고 온 거에요. 하지만 그럴 필요가 없어졌죠. 아버지가 워낙 다혈질이라 나를 이렇게 차고 밟고 했으니까요. 걱정하실 것 없어요. 외할머니, 전 이제 제 갈 길을 생각하고 있으니까요…….

이렇게 나는 마음속으로 말하고 있었다. 하지만 소리 내어 말하지는 않았다.

 전기轉機가, 내 생활을 완전히 바꾸어줄 전환기轉換期가 나를 기다리고 있어요.

 이런 일이 있었지만 아버지는 아직 나를 집에서 쫓아내지는 않았다. 나 또한 장래의 전망이 서지 않아 스스로 걸어 나가지도 않았다. 그래서 우리는—아버지와 나는—도저히 마음이 맞지 않았지만 잠시 동안은 같은 집에서 살아야 했다.

 그런데 얼마 안 있어 우리는 드디어 폭발했다. 아버지와 내가 영원히 헤어져야 할 때가 왔다.

 그것은 내 동생 겐의 일로, 아버지와 내가 별일 아닌 것으로 다투었기 때문이다.

 나는 내 동생에 대해 아직 아무 말도 하지 않았다. 마침 기회가 좋으므로 동생에 대해 좀 얘기하겠다.

 아버지와 엄마가 헤어질 때 나는 엄마가 키우고 동생은 아버지가 키우기로 아버지와 엄마가 정한 것 및 동생과 세 살 때 헤어진 것, 그것은 이미 내가 쓴 대로이다.

 겐은 엄마 품에서 떨어졌다. 그래도 아버지 집에서 이모가 엄마 대신 겐을 기다리고 있었다. 그리고 겐 역시 꽤 가난한 생활 속에서 자랐지만 여하튼 이모가 잘 보살펴주어 나만큼 고생하지는 않은 모양이었다.

 이모는 겐을 아주 예뻐하였다. "언니한테는 죄진 게 많아. 적어도 이 아이만이라도 잘 키우지 않으면 면목이 안 서." 이모는 늘 이렇게 말했는데 내가 보기에도 두 사람 사이는 단순한 의리 이상이었다. 무슨 일에서나 이모는 겐을 몹시 아꼈다. 자기 자식처럼 아무 거리를 두지 않고 진정한 애정을 쏟아부었다.

그래서 이모는 겐이 학교에 갈 나이가 되었을 때 겐도 예의 무적자여서 학교에 갈 수 없다는 것을 알고는 아버지의 반대를 무릅쓰고 겐을 자신의 사생아로 등록하여 무사히 입학시킬 정도였다.

하지만 겐의 교육 방침에 대한 아버지의 잘못된 생각으로 인해 겐은 결코 행복하지 않았다. 겐은 나와 달리 키가 크고 잘 모르는 사람한테는 말도 못할 정도로 내성적이고 매우 따뜻하고 친절한 아이였다. 학교에서는 쓰기나 그림은 잘했는데 수학 등은 못했다. 수학만이 아니라 전체적으로 그리 우수한 편은 아니었다. 그래서 이모는 자신들의 가난한 생활에 지치고 앞으로 겐을 공부시킬 학비를 계속 댈 수 있을지 걱정도 되어 겐을 상인으로 만들려고 생각했다. 하지만 아버지는 겐의 성격도 생각지 않고 자신들의 생활 형편도 생각지 않고 그저 겐을 대학에 보내 법률을 공부하게 함으로써 출세시키려는 생각을 하고 있었다—아버지로서는 법률을 아는 인간이 세상에서 가장 위대한 인간으로 다른 사람은 모두 평범하고 차원이 낮은 인간처럼 보였던 것이다.

그런 계획하에 아버지의 교육 방침이 정해졌다. 그런데 아버지는 공부에 잘 맞지 않는 겐을 무리하게 공부시키고자 때로는 겐을 자신 앞에 앉혀놓고 독본을 읽히거나 산술을 계산하게 하면서 겐이 조금이라도 못 읽거나 문제를 풀지 못하면 불같이 화를 내고 바보 같은 놈이라고 머리를 딱딱 때리곤 했다. 그리고 그런 일로 아이는 점점 자신감을 잃고 위축되어 잘할 수 있는 것까지도 못하게 되었다.

게다가 그 '사에키가계도' 앞에 앉혀놓고 그 가계도에 예배드리게 하고 태정太政대신 후지와라藤原 아무개 경의 123대를 욕되게 하지 말라며 씨족제도 시대의 진부한 사상을 주입시키거나 말할 수 없는 중압감을 주곤 했다.

아버지는 겐에게 [다음과 같이] 가르치는 것이었다.

"이렇게 훌륭한 가문에 태어난 덕분에 나는 이렇게 가난해도 지금까지 남에게 업신여김을 당한 기억이 없다. 간단히 말하자면 이 하마마쓰에도 나보다 돈 많은 사람이 많지만 그 사람들도 모두 나를 사에키 상, 사에키 상이라고 부르며 무슨 일을 하건 나를 상석에 앉히려고 해. 이건 모두 가문 덕분이지. 계통을 소홀히 해서는 안 돼."

이렇게 무슨 일이나 솔직하게 받아들이기 쉬운 소년은 어느 사이에 아버지의 사상에 감화되어 아버지의 생각에 익숙해져 있었다.

나는 늘 그것에 불만을 느끼고 있었다. 그리고 아버지가 겐을 대하는 태도에 대해서도 항상 비판적인 눈으로 보고 사실 또 반대하는 의견을 말하기도 했다. 이것 또한 아버지와 나 사이를 멀어지게 한 하나의 이유이기도 했다.

젠을 대학에 보내 법률가로 만들고 잘되면 사법대신이나 총리대신이라도 시키려는 생각에서 아버지는 젠을 먼저 중학에 보내려고 했다. 그리고 마침 내가 여자사범학교에 들어가려 할 때 젠에게 현립중학교의 입학시험을 보게 하였는데 젠은 어쨌든 시험에 합격하였다.

아버지는 너무나 기뻐했다.

"잘했다. 잘했어······." 아버지는 하늘에라도 오를 것 같은 기분으로 젠을 칭찬했다.

"잘했다 우리 아들. 잘해라! 서양에는 스물두세 살에 법학 박사가 된 사람도 있으니까."

그리고 아버지는 이모에게 팥을 넣은 찰밥을 짓게 하고 젠의 출세를 빌었다. 물론 자신은 평소보다 많은 술을 마시며 기뻐했다. 그리고 또 그 가게도 앞에 앉혀놓고 설교를 했다. 젠도 아버지와 함께 가게도 앞에 절을 하며 경건한 예배를 드렸다.

그다음 날 기모노를 전당포에 잡히고 약간의 돈을 마련하여 젠의 입학에 필요한 것을 사러 아버지는 젠을 데리고 시내로 나갔다.

일주일 뒤에 맞춘 신발이 배달되었다. 그러자 아버지는 신발을 들고 자세히 살펴보며 젠에게 말하는 것이었다.

"젠 너도 알다시피 8엔과 12엔짜리 두 가지가 있었지만 너에게는 12엔짜리를 사준 거야."

젠은 뛸 듯이 좋아하며 신발을 신고 학교에 갔다. 그러나 오후에 돌아오자마자 "아버지 거짓말하셨죠." 하며 불만이 가득하여 아버지에게 대들었다.

"왜?"

"왜라뇨. 학교에 갔더니 제 구두가 좋은 게 아니라 싼 거던데요."

아버지는 좀 허둥대며 괴로운 얼굴을 해보였다.

"아냐, 절대로 아버지는 거짓말하지 않아. 그건 확실히 12엔짜리야."

하지만 겐은 믿지 않았다.

"치, 우메다梅田나 스즈키鈴木의 것도 모두 8엔짜리인데 내 것과 똑같았어요. 12엔짜리를 신고 있는 애가 있었는데 그건 바느질도 다르고 가죽도 훨씬 좋았다고요."

아버지는 멋쩍어서 에헴 하며 일부러 태연한 척했다.

"아니…… 아버지는 아무리 가난해도 너만은 고생 안 시켜. 진짜 12엔 줬다니까."

겐은 여전히 아버지의 말을 믿지 않았지만 할 수 없이 자기 방으로 들어갔다. 그리고 어깨에서 가방을 내려놓으며 옆에서 바느질을 하고 있던 이모와 나에게 작은 소리로 말했다.

"엄마, 누나, 아버지는 저렇게 말하지만 이건 분명 8엔짜리야."

사실은 겐이 말한 대로였다.

아버지는 평소부터 사물을 보는 표준을 돈에 두고 있었다. 물건을 살 때도 먼저 가격을 묻고 그 뒤에 물건의 품질을 따졌다.

뭔가 자신의 물건을 사 올 때도 아내나 아이에게조차 진짜 금액을 말하지 않고 2할, 3할 줄이거나 2배, 3배 과장하여 말했다.

나는 평소부터 그런 아버지의 야비한 심성에 반감을 갖고 있었다. 그래서 이 경우도 괜히 심사가 뒤틀려 참을 수가 없었다.

나는 큰 소리로 아버지가 들으라는 듯이 떠들었다.

"아버지처럼 하찮은 일에 허세를 부리는 사람도 없을 거에요. 8엔짜리 구두를 사고선 12엔짜리라고 집 식구들한테까지 거짓말을 하는군요……. 그런 쓸모없는 거짓말을 하는 대신에 좋은 구두를 신는다고 훌륭해지는 건 아니라고 말하면 될 걸, 왜 그렇게 하지 않는 거죠……."

그러자 아버지는 갑자기 일어나 또 나를 발로 찼다.

"입 닥쳐. 부모한테 하는 말버릇 좀 봐라. 너 같은 불효자는 집에 둘 수 없어, 나가, 나가라구. 니가 오자마자 집이 엉망이잖아. 니가 오기 전에는 우리 집이 정말 평화로웠어. 너 하나가 온통 집안을 휘저어놓는 건 용서 못해. 나가, 나가, 지금 당장 나가……."

겐은 깜짝 놀라 어쩔 줄 몰라 했다.

"그러지 마세요, 여보, 그렇게 심한 말씀을 하시면 어떡해요."
하며 이모가 옆에서 말렸다.

하지만 아버지는 용서하지 않았다. 이모가 말리면 말릴수록 더 미친 듯이 나를 욕했다.

"니가 조선에서 쫓겨난 건 당연해. 조선에 있는 가족들이 잘못한 게 아냐. 죄다 니가 나빠. 건방지고 고집 세고 배배 꼬여서…… 그래 가지고는 누가 널 봐주겠니. 내쫓기는 것도 당연해. 봐, 실제로 부모조차 질려서 정이 다 떨어지는데. 여하튼 너 같은 불효녀랑은 못 산다. 우선 겐 교육에도 안 좋아. 나가. 지금 나가."

아버지는 이미 내 머리채를 잡고 있었다. 머리채를 잡고 방안을 이리저리 끌고 다녔다. 이모는 아버지 팔에 붙어 "그만둬요, 여보, 그만둬요."라며 울면서 말렸다. 그리하여 그 장면은 겨우 끝이 났다.

그렇지만 아버지가 '니가 오면서 집이 엉망이다.'고 한 것은 사실이다. 지금까지 썼듯이 나와 아버지는 사사건건 마음이 맞지 않았다. 의견도 맞지 않았다. 특히 외삼촌 건으로 우리는 거의 적이 되다시피 했다. 서로 맞지 않는 마음은 한쪽이 다른 한쪽을 쓰러뜨리지 않으면 안 되는 상태가 되어 있었다. 나는 그것을 알고 있었다. 그래서 아버지 곁을 떠나기로 마음먹었다. 단지 그 시기를 기다리고 있을 뿐이었다. 그리고 바야흐로 그때가 온 것이다.

아버지여, 안녕

"네가 지금 집을 나가면 내가 널 얼마나 구박했으면 그러겠냐고 친척들이 생각할 테니 좀 참아다오." 하며 이모가 극구 말렸다.

하지만 나는 더 이상 참을 수 없었다. 나는 도쿄로 갈 결심을 했다. 도쿄에 가서 고학하기로 정했다. 하지만 그렇게 하려면 나름의 준비가 필요했다.

도쿄에 가서 당분간은 아무것도 할 수 없을 것이다. 그 사이 옷 같은 것은 사지도 못할 것이다. 그런 생각이 든 나는 열심히 빨래를 하거나 새로 바느질을 하거나 하며 시기를 기다렸다.

신문이 오면 무엇보다 먼저 직업 안내란을 보고 영어나 수학 학교의 학생 모집 광고를 잘라 고리짝 속에 끼워 넣기도 했다.

그렇지만 그래도 도쿄에 가서 무엇을 할 수 있을까. 어디의 누구를 의지하고 갈까. 그런 것에 대해 나는 전혀 알지 못했다.

격정이 지난 후의 아버지는 물론 그때만큼은 나를 미워하지 않았다. 하지만 자신이 먼저 무엇을 해주려고 하는 친절은 전혀 베풀지 않았다. [그런 마음이] 있었다 해도 아버지는 어떻게 하지도 못했을 것이다.

아무리 생각해도 계획이 서지 않았다. 나는 이젠 과감히 부딪쳐보는 수밖에 없다는 생각이 들었다. 뭐라도 좋다, 일단 가보자. 가서 무엇인가를 하자. 이렇게 결심하였다. 그리고 드디어 내일 떠나겠다고 생각한 전날 밤 나는 아버지에게 단호하게 말했다. 의논한 것이 아니라 선언한 것이다.

"내일 도쿄로 갑니다." 하고.

아버지도 이모도 나를 말리지 않았다. 나는 그다음 날 아침 혼자 아버지 집을 나왔다.

내 품속에는 차비 10엔이 전부였다.

가구도 이불도 없었다. 우산 하나도 아버지는 준비해주지 않았다. 앞으로 나에게 닥쳐올 비바람과 추위도 모두 내 몸으로 막아내야 한다. 하지만 나는 두렵지 않았다. 나의 몸은 떨릴 정도로 긴장했다.

나에게 딱 맞는 생활을 찾아, 어딘가 그런 생활이 있으리라 믿으며 나는 위선의 집을 버렸다.

열일곱 살[1920년]의 봄이었다.

안녕 아버지, 이모, 동생, 외할머니, 외할아버지, 외삼촌, 지금까지 관계를 맺은 모든 사람이여 안녕, 안녕, 지금이야말로 우리가 결별할 때입니다.

도쿄로!

도쿄로! 도쿄로!

뜻을 세우고 자신의 생활을 개척하려는 자에게는, 특히 공부로 뜻을 세우려는 자에게는 도쿄만큼 매력적인 유혹은 없다. 집에 돈이 많아 거액의 학자금을 보조받을 수 있는 청년 자녀는 말할 것도 없다. 나처럼 차비조차 여의치 않은 극빈의 바닥에 있는 자까지도 도쿄로, 도쿄로, 도쿄로 끌려들어간다.

도쿄의 생활이 그렇게도 바람직하고 이상적인 것일까. 나는 그것을 모른다. 하지만 아직 아무것도 모르는 청춘들은 도쿄야말로 바라는 모든 것을 가져다줄 지상낙원이라고 생각하는 것 같다.

도쿄로! 도쿄로!

아 동경했던 도쿄여, 너는 나에게 내가 바라는 나 자신의 진정한 생활을 줄 것인가. 나는 믿는다. 반드시 네가 그것을 가져다줄 것이라고. 아무리 고생을 많이 해도, 어떤 시련이 나를 기다리고 있어도 너는 꼭 그것을 나에게 가져다줄 것이 틀림없다.

태어날 때부터 나는 불행했다. 요코하마에서, 야마나시에서, 조선에서, 하마마쓰에서 나는 언제나 학대를 받았다. 나는 자기 자신이라는 것을 가져본 적이 없다. 하지만 나는 지금 과거의 모든 것에 감사한다. 나의 아버지에게도, 어머니에게도, 외할아버지 외할머니에게도, 외삼촌 이모에게도, 아니 나를 부유한 가정에 태어나지 않게 하고 가는 곳마다 생활의 모든 범위에서 괴롭힐 만큼 괴롭혀준 나의 전 운명에 감사한다. 왜냐하면 만약 내가 나의 아버지나 외할아버지 외할머니나 외삼촌 이모 집에서 아무 어려움 없이 컸다면 아마 나는 내가 그렇게도 미워하고 경멸하는 그런 사람들의 사상이나 성격이나 생활을 그대로 받아들여 결국 나 자신을 찾지 못했을 것이기 때문이다. 그러나 운명이 나에게 은혜를 베풀지 않은 덕에 나는 나 자신을 찾을 수 있었다. 그리고 이제 나는 벌써 열일곱 살이다.

　나는 이제 자립할 수 있는 나이에 도달한 것이다. 그렇다, 나는 내 생활을 스스로 개척하고 스스로 창조하지 않으면 안 된다. 그리고 도쿄야말로 나의 생활을 개척할 수 있는 미개척의 대광야인 것이다.

　도쿄로! 도쿄로!

작은외할아버지의 집

나는 드디어 도쿄에 도착했다[1920년 4월경이었다]. 도착하자마자 미리 생각해둔 미노와三の輪의 작은외할아버지 집을 찾아갔다.

나는 그러나 미리 편지를 보내 연락해놓은 것도 아니었다. 태어나 이제까지 작은외할아버지에게는 편지 한 장 쓴 적이 없었다. 그래도 가면 나를 받아주리라 하는 믿음 같은 것이 있었다. 내가 독립해서 고학할 수 있을 때까지 얼마간이고, 그동안은 작은외할아버지가 나를 받아주지 않을 리 없을 것이다. 그리고 실제로 무작정 찾아온 나를 작은외할아버지 집에서는 기분 좋게 받아주었다.

그렇지만 물론 나는 작은외할아버지 집 식구들로부터 나의 목적에 대해 어떤 찬성도 도움도 받은 적이 없었다. 매일 밤 술 한 홉을 반주하시는 작은외할아버지는 나를 가까이 앉혀놓고 끈질기게 설교를 했다.

"얘, 후미야, 잘 생각해봐. 넌 지금 바보 같은 공부를 하고 싶어 하지만 그렇게 고생해서 공부하여 학교 선생이 돼도 월급을 50엔에서 60엔밖에 못 받아. 그걸로 어떻게 먹고산단 말이냐. 너 하나

일 때는 그래도 좋다 치자. 언제까지 혼자는 아닐 거고 언젠가는 시집을 가겠지. 시집가면 아이가 생길 거다. 아이라도 생겨 봐라, 배불러 학교에 다니기 창피하잖니. 결국 공부를 해서는 먹고살기가 힘들어진다는 얘기다. 그러니까 나는 생각하는 거다. 우리 집에 있으면서 미싱이라도 배워 건실한 상인에게 시집가는 게 훨씬 나을지도 모른다고 말이야. 뭐니 뭐니 해도 돈이 세상의 중심이다. 어설프게 공부해서는 출세 못한다."

작은외할아버지가 이렇게 얘기하는 마음을 나도 잘 알고 있었다. 작은외할아버지로서는 당연한 생각이고 이렇게 얘기해주어서 고맙기도 했다. 이렇게 얘기했다고 해서 내가 바로 "그럼 그렇게 해주세요."라고 부탁이라도 한다면 당분간 나는 이 집의 식모로 있을 수 있을지도 모르고, 어쨌든 작은외할아버지는 지금 내가 그렇게 하겠다고 하면 나를 돌봐주려는 마음 정도는 갖고 있는 것이 확실한 것 같았다.

그러나 나는 이미 누구의 집에서도 더부살이를 하고 싶지는 않았다. 지금까지도 더부살이를 하느라 너무나 고생을 해왔다. 나의 바람은 독립하여 내 일은 내가 하며 사는 것이다. 이 바람은 내 마음으로부터 솟구쳐 나오는 막을 수 없는 바람이다. 고마운 충고였지만 나는 작은외할아버지의 충고를 따를 마음이 없었다. 그래서 나는 이렇게 대답했다.

"감사해요. 그래도 저 같은 여자는 아무래도 상인 마누라는 힘들 것 같아요……."

그렇지만 작은외할아버지는 내 말을 듣지 않았다.

"젊을 때는 누구나 그렇게 생각하지. 그렇지만 젊다 해서 언제까지나 꿈같은 얘기만 할 수는 없지. 잘 생각해봐."

이렇게 작은외할아버지는 밤낮으로 같은 말을 반복하며 설교를 하는 것이었다. 나는 결국 참을 수가 없었다.

"제발 제 생각대로 하게 해주세요. 전 굳은 결심을 하고 왔다고요……"

"그래." 작은외할아버지는 좀 언짢은 말투로 말하며 "정 그렇다면 네 마음대로 해라. 하지만 나는 너를 돌봐줄 수 없다."

"예, 물론이에요. 작은외할아버지의 도움을 받으러 온 게 아니에요. 제 스스로 고학의 길을 찾을게요."

"흠! 머, 잘해보렴."

이렇게 하여 나는 겨우 내 스스로의 운명을 개척하기 위해, 고학의 길을 찾아, 거리로 나올 수 있게 되었다.

그러나 작은외할아버지가 이렇게까지 집요하게 나를 말리는 데는 그 나름의 상당한 이유가 있었다. 그것은 그의, 그 자신의 생활상의 경험에서 나온 충고였고, 그의 성공이—그 작은 성공이—자연히 그를 그렇게 생각토록 만든 것이었다.

작은외할아버지는 나의 외할아버지의 셋째 동생으로 젊었을 때 먼 친척인 옆 동네의 작은 양조장집에 양자를 들었다. 그러나 시골에서는 살기가 어려워 가족을 데리고 도쿄로 갔다. 처음에는 다소 지적인 일을 해보려는 생각도 했으나 잘되지 않았고 어찌된 일인지는 모르나 여하튼 헌 옷 가게를 시작하게 되었다.

　작은외할아버지는 상재商才가 뛰어난 편은 아니었다. 그러나 여러 실패를 거치면서 대단한 구두쇠가 되었다. 또한 돌다리도 두드려보고 건널 정도로 신중한 성격으로 바뀌었다. 그리고 그 덕분에 몇 년 지나지 않아 어쨌든 먹고사는 데는 지장이 없을 정도로 차근차근 돈을 모았고, 그러고 나서 한 걸음 한 걸음씩 지금의 위치까지 올라온 것이었다.

　여기에는 약간의 '운'도 거들기는 했다.

　작은외할아버지가 돈푼깨나 만지게 되면서 작은외할머니의 행실이 이상해졌다. 그리하여 한편으로는 남자의 자존심도 있고, 다른 한편으로는 집안 살림도 엉망이 되어 이미 아이가 셋이 있었지만 작은외할아버지는 단호하게 작은외할머니와 이혼을 하였다. 그러고는 후처를 들였다. 그런데 이 후처가 매우 살림꾼으로 집안일도 잘하고 하여 작은외할아버지 집의 생활은 날로 좋아졌다.

　내가 왔을 때 장남은 집을 나가 양복점을 하면서 생모와 같이 살고 있었다. 밑의 두 사람은 후처가 키웠는데, 후처가 친자식처럼 예뻐하여 두 사람은 계모를 좋아하였고, 가끔씩 자신들의 생모가 오면 아주머니라 부르고 오히려 계모를 엄마, 엄마 하며 더 좋아하였다.

　두 사람 중 위가 여자아이이고 아래가 남자아이였다. 그런데

이 남자아이가 아직 어려 누나인 하나에花枝가 데릴사위를 얻어 대를 잇게 했다. 그리고 그 사위 또한 작은외할아버지 뺨치게 알뜰하여 집안은 점점 번창해만 갔다.

그런데 이 작은외할아버지 집의 사위 들인 얘기가 재미있다. 이것은 나중에 내가 신부인 하나에 상으로부터 들은 이야기라 참말이다.

하나에 상이 나한테 말하기를……

—그때는 마침 내가 네 나이로 그러니까 열일곱이었어. 소학교를 나와 근처의 양장점에 다니며 재봉 일을 배우고 있었는데, 어느 날—가을의 점심 무렵이었다고 한다—내가 여느 때처럼 점심 먹으러 집에 오니 새엄마가 말했어. 오늘은 집에 일이 있으니 오후 수업은 쉬어…… 라고. 그래서 그대로 했더니 어느새 미용사가 와서 내 머리를 해주겠다고 하는 거야. 무슨 일인가 이상하다고 생각했지만, 시키는 대로 거울 앞에 앉았더니 미용사가 붉은 댕기를 풀고 신부 머리를 해주는 거야.

"왜 이런 머리를 해주는 거지요?" 하고 내가 물으니, 미용사는 그저 "어머니가 그렇게 하라고 하셔서……."라고만 할 뿐 아무 말도 해주지 않았어. 그래도 나는 별로 의심도 안 하고 가부키라도 보여주는 모양이라고만 생각했어…….

정말 나는 얼마나 어린애였던 거니. 곧 나는 집이 왠지 평소와 다르게 깨끗하게 치워져 있고 모두들 무척 바쁘게 부산을 떨고 있는 걸 알게 됐지. 그때는 이미 근처 요릿집에서 생선회와 음식이 10인분 정도 배달되어 와 있었고 계속해서 친척들이 네댓 명씩 들어오는 것이었어. 도대체 무슨 일인가 하여 나는 엄마에게 "도대체 무슨 일이에요. 엄마?"하고 물으니 엄마는

"오늘 밤은 네 결혼식이란다. 얼른 기모노를 입으렴." 하며 어느새 준비한 기모노를 입혀주었어.

그때 내가 놀란 건 여우에게 홀렸다는 표현이 딱 맞을 것 같아.

하지만 하는 수 없었어. 여하튼 어른들이 시키는 대로 기모노를 입고 2층 거실로 이끌려가지 않았겠니. 그랬더니 세상에 낮에 아버지와 얘기하고 있던 남자가 역시 예복을 입고 앉아 있지 않겠니. 그리고 친척들도 나와 그 남자를 나란히 앉히고 예의 산산구도三々九度[일본의 전통 결혼식에서 신랑 신부가 세 개의 잔으로 서로 세 번씩, 모두 아홉 번 술을 주고받는 의식]를 시키고 "축하해요." 하며 축복해주었어.

어때 참 이상하지 않아? 이게 우리 결혼식이었어. 게다가 신랑은 새엄마의 조카였단다. 나는 이래서 지금도 사랑이 뭔지 몰라. 후미야 참 싱겁지…….

그러나 이것은 비단 신부인 하나에 상한테만 일어난 일은 아니었다. 그 신랑인 겐源 상도 마찬가지였다. 겐 상은 꽤 실력 있는 양복 기술자로 오랫동안 나가사키長崎에서 일하고 있었는데, 갑자기 부모의 연락을 받고 돌아와 보니 3일도 지나지 않은 사이에 이 일이 벌어진 것이었다.

즉 이 집에서도 본인의 의지와는 상관없이 오직 부모의 생각만

으로 결혼을 시킨 것이다.

그러나 겐 상은 하나에 상의 남편이 된 뒤에도 작은외할아버지가 마음에 들어 할 만큼 성실하고 검약하기만 했다. 부모가 하는 고물상을 하면서 한편으로 양복점을 시작하여 내가 갔을 때는 벌써 재단사가 서너 명이나 있을 정도였다. 서른 살이 되기 전에 자신의 재산을 1만 엔에서 2만 엔 정도로 만드는 것이 이 겐 상의 이상이었다.

이런 분위기의 집이었다. 그러므로 공부를 하고 싶다는 나의 목적에 '찬성'해줄 턱이 없었던 것이다.

신문팔이

작은외할아버지 집에서 눈칫밥을 먹으면서 나는 자활의 길을 찾았다. 도쿄에 와서 한 달이 지났을 때였다[1920년 5월경이었다].

뭔가 고학의 길이 없을까 하며 정처 없이 시내를 방황하고 있는데, 문득 나는 전신주에 "고학 분투의 형제는 오라…… 형설사 螢雪舍"라는 전단지가 붙어 있는 것을 보았다. 시골에서 올라온 나였다. 그것을 보자 나는 마치 하느님이라도 만난 느낌이었다. 고학 분투의 형제는 오라! 라며 나는 계속 입속으로 읊조렸다. 특히 형설사라는 이름이 마음에 들었다. 그래서 나는 그 길로 형설사를 찾아갔다.

형설사는 우에노히로코지上野広小路 가까이 우에노 초의 골목 안에 있었다. 가서 보니 그곳은 신문 보급소로 '시라하타신문점白旗新聞店'이라는 간판이 붙어 있었다[시라하타의 본명은 후리하타 가즈요시降旗一誠].

가게 입구에는 유리문이 닫혀 있고 세 평 남짓한 토방에는 탁자가 두 개 놓여 있고, 젊은 청년이 앉아 장부 같은 것을 보고 있었다.

"실례합니다!" 하며 나는 좀 허둥대며 유리문을 열고 안의 청년을 불렀다.

청년은 장부에서 눈을 떼고 무뚝뚝하게 내 얼굴을 보았다.

"저, 절 써주셨으면 하는데요. 주인장 계신가요?"

"예."라고 말하며 청년은 좀 머리를 갸웃거리며 안으로 들어갔다. 그러고는 좀 있다 아주 뚱뚱하고 혈색이 붉은 남자가 나타났다. 이 집의 주인이었다.

나는 그 주인에게 고학을 하고 싶으니 써달라고 부탁했다. 주인은 묵묵히 내 얼굴을 빤히 쳐다보더니 무뚝뚝하게

"무척 힘든 일이라서요. 여자는 해내기 힘들어요."라고 말했다.

아무리 힘들어도 괜찮다고 나는 마음속으로 외쳤다. 또한 이렇게 조건이 맞는 곳은 없을 것이고, 꼭 써달라고 하리라 결심했다.

"아무리 힘들어도 참을게요. 절 써주세요."

그러나 주인은 쉽게 응낙하지 않았다.

"여자도 두세 번 써봤는데 아무래도 오래가지 않았어요. 게다가 여자가 오면 남자 문제가 생기기도 하고……."

"아니요." 나는 열의를 다해 호소했다. "전 꽤 고생을 하며 생활해왔습니다. 그런 일을 생각하면 무슨 일이든 할 수 있습니다. 게다가 보시다시피 전 남자 같은 여자라서 남자 문제 같은 건 일어날 수가 없습니다."

주인은 잠시 생각하더니 이윽고 뭔가 결심한 듯

"자, 그렇다면 시작해보기로 하고 언제든지 오세요."라며 맑은

얼굴로 말하였다.

　나는 이 주인이 약간 의협적인 기질이 있다는 것을 알았다.

　"감사합니다. 잘 부탁드립니다."

　그러자 주인은 이것저것 정해주었다.

　"지금 여기에 10명 정도 남자만 있는데 모두 이 앞집에 함께 살고 있지. 자네는 여자니까 거기서 잘 수 없으니 이곳에 있도록 하지. 그리고 식대 및 방세, 이불 값 등을 합쳐 15엔씩 자네의 수입에서 뺄 거구. 장소도 가장 잘 팔리는 미쓰하시三橋의 가판을 자네에게 주겠네. 그러면 학교에 갈 돈 정도는 금방 나올 거야."

　나는 하늘이라도 뛰어오를 듯한 기분으로 미노와의 작은외할아버지 집으로 돌아왔다. 그리고 내 짐을 챙겨 바로 시라하타신문점으로 왔다.

　다음 날 저녁부터 나는 신문을 팔러 나갔다.

　주인아주머니가 아이를 업고 나를 미쓰하시의 가판까지 데려다주었다. 그리고 신문 바구니 메는 법, 신문 접는 법, 손님 잡는 법 등을 가르쳐주었다. 그리고 마지막으로 아주 중요한—주인아주머니에게 중요한—장사 흥정법 등에 대한 특별한 주의도 잊지 않았다.

　"있지, 손님이 그냥 신문 줘 하면, 무슨 신문요 하고 묻지 말고, 이렇게 신문이 아홉 가지가 있어도, 그럴 때는 조용히 도쿄석간을 드리면 돼. 대개의 손님들은 그걸 받아 들지만 혹시 싫다는 손님이 있으면 그때 비로소 손님의 주문을 받아 신문을 드리면 되는 거야. 있지…… 도쿄석간은 내부적으로 특약이 되어 있어서 많이 팔아야 하거든…….”

도쿄석간은 다른 신문보다 이익이 많아 가능한 한 많이 팔아야 했던 것이다. 하지만 이것은 꽤 곤란한 일이었다. 도쿄석간은 너무나 안 팔리는 신문이어서 밝을 동안에, 석간으로서의 효력이 떨어지기 전에 빨리 허둥지둥 팔아치우지 않으면 끝이었기 때문이다.

시라하타신문점에 들어가자마자 나는 곧 입학금과 기타 필요한 돈을 주인으로부터 미리 빌려 학교에 다니기 시작했다. 주인은 나에게 여학교에 다니라고 자주 얘기했다. 그렇지만 나 자신은 여학교에는 아주 질려버렸고 무엇보다 여학교에 다닐 바에는 이렇게 고생할 필요도 없다고 생각했다. 나는 영어, 수학, 한문 세 과목을 전문으로 배워 여학교 졸업 검정 시험을 본 뒤 여자의전에 진학하리라 마음먹고 있었다. 그래서 하마마쓰에 있을 때 오려두었던 신문 조각을 꺼내 영어는 간다神田의 세이소쿠正則에서, 수학은 겐슈학관研数学館에서 그리고 한문은 고지마치麹町의 니쇼학사二松学舎에서 하는 식으로 학교를 골랐다.

그중 니쇼학사만은 아무래도 시간이 맞지 않아 월사금만 내고 하루도 나가지 못했지만 겐슈학관은 대수의 초등과로 들어갔고 세이소쿠는 오전부 1학년이 되었다.

세이소쿠에도 겐슈학관에도 여학생은 거의 없었다. 그래도 이렇게 남학생이 많은 학교를 고른 것은 나 자신의 사정도 있어서였다. 그것은 나의 생활이 생활이니만큼 여자 친구들 사이에 들어가 옷치장에 열을 올리는 번거로움에서 벗어나기 위해서였고, 또 하나는 하마마쓰의 여학교에서 배운 경험상 여자들만 있는 학교는 수준도 낮고 학생도 선생도 공부에 관심이 적어 그런 데 있으면 진보가 더디리라는 생각에서였다. 그리고 또 하나 그것과 연관되는 일로 남학교에 들어가 남자와 책상을 나란히 하고 공부하는 것은 한편으로는 보통 여자보다 한층 뛰어난 재능이 있는 느낌도 들고 다른 한편으로는 남자랑 겨뤄서 지지 않겠다는 남자에 대한 일종의 복수심 같은 것도 더해져, 나 자신도 잘 의식하지 못했던 허영심까지 가세하여 그랬던 것이다.

시라하타신문점, 즉 형설사에는 나 같은 고학생이 많았다. 후지타藤田라는 청년과 이름을 잊은 또 한 명의 청년은 도쿄중학에 다니고, 키가 좀 크고 왠지 생기가 없는 요시다吉田는 국민영학회國民英學會의 야간학교를 다니고, 땅딸막한 체격에 말을 더듬는 오쿠야마奧山는 전기電機학교 오후반에 다니고 있었다. 그 외에도 이름은 생각나지 않지만 긴조錦城중학에 한 명, 보급普及영어에 두 명, 세이소쿠의 예비교 수험과에 한 명 하는 식으로 각자 학교를 골라 다녔다. 그리고 주간에 학교를 다니는 사람은 석간을, 야간에 학교를 다니는 사람은 조간을 돌리는 식이었기 때문에 같은 집에 살아도 사흘이나 닷새 동안 말을 나누지 못하는 일이 있을 정도였다.

이렇게 고학생 외에 보통 판매원도 서너 명 있었다.

한 명은 '외팔이 기사부로喜三郞'라는 서른두세 살의 남자로 방적 공장 직공으로 일하다 기계에 팔이 끼어 오른쪽 팔꿈치 아래가 없었다. 또 한 명은 목에 지저분하게 종기가 나 있고 애꾸눈에 절름발이이고 왼팔에 장애가 있는 매우 부실한 남자였다. 그리고 또 붉은 머리를 길러 정수리 위에 둥글게 말아 얹은 쉰 넘어 보이는 아저씨도 기억에 남아 있다. 그 아저씨는 '장발'로 불리고 있었는데 일을 마치고 돌아올 때 반드시 싼 술을 먹고 와서는 늘 말도 안 되는 주정을 심하게 하곤 했다. 그래도 그 사람은 익살스럽고 친절하고 젊은 판매원들을 친삼촌처럼 잘 보살펴주고 있었다. 그래서 모두들 그 아저씨를 좋아했다.

고학생들은 대개 신문을 팔고 수수료를 받지만 이 세 명은 자신들이 신문을 사들여 팔고 남은 신문은 헌 신문 가격인 장당 2전 정도로 신문점에 넘겼다. 말할 것도 없이 그런 좋은 조건에서는 그 대신에 훨씬 나쁜 장소를 배정받게 되므로 자칫하면 하나도 남지 않을 때도 있었다.

이런 사람들 중에 한 명 독특한 존재가 있었다. 무슨 와세다 철학과를 나왔다고 하는 사람으로 말수가 적고 심각한 얼굴을 하고, 항상 작은 독일어 책을 읽고 있었다. 히라타平田라는 사람인데, 말하자면 모두의 반장 같은 존재였다. 신문이 들어오면 지면을 한 번 훑어본 뒤 화제가 될 만한 사건을 찾아내 판매원들 바구

니 앞의 삐라[전단]에 '아사쿠사淺草에서 7명 사망'이나 '후카가와深川에 대형 화재' 등을 굵은 붓으로 쓰고 그 위에 붉은 잉크로 더덕더덕 겹동그라미를 치는 것도 이 히라타의 일이었다. 그리고 그 일이 끝나면 자신도 판매원복을 입고 이케노하타池の端에서 유시마湯島까지 배달을 하며 돌았다. 뭔가 정체를 알 수 없는 남자라고 나는 생각했다.

우에노의 미쓰하시에서는 종을 울리는 일이 금지되어 있었다. 그래서 나는 석간, 석간 하며 큰 소리로 손님을 불러야 했다. 처음에는 여간해서 잘 되지 않았다. 소리가 목에 걸려 아무리 해도 나오지 않았다. 그러다가 큰 고통 없이 소리칠 수 있게 되기까지 10일은 족히 걸렸다.

나는 아침에 세이소쿠에 가서 정오까지 배운 뒤 또 3시까지 겐슈학관에서 배우고 돌아오면 바로 찬밥을 먹고 4시에는 바구니를 둘러메고 미쓰하시 부근 길거리에 서 있어야 했다.

그때는 여름이어서 저녁 햇살이 머리 위에 작렬하여 온몸이 땀과 먼지로 더러워지고, 게다가 끊임없이 소리쳐야 했기 때문에 목이 말라 견딜 수가 없었다.

나는 하지만 고통을 꾹 참았다.

희망이 그 고통을 극복하고도 남았다.

어느 날 가까운 소바집 여종업원이 신문을 사러 와 잔돈이 있으면 바꿔 달라고 했다. 잔돈이 물론 많이 있었으므로 나는 흔쾌히 바꿔주었다.

여종업원은 동정 어린 말투로 나에게 말했다.

"많이 덥죠. 보통 더운 날씨가 아니네요."

"네 그러네요."라고 나는 감사한 마음으로 여종업원에게 대답했다. "더울 뿐 아니라 목이 말라 소리가 안 나와요."

여종업원은 가게로 돌아가 좀 있다 주전자와 찻잔을 가져다주었다. 안에는 소바를 삶은 걸쭉한 메밀 육수가 가득 담겨 있었다.

"정말 고맙습니다. 고마워요." 하며 몇 번이나 절을 하고 나는 그것을 마셨다. 너무 기분이 좋았다. 그것으로 원기를 회복하고 나는 다시 소리쳤다. 그리고 목이 마르면 또 다리 난간에 둔 주전자를 들고 마셨다.

덕분에 나는 살았다. 그 대신 3, 4엔의 잔돈이 생기면 금방 바꾸러 오는 여종업원의 뜻도 들어주어야 했다.

그런 일이 약 반달 정도 이어진 즈음이었다. 밤에 가게로 돌아오자 주인아주머니가 평소처럼 판매액을 조사하다 기분이 안 좋은 표정을 지으며 말했다.

"가네코 상, 네 돈은 왜 항상 큰돈밖에 없니? 1엔짜리 내고 한두 장 사는 사람에게 팔아서는 안 된다고 했잖니."

나는 사정을 이야기했다. 그러나 주인아주머니는 그 사정을 들어주지 않았다. 그러고는 말했다.

"참 곤란하다, 그런 일은······. 잔돈은 여기도 필요하니 앞으로는 함부로 공짜로 바꿔주지 마 알겠지!"

이 일에 대해 주인아주머니가 까다롭게 구는 데는 이유가 있었다. 주인아주머니는 판매원이 모아온 잔돈을 환전상에 가져가 좀 이익을 보고 있었다. 나는 그것을 몰랐던 것이다.

우리의 노동시간—신문을 파는 시간—은 오후 4시부터 밤 12시까지 거의 8시간이었다. 그런데 그 사이에 계속 서 있기 때문에 다리가 너무 아팠다. 7시경까지는 사람들도 많이 다니고 그 시간은 석간을 보고 싶을 때라 신문이 잘 팔렸다. 그래서 그 시간은 바빠서 아픈 줄도 모르다가, 밤 9시, 10시가 넘어가면 신문도 안 팔리고 점점 지루해지고 긴장도 풀리면서 갑자기 피곤이 몰려오는 것이었다. 똑바로 서 있으면 발이 아파오고 몸은 휘적휘적 물먹은 솜이불처럼 처져서 나는 자주 전신주에 기대어 쉬곤 했다. 그러고는 그대로 서서 깜빡 졸거나 때로는 푹 잠들었다 깜짝 놀라 깨기도 했다.

갑자기 비가 쏟아지는 날은 더 괴로웠다. 손님들은 탈것을 타고 가버리고, 인적은 뚝 끊기고, 길을 가는 사람도 신문 따위를 살 여유가 없다. 그래서 그런 날은 신문은 안 팔리고 게다 끈이 떨어져 곤란해하는 사람들이 눈에 많이 띄었다. 마음 약한 나는 그들이 불쌍하여 손수건을 찢어 끈 대신 매어주곤 하였다.

그런데 인간이란 참 재미있는 존재여서 내가 그렇게 하는 것은 별 뜻 없이 친절을 베푼 것뿐인데—그렇게 하지 않으면 안 되는 성격이어서일 뿐인데—상대는 너무나 감격하여 싫다는데도 돈을 바구니에 넣고 가는 것이었다. 아마 그것은 단순한 감사의 뜻이라기보다는 젊은 여자 고학생에 대한 동정의 발로였을 것이다. 그런 특수한 경우가 아니라도 2전, 3전의 잔돈은 받지 않는 사람이 많았던 것을 보아도 그것을 알 수 있다고 생각한다.

이런 특수한 수입이 판매원의 특권이라고 기사부로 상이 몰래 알려주었다. 그것은 당연하다고 나도 생각했다. 그래서 나도 용돈이 궁할 때는 그것을 내 동전 지갑에 넣기도 했지만 그렇지 않을 때는 그대로 묵묵히 주인한테 주었다. 주인아저씨 또한 신문수와 판매액을 조사하여 여분의 돈이 있으면 그만큼 돌려주었다. 그렇지만 주인아주머니는 그렇지 않았다. 주인아주머니는 3장을 5전에 파는 일이 많았기 때문에 4, 5전이라도 적은 날은 불평을 했지만 많을 때는 아무 말 없이 자신의 금고에 넣는 것이었다.

내가 신문을 파는 곳 가까이에서는 다양한 집회가 열렸다. 그 중에서도 매주 한 번은 반드시 구세군救世軍의 거리 설교가 있었고, 정해져 있지는 않지만 줄무늬 제복에 각진 모자를 쓴 서너 명의 그룹이 '불교제세군佛敎濟世軍'이라고 쓴 붉은 등을 높은 장대에 달고 '왕법王法이 근본 되는 깃발'이라는 노래를 부르며 구세군의 찬송가나 탬버린 반주의 리듬에 대항하며 설교를 시작하였다. 또 때로는 사회주의자 그룹도 왔다. 이 사람들은 등도 아무것도 없었지만 오면 바로 품에서 전단지를 꺼내 그것을 길가의 '닭

요릿집' 옆 게시판에 붙이고 긴 머리를 흔들며 팔을 치켜들고 목청을 높여 번갈아가며 연설을 했다. 때로는 이 세 단체가 서로 얽혀 다투거나 뒤에서 앞 단체가 한 말을 방해하는 식으로 떠들기도 했다. 그런 날 밤에는 모두들 그것을 보느라 신문이 팔리지 않았다.

어느 날 밤 나는 신문이 팔리지 않아 속상해하며 될 대로 되라는 기분으로 바구니를 앞으로 메고 멍하게 서서 연설을 듣고 있었다. 그러자 그곳에 한 청년이 다가와

"당신은 시라하타에서 왔지요?" 하고 나에게 말을 걸었다.

나는 좀 당황했지만 분명히

"네 그런데요."라고 대답했다.

"그래요. 전 하라구치原口 [본명은 하라사와 다케노스케原澤武之助] 라고 합니다. 예전에 시라하타에 있었어요. 주인아저씨한테 안부 전해주세요."

그렇게 말하고 남자는 한 장의 리플릿을 주었다. 거기에는 '러시아혁명'에 관한 무언가가 쓰여 있었다.

그러고 나서 4, 5일 뒤의 밤의 일이다. 그 사람들이 또 와서 연설을 했다. 연설이 끝나자 「사회주의 세상이 된다면」이라는 팸플릿을 대여섯 권씩 갖고 와 서서 듣고 있던 사람들에게 사라고 권했다.

사회주의가 뭔지 잘 몰랐지만 그래도 뭔가 사야 할 것 같은 생각에 "저도 한 권 주세요."라고 작은 소리로 말했다.

"네 40전입니다." 하며 책을 갖고 온 남자가 한 권을 나에게 건네주었다.

그러자 갑자기 하라구치라고 했던 남자가 그 말을 듣고
"어이, 이분이야말로 우리 쪽이 돼야 할 사람이야. 원가로 드려."라고 그 남자에게 말했다.

"음, 그래 그러자."라고 앞의 남자도 찬성하며 20전만 내라고 나에게 말했다.

정말로 얼마 안 있어 나는 '동료'가 되었다. '동료'가 되어 생각해보니 처음에 나에게 책을 건네려고 했던 사람이 분명히 나중에 요네무라米村에게 죽음을 당한 다카오高尾 상[전투적 아나키스트 다카오 헤이베에高尾平兵衛]이고 그 그룹은 나중에 스가모의 노동사勞働社[스가모에 본거지를 둔 아나키스트 단체]에 모인 사람들이었다.

비 오는 날 석간을 파는 것은 정말 비참했다. 우산을 쓰고 빗속에 서 있으면 기모노 자락은 진흙투성이가 되고, 중요한 신문은 비에 젖어 축축해져 찢어지거나 척척 달라붙곤 했다. 날씨가 좋으면 신문을 다리 난간 아래에 쌓아두고 바구니에는 조금만 넣어도 되지만, 비오는 날은 그럴 수 없어 처음부터 신문을 전부 자루에 넣어 메고 있어야 한다. 게다가 신문이 잘 팔리지 않아 줄지를 않으니 무게가 엄청났다. 그리고 나는 그 무게에 짓눌려 뼈가 부서질 듯이 아팠다. 그러나 그뿐만이 아니었다. 한 손에 무겁고 낡은 우산을 들고 있어서 신문을 건네거나 잔돈을 주는 것도 전부 다른 한 손으로 해야 하다 보니 신문을 땅에 떨어뜨려 흙투성이를 만들거나, 갈팡질팡하다 전차를 타려는 손님에게 "꾸물거리지 말고 빨리 하라."고 면박을 당하기 일쑤였다.

어느 날 밤 나는 신문이 한창 팔릴 초장 무렵에 거의 한 시간이나 세찬 소나기를 만났기 때문에 손님이 뚝 끊겨 신문이 조금도 팔리지 않았다. 그래서 10시가 다 돼가는데 신문이 반 이상 남아 있었다. 그때는 비도 그쳤지만 소나기에 놀란 사람들은 모두 귀가해버렸고 비가 그친 시간은 외출하기에는 늦은 시간이라 사람의 통행이 평소의 3분의 1 정도로 줄었다.

그럴지라도 나는 어떻게 해서라도 신문을 팔아야 했다. 나는 갈라진 목소리를 높여 "석간, 석간" 하고 외쳤다. 그러나 그 시간에는 이미 석간이 필요 없다는 얼굴로 모두들 지나쳐 갔다.

젖은 전신주에 기대어 나는 앞에 있는 커다란 시계의 시곗바늘을 쳐다보며 이젠 팔리지 않으니 돌아가야겠다고 생각했다. 그렇지만 그날 밤은 이상하게 시간의 흐름이 더디게 느껴졌다.

갑자기 생각난 듯 "석간" 하고 졸린 소리로 오가는 사람을 불렀다. 하지만 역시 누구도 사주지 않았다. 한참 뒤에 한두 명이 다가와 한두 장 사 가는데 석간이 필요해서라기보다 내 처량한 모습을 동정하여 사 가는 듯했다.

시간이 흐르면서 인적이 뚝 끊겼다. 의욕이 없으니 더 기력이 없어져 피곤이 몰려왔다.

이젠 팔릴 리가 없어, 아무리 서 있어도 소용없어. 돌아가자고 나는 결심했다. 그래서 좀 이르긴 했지만 자리를 접었다.

이윽고 집 근처까지 왔다. 큰길을 돌아 골목으로 들어가 집 옆의 발판을 밟으려는데 그 발소리를 듣고 2층에서 주인아저씨가 불렀다.

"누구야. 지금 온 게?"

"저에요. 가네코에요."라고 말하며 얼굴을 들어 2층을 보았다.

2층에는 누군가 손님이 와 있는 듯 주인과 손님이 비어[맥주]병을 사이에 두고 마주 앉아 있었다.

"가네코인가. 너무 이르잖아. 11시도 안됐는데." 하며 주인은 목소리는 부드러웠지만 관용을 보이지 않았다. 그러고는 계속 말을 이었다.

"아직 한 명도 돌아오지 않았어. 그런데 그렇게 좋은 장소를 차지하고는 맨 처음 돌아오다니 말도 안 돼."

"네, 그런데 조금도 팔리지 않아서요. 저녁 소나기로 손님이 뚝 끊겼거든요."

나는 호소하는 투로 말했다. 그러나 주인은 여전히 내 입장을 동정해주지 않았다.

"그거야 안 좋은 날도 있지. 그렇지만 그렇게 목 좋은 곳에서 이렇게 일찍 돌아오면 곤란해. 팔리지 않아도 규정 시간은 참고 지켜야 해. 앞으로는 장소가 나빠질 테니 그런 줄 알아."

할 수 없이 나는 되돌아 나왔다. 하지만 사람의 통행이 더 줄어 손으로 셀 정도였다. 물론 나는 "석간" 하고 외칠 기력도 없었다. 가끔 좀 소리를 내면 그 소리가 흐느껴 울듯이 우에노 숲에 메아리치고, 나 자신의 비참함이 그 메아리에 비쳐 보이는 느낌이었다.

다리 난간에 기대어 나는 그저 눈물을 흘리며 시간이 가기만을 기다렸다. 커다란 시계 위에는 맑은 하늘에 별이 두세 개 빛나고 있었다.

큰길 쪽에서 온 빈 인력거 한 대가 내 앞에 멈춰 섰다. 젊은 차부가 지팡이를 내리며 말했다.

"죄송하지만 신문 두세 장 주시겠습니까?"

"예, 뭘로 드릴까요?"

"아무거나 상관없습니다. 남아 있는 건 뭐든지……."

필요도 없는데 동정하여 사주는 것이라고 나는 생각했다. 신문도 건네지 않고 나는 상대방의 얼굴을 쳐다보았다.

상대는 학생모를 쓰고 있었지만 휘장을 흰 종이로 둘러 가리고 있었다. 그 역시 나와 같은 고학생인 것이다.

나도 고학을 하고 있다는 일종의 배니티[허영심]도 더해져 갑자기 기운이 났다.

"당신도 학교에 다니는군요. 그렇죠. 어느 학교에요?"

그러나 상대방은 그저 웃기만 할 뿐 아무 말도 하지 않았다. 내가 두세 번 물어보자 겨우 그렇다고 그 남자는 대답했다.

"당신과 같은 학교의 같은 클래스입니다."

"네? 같은 학교? 같은 클래스?"라며 나는 놀라 다시 물었다.

"그래요. 당신은 모르겠지만 전 옛날부터 당신을 알고 있었어요. 당신이 학교에서 자주 졸아 분명히 고학생일 거라고 생각했죠. 그리고 자주 이곳에서 당신이 석간을 팔고 있는 걸 봤답니다."

우리는 그렇게 하여 잠시 선 채 이야기를 나누었다.

그 남자의 이야기에 의하면 그 남자는 이토伊藤[고학생 사이토 오토마쓰齊藤音松]라는 사람으로 근처의 구세군에 속한 군인―즉 크리스천이었다. 아자부麻布의 수의獸醫학교 학생이었는데 월사금을 내지 못하고 자주 병으로 결석도 하여 학교를 쉬었기 때문에 다음 학기에 들어갈 준비를 하면서 겐슈학관의 대수과에 다니고 있었던 것이었다. 학교에서는 여자라고는 나밖에 없어 눈에 띄는 데다 그는 이 부근의 거리 설교에 자주 오기 때문에 내가 석간을 파는 것을 알고 늘 주의해서 보고 있었던 것이다.

석간을 팔기 시작한 지 7일째 되는 밤에 위험하게도 고학생 유괴를 전문으로 하는 남자에게 속아 주인한테 주의를 받은 뒤에는 남자라면 경계를 해왔지만 이 남자는 처음 봐도 그런 종류의 사람은 아닌 듯했다. 이런 남자와 알고 지내면 얼마나 좋을까 하는 생각까지 했다.

이토는 나에게 충고했다.

"이런 일은 너무 힘든 일입니다. 게다가 지금은 괜찮지만 점점 몸도 마음도 피폐해집니다. 뭔가 다른 일을 찾아보는 게 좋아요.

괜찮다면 저와 의논해주세요. 저도 힘은 없지만 제가 할 수 있는 일이라면 뭐든지 도와드리고 싶어서……."

슬플 정도로 외로울 때였다. 나는 울고 싶도록 기뻤다. 너무나 감사하고 기쁜 마음으로 헤어졌다.

시라하타신문점은 고학생에게 면학의 편리를 제공한다는 것을 표면상의 간판으로 내세우고 있었다. 그리고 실제로 이곳에는 시라하타신문점을 위해 일함으로써 학교에 다니는 일단의 고학생이 있었다. 고학생들은 물론 나처럼 혼자서는 어쩌지 못하는 친구들일 것이다. 그러므로 어찌됐든 학교에 다닐 기회를 준 시라하타 씨에 대해서는 감사해야 할지 모른다. 나는 그다지 그것이 부당하다고는 생각지 않는다. 그러나 시라하타 씨가 만약 "내가 너희들을 살려주니까 너희들도 나를 위해 내가 시키는 대로 일해야 한다."고 한다면 그것은 아마 정당하지 않을 것이다. 왜냐하면 고학생들이 시라하타 씨로부터 면학의 기회를 얻고 있는 것도 사실이나 동시에 또 시라하타 씨가 고학생 때문에 먹고살고 있는 것도 사실이기 때문이다. 그리고 내가 본 바로는 시라하타 씨는 오히려 주는 것보다 받는 것이 훨씬 더 많았다.

이렇게 말하는 것은, 처음에는 나는 아무것도 몰랐지만 10일, 20일 있으면서 자연히 시라하타 씨의 인격이 우리 아버지와 별반 다르지 않고, 시라하타 씨의 가정이나 우리 가정이나 오십보백보라는 것을 앎과 동시에 시라하타 씨가 그러는 것은 그의 천성이 그럴 수도 있지만 적어도 시라하타 씨는 고학생들로부터 너무 많은 돈을 벌어들여서 그렇다는 것을 알게 되었기 때문이었다.

　시라하타 씨에게는 부인이 둘 있었다. 한 명은 지금의 부인이고 또 한 명은 지금의 부인이 오면서 쫓아낸 전처였다. 보통은 전처라면 이미 헤어진 사람이라고 생각하지만 시라하타 씨는 실제로 그렇게 헤어지지 않고 지금도 그 부인을 부양하고 있으므로 부인이 둘이라고 할 수 있었다.

　사람들 얘기로는 지금 부인은 시라하타 씨가 아사쿠사 부근 술집에 놀러 가서 만난 여자로 전처를 내쫓을 정도로 기가 센 여자였다. 아니 그보다는 오히려 아마 신경질적인 여자로 히스테리가 일어나면 손을 쓸 수도 없을 정도로 굉장한 여자였다.

　그런데 시라하타 씨는 지금 또 한 명 후나바시船橋 쪽에 여자가 있어 3일을 넘기지 않고 몸에 향수를 뿌리고는 외출하는 것이었다. 그럴 때마다 주인아주머니는 화가 나 판매원들의 판매액 중 20엔, 30엔을 들고 나가 몰래 기모노나 오비를 사서 오곤 했다. 실제로 내가 있을 때에도 한 번 그런 일이 있어 시라하타 씨는 화를 내고 부인은 시라하타 씨의 여자 문제를 공격하며 대판 싸운 일이 있었다. 그리고 그 싸움 끝에 부인은 정신이 나가 2층 난간에 기모노의 오비를 묶어 타고 내려와 큰길가로 나가서 인력거를 타고 밤새 정처 없이 돌아다니다가 혼쇼本所의 친구 집에 가서 이틀 낮 이틀 밤을 먹지도 자지도 않고 무릎을 세우고 앉은 채 계속 뭐라고 웅얼거리며 돈을 세는 시늉을 하고 있었다고 한다. 그 덕분에 나는 그럴 때에는 세 명의 아이를 돌보는 일까지 해야만 했다.

그러나 한편으로 지금 부인이 이러고 있는 반면에, 전 부인은 시타야사카모토 초下谷坂本町의 셋방에 살고 있었다. 집세는 남편한테 받고 있었지만 두 명의 아이를 데리고 사는 데 드는 생활비는 시라하타신문점에서 받는 100장 정도의 신문을 팔아 근근이 대고 있었다. 게다가 전 부인이 신문을 파는 장소는 그다지 좋지 않아 신문을 다 팔아도 2엔밖에 되지 않지만, 지금 부인이 갖은 핑계를 대면서 일부러 신문을 늦게 가져다준다든지 하고 있었다. 그 정도는 양반이었다. 지금 부인은 전 부인을 마치 거지처럼 취급하며 학대하였다.

나는 이 집에 와서 정말 우리 집을 그대로 보는 듯하여 마음이 아팠다. 게다가 이는 돈이 있어서 그런 것이므로―그 돈도 고학생의 피땀을 빨아 모은 돈인 것이다―그래서 더 추태인 것이다.

그런데 시라하타신문점에 있는 나 자신의 생활은 어땠을까?
나는 지금까지 석간을 팔 때의 이야기만 했다. 그런데 이곳의 생활은 그것만이 아니었다.
나는 먼저 오후 4시에 석간을 팔러 나가 밤 12시에 돌아왔다. 하지만 나는 바로 잠을 잘 수가 없었다. 모두 밤 12시경에 돌아오는데 그들의 판매액을 내 방에서 세기 때문이었다. 시라하타 씨 자신이 이것을 직접 할 때는 업무 보는 방 일부를 치우고 나만을 자게 해주지만 주인아주머니가 할 때는 결코 그러지 않았다. 온 방이 신문으로 어지럽고 소란스러워 잠을 잘 수가 없었다. 할 수 없이 나는 잠을 쫓기 위해 부엌에 가서 다음 날 먹을 쌀을 씻거나 씻지 않고 그대로 둔 아침 먹은 그릇 등을 씻거나 했다. 그랬더니 주인아주머니는 옳다구나 하며 언제나 그 일을 내게 시키는 것이었다. 그러다 보면 일을 끝내고 자는 시간이 한 시나 두 시가 보통이었다. 그럼에도 나는 다음 날 아침 7시에는 반드시 일어나야 했다.

7시에 일어나 방을 치우고 아침을 준비하고 먹으면 바로 8시가 된다. 그런데 우리 학교는 정각 8시에 시작했다. 그러므로 8시에 집을 나와도 [학교까지] 전차를 타고 30분이나 걸리기 때문에 첫 시간은 늘 빼먹기 일쑤였다. 그런데도 게다가 나는 유치원에 가는 두 명의 아이들까지 데려다주는 일이 많았으므로 그런 날은 학교에 가보면 첫 시간은 물론 둘째 시간도 끝난 뒤였다.

점심까지는 세이소쿠에, 점심부터 3시까지는 겐슈학관에 있다가 집으로 돌아오면 바로 나는 노동을 시작해야 했다. 땀과 먼지로 범벅이 되어 밤 12시에 돌아와도 목욕하러 갈 수가 없었다. 일요일만이라도 천천히 쉬고 싶었지만 우선 목욕, 밀린 빨래 등으로 하루가 다 갔다. 늘 이런 식으로 쉴 날이 전혀 없었다고 해도 과언이 아니다.

게다가 또 너무 무거운 짐과 연일 계속된 수면 부족으로 인해 학교에 가서 책상에 앉으면 바로 잠이 들어 아무리 정신을 차리려 해도 잠을 이길 수가 없었다. 그러다 보니 선생님이 무슨 말씀을 하는지도 모르겠거니와 펜을 쥐고 있는지도 모를 정도였다.

나는 처음에 시라하타 씨한테 아무리 힘들어도 참겠다고 했다. 지금도 역시 그 뜻에는 변함이 없다. 하지만 아무리 의욕이 넘쳐도 몸이 따라주지 않았다.

나는 드디어 결심을 해야 했다.

"아무리 고집을 피워도 안 돼. 불가능해. 공부하고 싶어 이 고생도 하는 건데, 하지만 이건 고생이 지나쳐 공부가 안 되는 상황이다. 이렇다면 의미가 없다."라고.

이런 생각이 들면서 안절부절 고민이 계속되었다.

결국 시라하타신문점을 나오기로 나는 결심했다. 그런데 따져보면 나는 월사금 및 의복비로 12, 3엔 정도를 빚지고 있었다. 그러니까 나온다면 그 돈을 갚아야 했다. 하지만 그것은 도저히 불가능한 일이었다.

인력거 차부인 이토가 "그런 곳에서 더부살이를 하고 있어서는 공부도 안 되고 추락만 합니다. 하루빨리 그곳에서 나와 독립하는 게 좋습니다."라고 말하며 나를 위해 빚을 갚고 좋은 일자리를 찾는 것을 걱정해주고는 있었다. 하지만 자기 한 몸조차 제대로 건사하기 힘든 그인데 그것을 언제 실현할 수 있겠는가. 꿈같은 이야기일 뿐이다. 그래서 나는 사회주의 이야기를 들으며 친해진 하라구치에게 사정을 말해 돈을 조달해보고자 했지만 하라구치는 성의 없이 "난 좀 힘들겠는 걸." 하며 거절했다.

할 수 없이 나는 때를 기다리기로 했다. 그런데 내가 나가려 한다는 것을 누군가에게 들었는지—아마 내가 이 집 생활이 힘들어 뭔가 좀 더 다른 일을 해보고 싶다는 얘기를 동료한테 얘기했는데, 그것이 퍼졌을 것이다. 어느 날 시라하타 씨가 찡그린 얼굴로 나에게 따지듯이 물었다.

"가네코. 자네 나가고 싶어 여러 가지로 애쓰고 있는 모양인데 사실인가."

나로서는 빚을 갚을 때까지 참고 말을 안 하려고 했는데 이렇게 따지고 드니 바르게 말할 수밖에 없었다.

"네. 사실 너무 몸이 힘들고 공부도 되지 않아 빌린 돈을 갚고는 좀 쉬려고 생각했습니다……."

"그래. 그러니까 내가 처음부터 말했잖아."라며 시라하타 씨는 한층 무뚝뚝하게 "좋아 나가고 싶으면 나가. 그리고 이쪽 사정도 있으니 내일이라도 나가 줘."라고 무섭게 얘기했다.

이런 말을 들은 이상 이곳에 있을 수 없다고 생각하여 "예."라고 나는 대답했다. 그러나 나는 어쩐단 말인가. 나는 무일푼이다. 다른 일도 없다. 나는 어쩔 줄을 몰랐다.

이제 내일이면 나가야 했다. 그런데 시라하타 씨는 나의 자리를 목이 안 좋은 곳인 혼고本鄕 산초메三丁目 부근으로 바꿔버렸다. 그래서 나는 그 하룻밤 사이에 빚이 50전이나 늘었다.

주인이 나를 먼저 쫓아낸 것이다. 그래서 물론 그 빚을 면제해 주리라고 나는 생각했다. 그런데 그후 내가 시라하타 씨 집을 나오자마자 바로 시라하타 씨가 두 명이 끄는 인력거를 타고 미노와의 작은외할아버지 집으로 찾아와, 내 험담을 하면서 상세한 계산서를 보여주고 빚 반제를 독촉했다는 얘기를 내가 뒤에 작은외할아버지 집에 갔을 때 들었다. 어쨌든 그때 시라하타 씨는 커다란 카스테라 상자를 선물로 들고 왔기 때문에 작은외할아버지는 체면상 요구하는 대로 그 자리에서 돈을 주었다고 하여, 나는 작은외할머니한테 지겹도록 야단을 맞고 작은외할아버지한테도 사죄했다.

노점상

시라하타신문점을 나온 것은 이미 저녁 무렵이었다.

나오기는 했지만 준비도 안 된 상태에서 쫓겨났기 때문에 갈 데도 없고 게다가 비까지 내려 어쩔 줄을 몰랐다. 마쓰자카야[백화점] 입구의 돌계단에 우두커니 서서 나는 고민했다.

아무리 생각해도 길이 보이지 않았다. 겨우 생각한 것이 이토를 통해 한두 번 만난 일이 있는 구로몬 초黒門町의 구세군 소대장小隊長 아키모토秋元* 상을 찾아가 오늘 밤만이라도 재워달라고 부탁하는 것이었다.

우산이 없는 나는 기모노의 소매를 걷어붙이고 굽이 낮은 게다를 신은 채 철벅철벅 흙탕물을 튀기며 집들의 처마 밑을 지나 소대를 찾아갔다.

수요일이나 목요일이었던 것 같다. 평소에는 문이 닫혀 있는 곳인데 무슨 집회가 있는지 전등이 환하게 켜져 있었다. 사람들이

* 원서는 아키하라秋原라 되어 있으나 뒤 장에 나오는 아키모토秋元의 오식으로 보여 아키모토로 쓴다. 아키모토의 본명은 모토키 유키치元木勇吉이다. 이 장에 두 번 더 나오는 아키하라도 아키모토로 고쳤다.

모여 있는 듯했다.

좀 창피하여 나는 잠시 그 앞에 서서 주뼛거리고 있었다. 하지만 언제까지 그러고 있을 수 없어 결심하고 문을 열고 안으로 들어갔다.

30명 가까운 사람들이 벤치에 앉아 있었다. 앞에서 두세 번째 벤치에 앉아 있던 이토가 나를 얼른 알아보고 다가왔다.

"결국 쫓겨났어요."라고 나는 이토를 보자마자 말했다.

이토는 나를 토방 구석으로 데리고 가서 말했다.

"얘기는 천천히 하고요. 오늘 밤은 간다의 본영에서 K소령이 특별 강연을 하러 와서 임시 집회가 열린 거예요. 마침 잘 왔어요. 우선 앉으세요."

나는 이토의 안내를 받아 부인석에 앉았다. 이토는 작은 성경과 찬송가집을 가지고 와서 그날 밤 강론할 부분을 찾아주었다. 그리고 자신은 원래 자리로 돌아갔다.

나는 성경 같은 것은 눈에 들어오지도 않았다. 불안한 마음이 가득했다. 쥐구멍에라도 들어가고 싶은 불안한 감정이 시시각각으로 다가왔다.

곧 집회가 열려 기도와 찬송이 이어졌다. 나는 그런 데는 완전히 문외한이었다. 나는 그저 사람들이 하는 대로 머리를 숙이거나 일어나거나 했다. K소령의 설교도 머리에 전혀 들어오지 않았다. 그러나 좀 있으니 익숙해졌는지 마음이 풀려 소령의 설교도 조금씩 들렸다. 하지만 그때쯤에는 소령의 설교가 벌써 끝나가고 있었다.

 설교가 끝나자 또 찬송이 시작되었다. 그 리듬에는 큰 파도가 일어나는 듯한 울림과 힘이 있었다. 뭔가 나 자신도 그 파도에 태워 어딘가 넓은 곳으로 이끌어줄 것 같은 느낌이 나에게 엄습했다.

 스스로 감격에 벅차 말문이 막힐 정도였던 소령의 기도가 또 이어졌다. 불쌍한 영혼을 대신하여 구원을 요청하는 소령의 기도는 꼭 들어야만 할 것 같은 감정을 불러일으키기에 충분했다. 기도가 끝나자 신자들의 "간증"이 시작되었다. 죽을 정도의 고통을 안고 있던 이가 믿음으로 구원을 얻었다는 내용을 점원으로 뵈는 한 청년이 간증하였다. "나는 예수님께 구원받아 정말 행복합니다."라고 내 옆에 있던 할머니가 말했다. 모두 일제히 "아멘"이나 "할렐루야"를 외쳤다. "주님! 하느님!" 하며 감격에 벅차 외치는 이도 있었다. 이토가 나와 벤치 다리 옆에 무릎을 꿇고 기도했다. 그것은 주로 나를 위해, 나의 구원을 위해 기도하는 듯했다.

 나는 왠지 가만히 있어서는 안 될 것 같은 감정이 들었다. 뭔가 의지할 대상이 있어 그 대상이 나에게 손짓하고 있는 듯한 생각이 들었다. 그래서 나는 뭔지 모르는 힘에 이끌려 나아갔다. 정신을 차려보니 나는 벌써 소대장의 발치에 가 있었다. 나는 소대장의 발아래에 있는 탁자에 엎드려 그저 하염없이 울었다.

 소대장은 또 "아멘" 하며 내 팔을 잡았다. 그리고 나를 일으켜

세워 여러 가지를 물었다.

나는 울먹이며 묻는 대로 솔직히 대답했다. 소대장은 그것을 하나하나 노트에 적었다. 그러고는 "여러분 구원받은 한 분의 자매님을 위해 기도합시다."라고 말하며 자신이 먼저 무릎을 꿇고 몸을 흔들며 열심히 기도했다. 그에 이어 이토를 비롯하여 다른 사람들도 감사의 기도를 드렸다.

무엇엔가 홀린 사람처럼 나는 감격에 겨워하고 있었다. 모든 고통을 잊고 모두와 함께 나도 신을 찬미하고 있었다. 그렇게 나는 어느 사이엔가 크리스천이 되어버렸다.

이토는 나에게 유시마의 신하나 초新花町에 방을 빌려주었다. 그리고 나서 그가 아는 가루비누집에서 3, 4엔분의 물건을 가져다주었다. 나는 바로 가루비누를 가지고 나가 밤 노점상이 되었다.

장소는 간다의 나베 초鍋町였다. 4시나 5시, 저녁 찬거리인 두부를 파는 딸랑딸랑 종소리가 거리에 울려 퍼질 무렵 이토가 사다준 작은 양철 세면기에 소형 램프와 신문지 대여섯 장, 가루비누 30봉지 등을 담아 면 보자기로 싸서 나는 나의 새로운 장삿길을 나서는 것이었다.

나베 초에서 정丁 자 형태로 전찻길과 만나는 모퉁이가 나의 새로운 장사터였다.

내 옆에는 고단구락부講談俱樂部나 어린이 잡지나 채색 인쇄를 한 우키요에浮世絵[풍속화] 등을 파는 헌책 가게가 있고, 그 옆에는 옥수수를 파는 할머니가 상자에 앉아 화로 위에 옥수수를 얹고 부채질을 해가며 옥수수를 굽고 있었다. 내 건너편에는 헌 옷 가게가 있고, 그 옆에는 소매가 구멍 난 옷을 입고 수염을 기른 꽤 나이 든 한 남자가 물개 구이나 소철 열매라는 정체불명의 것들을 진열대 위에 올려놓고 연설하는 투로 그 효능을 선전하고 있었다. 그리고 정 자 형의 세로선을 따라 만년필 가게, 꽃 가게, 완구 가게 등 여러 상인이 가게를 열고 있었다.

나는 먼저 건너 헌 옷 가게와 옆의 헌책 가게에 인사를 했다. 헌 옷 가게 주인은 보기에도 약삭빨라 보이는 남자였지만 헌책 가게 주인은 사람 좋아 보이는 할아버지였다.

"응 그래 뭘 팔려고 하는데!"

할아버지는 입가에 미소를 띠며 궁금한 듯 물었다.

"가루비누를 가져왔어요."

"아! 비누 장수네, 그래 열심히 하렴."

이렇게 말하며 할아버지는 내가 물건을 늘어놓는 것을 신기한 듯 보고 있다가 어색한 내 동작이 불안한 듯 옆에 와서 이것저것 진열 방법을 가르쳐주고 장사에 대해 일러주었다.

밤 노점상들이다. 그러니 넉넉한 사람들은 결코 아니었다. 하지만 어쨌든 각 가게는 나름대로 규모가 상당히 컸다. 그런데 내 가게는 어떠한가.

내 가게는 먼저 물건을 진열할 진열대가 없었다. 땅바닥에 신문지를 네댓 장 깔고 그 위에 상품을 올리는 식이었다. 게다가 상품도 가루비누 30봉지 정도가 전부였고, 그 사이에 작고 어두운 램프가 불쌍하게 켜져 있을 뿐이었다. 얼마나 빈약한 가게인가. 나는 상품 뒤편에 신문지를 깔고 오도카니 앉아 무릎에 책을 편 채 손님을 기다렸다.

옆의 할아버지는 재미있고 친절한 분이었다. 항상 술로 얼굴이 불콰해 있었으나 술기운이 떨어지면 "아가씨 미안하지만 물건 좀 봐줘." 하고는 나한테 가게를 맡겨놓고 어디론가 사라져버렸다. 그 사이 할아버지는 근처의 주점에 가서 잔술을 마시고 오는 것이었다. 밤이 이슥하여 손님이 줄어들면 안경 넘어 주름 많은 눈을 깜박이며 팔고 있는 인형극 대본 등을 들고는 묘한 어조로 대본을 따라 읽는 것이 할아버지의 버릇이었다. 그것도 지겨워지면

"아가씨, 아가씨네 가게는 특히 어둡네. 귀신이라도 나올 것 같아……."라고 농담을 하며 "좀 털어봐." 하고는 헌책 먼지를 털던 먼지떨이를 내 쪽으로 던져주기도 했다.

장사가 잘 안돼 언제나 한가한 나는 자연히 이 할아버지의 이야기 상대가 되었다.

나는 대답했다.

"안 돼요, 할아버지. 진열대가 없어서 먼지를 털어봤자에요. 오가는 사람들의 먼지가 물건에 바로 앉아요. 게다가 오늘은 더 심해요. 제가 이곳에 와서 보니 길에 물을 뿌렸는지 땅이 젖어 있어

할 수 없이 마를 때까지 기다렸단 말이에요. 그래도 이것 보세요, 비누도 신문도 푹 젖었잖아요……."

"흥, 정말 젖었네. 그래서 장사 되겠니?"

"안 되죠, 할아버지. 젖으면 안 된다고 봉지에 써 있는 걸요."

"그럼 진열대를 사면 되잖아."

"그거야 말 안 해도 잘 알죠. 하지만 돈이 있어야죠. 아, 이거 주시면 안 돼요?" 나는 할아버지가 걸터앉아 있는, 헌책을 담는 빈 상자들을 곁눈질하며 "그 빈 상자 좀 빌려주지 않으실래요? 할아버지가 앉아 계신 상자 말이에요. 진열대 하게요."라고 말했다.

그러자 할아버지는 눈이 휘둥그레지며,

"뭐! 뭐, 이 상자, 이건 곤란해. 이 상자가 있으면 너는 좋겠지만 나는 힘들어. 밤새 서 있으면 이 노인네는 죽는다……."라고 말하며 웃었다.

이렇게 우리는 좋은 친구가 되고 좋은 이웃이 되었다. 그것은 오히려 나를 슬프게 했다. 적어도 이런 할아버지가 나의 할아버지나 아버지였으면…… 하는 생각에서였다.

가게가 침침하니 사람들은 대부분 그냥 지나쳐 갔고 어쩌다가 본 사람도 한번 쳐다보고는 지나가버렸다. 가끔씩은 젊은 남자가 뭐랄까—아마 나를 놀리기 위해서일 것이다—호기심에 한두 개 사 갈 뿐이었다. 그런데 그럴 때도 10전짜리를 사면서 50전이나 1엔짜리 지폐를 내밀어 나를 곤란하게 하는 경우가 많았다. 그럴 때에는 옆의 할아버지와 친해서 다행이었다.

"좀 기다려주세요." 하고 나는 손님을 두고 손님이 준 돈을 할아버지에게 드리고 잔돈으로 바꿔 받으면 딸랑 10전만 내 손에 남고 나머지는 모두 손님에게 돌아가는 것이었다.

그런 식이었으므로 하룻밤 판매액이 50전, 70전 많아야 1엔이었다. 그것의 3할을 구전으로 받는 것이었으므로 그래 가지고는 먹고살 방도가 없었다. 때로는 판매액을 다 써도 그날의 밥값이 되지 않는 날조차 있었다. 그러다 보니 물건을 들여오는 것도 점점 줄어 안 그래도 볼품없는 가게가 날로 더 빈한해졌다.

그것을 본 옆의 할아버지가 드디어 나에게 말했다.

"아가씨, 그래서는 안 돼. 사람이란 이상해서 종이 한 장을 사도 이왕이면 크고 멋진 가게에서 사려고 하거든. 그래서 잘되지 않는 가게는 점점 더 잘 안되고 잘되는 가게는 점점 더 잘되는 거야. 그러니 팔고 싶거든 역시 가게를 잘 꾸며야 해."

정말로 날이 갈수록 물건이 적어지면서 더 장사가 안 되었다. 그와 더불어 내 지갑도 갈수록 얇아져만 갔다. "아, 20엔만 있으면 좋겠다. 20엔만 있으면 밤 노점을 하며 고학할 수 있을 텐데." 라고 나는 생각했다.

그래도 계속 서서 석간을 팔던 것을 생각하면 훨씬 편한 일이어서 팔리든 안 팔리든 나는 모두가 장사를 마칠 때까지는 밤이슬을 맞으며 밤거리의 땅바닥에 앉아 있었다.

장사는 대개 10시경에 파했다. 그러고는 유시마까지 12, 3정을 터벅터벅 걸어서 돌아오면 11시가 지난 시각이었다. 그리고 그 시간이면 다들 문을 닫고 자고 있었다.

나는 장사 밑천인 보따리를 한 손에 든 채 다른 한 손으로 문을 살짝 흔들어 "주인아주머니! 주인아주머니!"라고 불렀다. 그렇지만 너무 많이 불러도 미안하여 결국 깨울 용기가 없어 그대로 간다묘진神田明神 경내의 등나무 아래에 있는, 낮에는 사이다나 아이스케키를 팔지만 밤에는 아무도 없어 경치가 좋은 들마루에서 잠이 드는 것이었다.

그럴 경우 여름에도 밤에는 시원하긴 했지만 그 대신 모기가 맹렬히 공격해 오므로 쉽게 잠들 수가 없었다. 겨우 생각해낸 것이 물건을 싼 보자기로 머리를 덮고 걷은 소매를 다 내리고 몸을 웅크리고 자는 것이었다.

피곤에 지쳐 있어 대개의 경우 곯아떨어지지만 때로는 밤중에 갑자기 내린 비에 잠이 깨거나 순경에게 발각되어 파출소에 끌려가기도 했다.

이런 생활을 언제까지나 계속할 수는 없었다. 특히 네댓새나 계속 비가 내리는 날에는 한 푼도 벌지 못하여 세끼 식사는커녕 하루 한 끼 먹기도 힘든 날이 많았다. 그래서 이번에는 좀 남은 상품을 들고 행상을 시작해보았다.

하지만 이 또한 신참내기인 나로서는 너무나 버거운 일이었다. 매일 학교에서 돌아오면 바로 옷을 갈아입고 오비를 갈아매고 집을 나서는데 아무래도 남의 집에 들어가기가 힘들었다. 어느 집도 이런 비누 나부랭이를 사줄 리가 없다는 생각이 들거나 들어갔다가 또 야단맞으면 어쩌지 하는 생각이 들어 아무래도 선뜻 들어갈 수가 없었던 것이다. 그렇게 하루하루를 그저 이리저리 쏘다녀 다리만 아플 뿐이었다.

이렇게 약해서야 어떻게 살 수 있냐며 나 자신을 힐책하거나 이것은 아직 허영심을 버리지 못해서라고 나 자신을 격려해보기도 했지만 아무 효과가 없었다. 저녁이 되면 하는 수 없이 죽을 용기를 내어 백 집에 한 집 정도 문을 두드려보지만 대개는 그저 거절을 당하기만 했다.

어느 더운 여름날 오후의 일이었다. 나는 여전히 때가 묻은 보따리를 한 손에 들고 양산도 쓰지 않고 쨍쨍한 햇살을 받으며 그저 들개마냥 네즈根津의 야에카키 초八重垣町 부근을 걷고 있었다.

요 4, 5일 거의 팔지 못해 밥 사먹을 돈도 없었다. 나는 이제 공복으로 배가 홀쭉했다. 그래서 더위와 공복으로 머리가 어질어질했다.

나는 이제 더 이상 쑥스럽다는 둥, 사줄 것 같지 않다는 둥 그런 사치스런 생각이나 약한 마음을 먹을 처지가 아니었다.

큰길에서 좁은 골목으로 접어들어 7, 8채쯤 지나니 작은 정원이 있는 조용한 주택이 보였다. 그 집을 들여다보니 현관 옆방의 창가에 주인아주머니로 보이는 여자가 경대 앞에 앉아 머리를 묶고 있었다. 여기다, 이 집이라고 생각하고 나는 안으로 들어가려 했다. 하지만 역시 주저하여 잠시 문 앞에서 우물쭈물하고 있었다. 그러다 다시 마음을 다잡고 용기를 내어 현관을 열고 안으로 들어갔다.

"실례합니다. 계-세-요." 다 죽어가는 목소리로 불렀다.

"예." 하는 소리가 들렸다.

"아주머니, 가루비누 좀 안 사실래요……. 싸고 때가 잘 빠지는데요……."

이렇게 말하고 나는 보따리에서 물건을 꺼내려고 했다. 하지만 물건을 꺼낼 사이도 없이 단호하게 거절을 당하였다.

"일부러 오셨는데, 지금 일손이 바빠서요."

일손이 바빠? 나를 거지인 줄 알았던 것이다! 머리를 세게 맞은 듯 휘청했다. 그러고는 풀다 만 보자기를 다시 묶고 처연히 도둑고양이처럼 그 집을 나왔다.

"아유, 어쩜 이렇게 시끄러운지. 요즘은 매일처럼 고아원에서 나오네. 처음에는 좀 불쌍해서 5전, 6전 주기도 했지만 끝이 있어야지. 그래서 요즘은 무조건 거절하기로 했어요."

"맞아요, 부인, 그게 제일이에요. 불쌍하다고 해봤자, 이쪽 입만 마르죠 뭐."

"정말 그래요."

이렇게 말하며 두 사람이 크게 웃는 것을 나는 그 집을 나오며 들었다.

오랜만에 용기를 냈다 실패하자 내 다리는 더욱 무거워졌다.

또다시 나는 하릴없이 걷고 또 걸었다. 그런데 벌써 해가 지려 했다. 나는 무슨 수를 써서라도 먹을 것을 벌어야 했다. 어느 골목 안에서 빗으로 머리를 틀어 올린 여자가 빨래를 하고 있는 것이 보였다. 그 옆에 여자아이 같은 일고여덟 살쯤 되어 보이는 남자아이도 있었다.

"정말 너 같은 애는 없을 거야. 아까 입힌 새 옷이 벌써 이 꼴이니. 이것 봐. 차 기름 같은 걸 묻혀 와 가지고 이런 건 지지도 않는단 말야……."

여자는 이렇게 아들을 야단치며 흰 유카타를 빨래판에 치대고 있었다.

나는 성큼성큼 옆으로 다가갔다. 밤에 장사할 때 일부러 흰 천에 기계기름을 부어 깨끗하게 빼는 시범도 보였던 터였다. 자신 있었던 나는 가루비누를 아주머니에게 권할 수가 있었다.

"꼭 진답니다. 믿기지 않으시면 시험해볼까요?"라고 나는 말했다.

"그럼 한 봉지 놓고 가세요." 하며 아주머니가 지갑을 꺼내 20전을 주었다.

"감사합니다." 하고는 나는 돈을 받아들자마자 뛰다시피 골목을 벗어나 큰길로 나갔다. 그리고 이전에 유리문 너머로 찜해두었던 떡 가게로 뛰어 들어가 과자 두 접시를 먹었다. 아침부터 한 끼도 먹지 못한 공복을 채우기는 부족했지만 그래도 조금은 살 것 같았다.

행상도 조금은 익숙해졌다. 이제는 남의 집을 방문하는 게 그리 힘들지 않게 되었다. 하지만 벌이는 시원치 않았다. 하루에 30전 벌면 잘 버는 쪽이었다. 30전으로는 3할 구전으로 9전밖에 되지 않는다. 그것으로는 하루를 연명할 수가 없다. 그러기에 나는 이미 들여온 물건을 팔 뿐 새로 물건을 들여올 수가 없었다.

너무 걸어 게다는 점점 닳는데 새로 살 수가 없었다. 나는 부근의 부잣집이나 쓰레기 더미에 버려져 있는 아가씨들 게다나 때로는 남자 게다를 가리지 않고 주워 신기도 했다.

학교는 시간은 있었지만 월사금을 낼 수 없어 세이소쿠에만 다니기로 했다. 그 무렵 나는 2학년이었지만 여름 특별 강습이 있어 아침 7시부터 나가야 했다.

아침 일찍 일어나 성경 한 줄을 읽는다. 그리고 벽을 보고 무릎을 꿇고 기도를 한 뒤 학교로 간다. 세면기를 팔아버렸기 때문에 얼굴을 씻을 수가 없어 얼굴은 학교 가는 도중에 있는 유시마공원 변소 출구의 수도에서 씻었다.

돈이 있을 때는 쇼헤이바시昌平橋 쪽을 돌아 철책 밑의 간이식당에서 아침을 사 먹지만 없을 때는 준텐도順天堂 옆에서 오차노미즈茶の水로 통하는 지름길로 학교에 갔다.

강습회에 나가면서 행운이 하나 찾아왔다. 그것은 강습회에 온 두세 명의 여학생 중 하나인 가와타河田 상이 매일 큰 도시락 통에 밥을 가득 담아오는 것이었다. 가와타 상은 도즈카戶塚 부근에 살고 있는 어느 사회주의자[인쇄소를 운영하던 호리 기요토시堀淸俊]의 여동생이었다. 하지만 그럼에도 불구하고 나의 생활은 더욱더 곤란해졌다. 그래서 생각 끝에 겨울옷을 두세 벌 보자기에 싸서 전당포에 맡기기로 했다.

"어서 오세요." 하며 침침한 가게에서 주판을 튕기던 점원이 얼굴을 들어 나를 맞았는데, 아마 내 초라한 행색을 보고는 별 볼일 없다고 생각했는지 이내 다시 주판과 장부를 들여다보았다.

우물쭈물하며 나는 보따리를 열어 옷을 보여주고 돈을 달라고 했다. 점원은 귀찮은 얼굴로 내 얼굴을 뚫어지게 바라보더니 말했다.

"허 참…… 누구 소개로 왔죠? 처음 본 손님과는 거래를 안 하는데요……."

"아니 소개는 받지 않았지만 저는 바로 저기 살아요. 뭐하면 같이 가보셔도 돼요……."

하지만 전당포 점원은 상대해주지 않았다. 귀찮은 듯 장부에 눈을 둔 채 대답했다.

"네, 하지만 소개 없이 온 손님의 것은 받을 수가 없어서요……."

할 수 없이 나는 맥없이 돌아왔다. 그리고 이번에는 뭔가 팔 것이 없나 생각하며 보따리를 뒤집어보았다.

신문점에 있을 때 헌책방에서 1엔 50전 주고 산 대수 참고서와

3엔 넘게 준 영일사전만이 돈이 될 만한 물건이었다. 나는 그중 우선 필요 없는 대수 참고서를 들고 헌책방으로 갔다. 나는 적어도 7, 80전은 받으리라고 생각했다. 하지만 팔아보니 겨우 20전이었다—그후 나는 같은 헌책방에서 그 책에 1엔 70전의 가격이 붙어 있는 것을 보고 원통해했다.

어쨌든 20전도 감지덕지였다. 나는 그 돈을 받자 바로 간이식당으로 달려갔다. 그러고는 게걸스럽게 내 위를 채웠다.

간이식당에서 나는 때로 이토를 만났다.

역시 이토도 밤에만 차부를 하고 있어 수입이 적었다. 그래도 내가 힘들 때는 자신의 밥값을 아껴 20전, 30전을 내게 쥐어주었다. 학교에서 돌아오는 길에 우연히 만나면 둘이서 함께 '식당'에 자주 들르곤 했다.

그렇지만 그때도 이토는 종교 이야기밖에 하지 않았다.

"당신의 신앙은 요즘 어때요?"

나를 만나면 하는 이토의 첫마디였다. 뭔가 상의하고 싶을 때도 이토는 그저 길이건 남의 집 처마 밑이건 간에 우선 무릎 꿇고 기도부터 하였다.

이토는 내게 일요일 아침 예배에는 반드시 오라고 하였다. 어려울 때나 괴로울 때는 기도하라고 했다. "기도는 당신에게 힘을 줄 거에요." 하고 격려해주었다. 힘을 주는 것으로는 안 되는 내게는 이토의 이 말은 그리 듣기 좋은 말은 아니었다. 하지만 나는 시키는 대로 교회에도 나가고 기도도 했다.

나는 기적을 믿지 않았다. 기적에 대해서도 이토나 아키모토는 그저 믿으라, 믿기만 하면 알게 된다고 했다. 나는 물론 믿기지 않았지만 그저 이토를 믿고 교회에도 가고 기도도 하고 또 남에게 봉사하기 위해 일찍 일어나 조용히 내가 자는 집의 변소 청소도 했다―그것도 이토가 하라고 해서 한 것이다…….

이렇게 나는 신神을 따르고 사람들에게 봉사하였다. 하지만 대가는 전혀 없었다. 나는 이미 3일이나 굶고 있었다. 게다가 또 새로운 일거리를 찾아 헤매고 있었지만 그 일거리조차도 주어지지 않았다. 그뿐 아니다. 내가 지불한 집세가 다 돼 집주인이 돈을 달라고 왔다. 하지만 나는 물론 집세를 치를 수가 없었다.

나는 결국 언젠가 아키모토 상이 얘기한 식모살이를 하기로 결심하였다. 그리고 팔고 남은 짐 보따리를 챙겨 집을 나왔다.

나올 때 나는 짐을 현관에 두고 "그동안 신세 많이 졌습니다."라고 머리 숙여 인사를 했다. 그러자 현관 옆방에서 남편과 둘이서 식사를 하고 있던 주인아주머니가 젓가락을 든 채 얼굴을 좀 앞으로 내밀며

"천만에요. 안녕히 가세요."라고 차갑게 내뱉는 것이었다.

잠을 깨우는 것이 미안해 빌린 방에도 못 들어가고 노숙하거나, 용변 볼 시간도 없을 정도로 바쁘고 힘든 생활에도 안 해도 되는 변소 청소까지 도맡아 했건만 그런 마음 씀씀이는 아무런 가치도 없었던 모양이다. 기독교의 가르침은 정말 옳은 것일까?

그것은 오직 사람 마음을 속이는 마취제에 지나지 않는 것은 아닐까? 인간의 성의나 사랑이 타인을 움직이고 그것이 인간 세계를 더 살기 좋은 곳으로 만드는 데 기여하지 않는 한, 그런 가르침은 결국 기만이 아니고 뭐란 말인가?

식모살이

아키모토 상의 소개로 나는 아사쿠사 쇼텐 초聖天町에 있는 나카기中木[주인의 본명은 스즈키 구니사토鈴木邦達]라는 사탕 가게에 남의집살이를 가기로 했다[1920년 8월경이었다].

이 집에는 쉰네댓 살 정도의 부부와, 젊은 부부와, 젊은 부부의 아이 2명에, 젊은 주인의 동생 2명에, 그 외 점원과 식모가 각각 1명씩, 거기에 나까지 도합 11명의 가족이 살고 있었다.

노주인이라는 사람은 가게를 자식에게 물려주고 자신은 집안일은 하나도 하지 않고 항상 집을 비우고 외출하여 5일에 한 번 정도밖에 들어오지 않았다. 나중에 안 일이지만 이 노주인은 아사쿠사공원 부근 도박 집에 눌러앉아 비슷한 패거리들과 주야로 도박을 하거나 술을 마시면서 세월을 보내는 듯했다. 게다가 공원 근처에 첩까지 두고 대부분의 시간은 거기서 보내는 것이었다.

내가 이 집에 가서 한 달 정도 지난 어느 날 "오랜만에 절에 왔다가 지나는 길에 들렀습니다." 하며 들어온 스물대여섯 살 정도의 여자가 있었는데, 나중에 주인아주머니가 나에게 "저 사람이 아버님 첩이야." 하고 알려주었다. 멋진 기모노를 입고 머리를 올리고 있었는데 노숙한 분위기의 여자였다.

주인 할머니는 병적으로 결벽증이 있어서 다다미 위에서도 슬리퍼를 신고 다녔지만, 더 이상한 것은 그 슬리퍼로 아무렇지도 않게 변소의 판자를 밟는 모순도 과감하게 저지르는 것이었다. 젊었을 때는 예뻤을 것으로 생각될 정도로 지금도 꽤 요염한 여자로 목욕탕에 가도 2시간이나 있을 정도로 치장하는 것을 좋아하는 편이었다.

가끔 주인 할아버지가 돌아오면 화로를 사이에 두고 마주앉아 무언가 끊임없이 불평을 쏟아내는데, 대개가 첩에 관한 이야기였다.

"시끄러워. 어지간히 해⋯⋯." 하며 주인 할아버지가 화를 내며 금방 돌아왔는데도 또 바로 뛰쳐나가는 것을 나는 몇 번이나 보았다.

젊은 주인은 이렇다 할 특징이 없는 평범하고 품행이 단정한 남자였지만, 주인아주머니는 꽤 능력이 있었다. 부부 사이도 결코 나쁘지 않고 오히려 보통 이상이었다.

그렇지만 고부 사이는 그다지 좋지 않아 며느리는 늘 안절부절 못하고 주눅 들어 있었다. 그것을 남편이 음으로 양으로 감싸주고 있는 것이 누구의 눈에도 보였다. 그래서 주인 할머니는 그게 못마땅해 불평이 많았고 때로는 큰 화로를 껴안고 히스테리컬하게 울기도 했다.

동생 긴銀 짱은 스물네다섯 정도로 집에서 가장 세심하고 구두쇠인 남자였다. 아직 독신으로 집에서 놀고 있었는데, 다른 사람이 없을 때에는 형수에게 안기거나 키스를 하거나 하며 소심한 주인아주머니를 괴롭히기도 하였다. 아내는 무슨 일이 있어도 형수보다 나은 미인을 얻을 거라며 언제 누구를 만날지도 모르면서 여자 우산을 사 오거나 금테를 두른 작은 명함에 달랑 '나카기 仲木'라고만 박아 서랍에 넣어놓고는 가끔씩 꺼내 보고 좋아했다.

막내 [동생] 신伸 짱은 간다의 사립 중학에 다니고 있었는데 형들과는 머리 색깔이 좀 다른 남자였다. 마르고 키가 크고 말이 없으며 침울한 얼굴을 하고 있었으며 어딘지 모르게 어둡고 무거운 인상을 주는 남자였다. 그다지 공부를 열심히 하는 편도 아니어서 점원이 해준 집안 이야기에 의하면 담당 선생님 집에 사탕을 가마니로 보냈는데도 낙제했다는 것이었다.

이 집에 어느 정도 재산이 있는지는 모르지만 재산은 이미 다 분배했다고 하고 그저 그날그날 식사만 같이하며 생활하고 있었다.

그런데 이 집에 오기는 왔지만 도쿄에 온 유일한 목적인 학교를 그만두고 식모살이를 하는 것이 너무 속상하고, 게다가 이 집의 공기가 어쩐지 내 피부에 맞지 않는다는 생각에 왠지 나는 우울했다. 그래서 나는 뭘 어쩌겠다는 생각은 없었지만 다만 이 속상한 마음을 털어놓느라 이 집에 와서 얼마 안 있어 가와타 상에게 편지를 보냈다. 그러자 가와타 상이 바로 그다음 날 나를 찾아와주었다.

와준 것만으로도 나는 뛰어오를 듯이 기뻤다. 잠시 시간을 내어 우리는 거리를 이리저리 걸으며 얘기를 했다.

편지에는 쓸 수 없었던 사정을 나는 가와타 상에게 얘기했다. 가와타 상은 사정을 듣고 한층 더 나를 동정해주었다. 그러고는 나에게 말했다.

"있잖아, 우리 오빠가 곧 시내로 와서 인쇄소를 시작하려고 해요. 어때요? 당신이 거기 와서 일해보면. 그럼 당신이 학교에도 갈 수 있을 것 같은데……."

물론 나는 된다면 그러고 싶었다. 단 그렇게 되면 내가 사회주의자 대열에 들어가는 것을 뜻하는데, 지금까지 신세진 이토에게 미안한 마음이 들었다.

"고마워요. 저한테는 너무 좋은 이야기지요. 하지만." 하고 나는 이 이토 상 얘기를 하며 "그렇게 되면 이토 상을 배반하게 되는데 마음이 괴로워서……." 하고 주저하였다.

"그러네요." 하며 가와타 상은 잠시 생각하더니, 이윽고 밝은 표정으로 말하는 것이었다.

"뭐 어때요? 그 이토라는 사람에게는 지금까지의 은혜—은혜라 해도 마음으로 은혜를 입은 것까지는 어쩌지 못하지만 적어도 당신에게 베풀어준 물질적 은혜에 대해서는 완전히 갚아드리면 되잖아요……. 그 정도라면 내가 어떻게든 마련해볼 수 있을 것 같은데…….”

나는 이미 기독교와는 헤어질 생각을 하고 있던 참이었다. 게다가 가와타 상의 제안은 얻기 힘든 기회로 생각되었다. 그래서 좀 뻔뻔할지 모르나 모든 것을 가와타 상에게 맡기기로 했다.

다음다음 날 가와타 상으로부터 25엔의 우편환이 왔다. 가와타 상의 친절에 감사해하며 나는 우체국에서 돈을 찾았다. 그리고 죄송하지만 일을 그만두고 싶다고 주인 할머니에게 부탁을 했다. 그런데 손에 종기가 생겨 상처를 절개한 지 얼마 안 된 주인 할머니는 붕대로 둘둘 감긴 손을 보며 난처한 얼굴로 오히려 부탁조로 나에게 말했다.

"저, 후미 상 지금 나가면 우리는 어쩌라고. 알다시피 며느리는 저렇게 몸이 약한데다 몸도 무겁지, 꼭 필요한 기요きよ(식모의 이름)는 애가 모자라지, 게다가 내 손까지 이 모양이니…….”

그런 말을 들으니 나도 난처했지만 동시에 가와타 상에게도 미안한 마음이 들었다.

"네, 그것은 저도 잘 알고 있지요…… 하지만 이처럼 제게 두 번 다시 오기 힘든 좋은 일자리를 찾기가 힘들 것 같아서요…….”

주인 할머니는 하지만 집요하게 나를 놓아주려 하지 않았다. "적어도 내 손이 나을 때까지 도와준다고 생각하고 있어줘요."라고까지 나에게 말했다.

그것마저 뿌리치고 나오는 일을 나는 할 수가 없었다. 그래서 할 수 없이 모든 것을 체념하고 그해 연말까지는 있기로 해버렸다.

가와타 상의 호의를 무시한 일이 너무 마음에 걸렸다. 그래도 어쩔 도리가 없어 적어도 받은 돈만이라도 갚으려 했다. 하지만 가와타 상은 그 돈조차 받으려 하지 않았다.

이토는 3일에 한 번씩 가게에 와서 같은 신도인 점원 야마모토山本나 집 식구들에게 종교 이야기를 하고 돌아갔다. 하지만 그즈음은 시험이 코앞인데도 먹고사느라 공부를 제대로 못해 괴로워하는 듯했다. 그래서 나는 가와타 상으로부터 받은 돈을 은혜를 갚는다는 말 같은 것은 하지도 않고 그저 조용히 공부 좀 하라고 그대로 다 이토에게 주려고 생각했다. 그러나 그런 생각으로 기다리고 있는데 이토가 좀처럼 오지 않았다.

나는 이제 기다리고 기다리다 지쳤다. 그래서 그것을 우편환으로 바꿔 이토에게 부쳤다.

"사정은 나중에 말할 테니 내게 여유 돈이 있어 보냅니다. 이걸로 한 달은 살 수 있을 거에요. 부디 당분간 일을 쉬고 공부 열심히 해서 시험에 합격하세요."라는 의미의 편지를 써서 우편환을 동봉하여 보냈다. 봉투에는 물론 남자처럼 '가네코세이金子生'라고 썼다.

2, 3일 뒤에 이토가 왔다. 나는 여느 때처럼 그를 전차 정류장까지 배웅했다.

둘만 있게 되자 이토가 말했다.

"돈 고마워요. 하지만 좀 놀랬어요. 용건이 있으면 내가 왔을 때 얘기하는 걸로 하고 앞으로는 절대로 편지 같은 건 보내지 마세요. 여자한테 편지 온 걸 알면 제 신용이 없어지니까요……."

"네, 하지만 기다려도 안 와서요. 게다가 그러기에 일부러 글자도 이름도 남자 같이 쓴 걸요……."

"아니, 그 마음은 너무 고마워요. 하지만 편지 같은 것은 보내지 마시라고……."

"미안해요." 하고 섭섭한 마음으로 대답했다. 그리고 헤어졌다.

그렇지만 나는 결코 이토를 미워하지는 않았다. 그러기는커녕 내 마음 한구석에 이토에 대한 신뢰가 점점 더 깊게 자라고 있었다. 그래서 이토가 올 때마다 나는 이토를 배웅하러 나갔다. 밤에는 "저 가로등까지"라든가 "저 전신주까지"라고 하면서 꽤 멀리까지 이야기하면서 걸어갔다. 하지만 집 식구들은 이토도 나도 믿고 있었기 때문에 결코 우리를 의심하지는 않았다.

그즈음 나는 학교라는 무거운 짐을 어깨에서 내려놓은 터라 생활은 좀 여유가 생겼다. 지금까지와는 반대로 내가 이토를 돕는 일이 많아졌다.

심부름 값 등으로 받은 돈이 1엔이든 2엔이든 모이면 나는 그것을 이토에게 주었다. 그렇지 않을 때는 뭔가 이토에게 줄 선물을 생각했다. 그리고는 12시, 1시까지 안 자는 이 집의 습관으로 인해 생기는 나 자신의 시간을 이용하여 뭔가를 이토를 위해 만들곤 했다.

어느 날 밤 나는 평소처럼 이토를 바래다주고 있었다. 보자기로 싼 두툼한 보따리를 안고 뒷문에서부터 나는 이토의 뒤를 따랐다. 그러자 그것을 이토가 보고

"도대체 그게 뭡니까?" 하고 물었다.

"이거요? 이거는요, 많이 추워졌잖아요. 그래서 당신께 드릴 방석을 만들었어요. 그리고 베게도요." 하고 대답하며 "저 당신은 방석도 없고 베개도 더러워졌죠?" 하고 말하자,

이토는 깜짝 놀라며

"어떻게 당신이 내 베개가 더러워진 걸 알고 있지요?" 하며 되물었다.

"어떻게 아냐고요? 그것은 저 요전에 우리 점원이 당신 방에 가서 낮잠 잔 적 있죠. 그 야마모토 상이 돌아와서 당신 베개가 돼지우리의 짚더미보다도 더럽다고 하더라고요. 방석도 없는 걸 그때 알았죠."

"그래서 만들었나요?"

"네. 사실은 내 기모노 속감이라면 메린스 같은 천으로 만들어도 되지만 [그런 천으로 만들면] 붉은 색깔이 들어가서 안 좋을까봐 비싼 건 아니지만 사라사를 사서 만들었어요. 하지만 앉기 편하도록 보통 크기보다 크고 두텁게 만들었어요. 베개는 당신이 좋아하는 크기를 몰라 적당히 만들었고요, 마음에 안 들면 다시 만들어줄게요."

"고마워요." 하며 이토는 몇 번이나 인사를 했다. 나도 왠지 마

음이 뿌듯했다.

[1920년] 11월 30일, 잊히지 않는, 그날 밤이었다.

한동안 얼굴을 보이지 않던 이토가 홀연히 나타났다. 하지만 여느 때와는 다르게 이토는 안색도 좋지 않고 생기도 없어 보였다. 무슨 일이 있나 싶어 걱정하며 나는 서둘러 집안일을 끝냈다. 그러고는 예전처럼 주인집에 말하고 배웅하러 갔다.

7, 8정이나 걷는 동안 이토는 아무 말도 없었다. 그저 내가 하는 말에 대답만 할 뿐이었다. 하지만 그러는 사이 인적이 뜸한 길에 이르자 이토는 갑자기 멈춰 서서

"가네코 상 전 참회를 해야 합니다." 하며 심각한 어조로 이야기를 시작했다.

"나는 당신을 잘못 생각하고 있었습니다. 왜냐하면 나는 실은 당신을 불량소녀로 생각하고 있었습니다. 그런데 요즘 알게 되었습니다. 당신은 정말 사랑이 많은 사람이라는 것을요. 나는 소대장과도 오래 만났고 그 외에도 많은 여신도 알고 있습니다. 하지만 당신처럼 따뜻하고 여성스러운 사람은 처음입니다. 나는 당신 앞에서 나 자신의 무지를 사죄합니다."

이 말은 나를 깜짝 놀라게 했다. 나는 그렇게 말하는 이토의 얼굴을 보았다. 이토는 진지한 표정이었다. 그러니까 그는 거짓말을 할 리가 없었다.

불량소녀! 그 말을 듣는 순간 나는 날카로운 바늘에 찔린 것

같았다. 하지만 곧 나중의 '처음 본 따뜻한 여자'라는 말에는 뭐라 말할 수 없는 부끄러움을 느꼈다. 기쁘기도 슬프기도 한 묘한 느낌이었다.

나는 조용히 이야기를 들었다. 나는 아무 말도 하지 않았다. 하지만 정신을 차려보니 벌써 가미나리몬雷門을 지나 기쿠야바시菊屋橋까지 와 있었다. 게다가 정류장의 시계는 11시가 넘었고 주변의 가게도 문을 닫고 있었다.

나는 놀라 멈춰 섰다.

"벌써 11시가 넘었어요. 여기서 헤어져요."

"그러네요. 많이 늦었네요." 하며 이토는 차분한 어조로 말했다. 그리고는 평소 같으면 그 자신이 먼저 가라고 하는데 오늘은 헤어지려고 하지 않았다.

"실은 좀 할 얘기가 있어요. 우에노까지 안 걸을래요? 돌아올 때는 전차를 타기로 하고."

"네. 그럼 좀 걸어요." 하며 내 마음 깊은 곳에 있는 무언가가 내 이성을 누르고 순식간에 물음에 대답해버렸다.

묵묵히 생각에 잠겨 우리는 또 걸었다. 그리고 우에노의 시노바즈不忍 호숫가에 왔을 때 자연히 두 사람은 발길을 멈추었다.

조용한 밤이었다. 주변에 인적이 전혀 없었다. 호수 옆의 버드나무 밑에 웅크리고 앉아 떨어진 나뭇조각으로 땅에 뭔가를 쓰면서 이토는 말을 이었다.

"좀 전에 말한 것과 같이 당신이 유시마에 있을 무렵부터 나는 자신을 누르고 눌러왔습니다……. 하지만 요즘은 더 이상 아무것도 할 수 없게 되어버렸습니다. 당신을 이웃으로 보는 것만으로는 만족할 수 없게 되었습니다……. 이 말의 뜻을 아시겠지요? ……집에서 책을 읽어도 어느샌가 당신 생각뿐입니다. 하루라도 안 보면 보고 싶어 견딜 수가 없습니다. 그러니 공부도 안 되고 신앙심도 옅어지고 나는 이 한 달 동안 죽을 만큼 괴로웠습니다……."

남몰래 기다렸던 말이었음에 틀림없다. 나는 뛰는 가슴을 누르고 조용히 듣고 있었다.

이토는 계속 이야기했다.

"그래서 나는 여러 가지로 생각해봤는데 결국 당신을 잊고 이전의 나로 돌아가야 한다고 생각했습니다……. 그렇게 결심했습니다. 그것이 서로를 위해 좋다고 생각했기 때문입니다……. 끝까지 내내 함께 생활할 수 있는 전망도 불투명한데 경솔한 짓을 하는 것은 죄입니다. 서로의 운명을 해칩니다. 네, 그렇지요, 확실히 그건 좋지 않습니다……."

어째서 이런 생각을 하는지 모르겠고, 그래서 나는 좀 실망되었다. 하지만 이토는 계속했다. 강한 어조로 스스로를 격려하듯이 단호하게 말했다.

"그래서 나는 오늘부로 단호하게 당신과 헤어지려고 결심했습니다. 그래요, 앞으로는 당신을 만나지도 않고 생각하지도 않을 겁니다. 오늘은 11월 마지막 날입니다. 이날을 이별 일로 당신과 헤어지려고 만나러 온 겁니다. 내 마음 알아주십시오……. 앞으로 나는 당신 집에 오지 않을 겁니다. 나 자신을 이겨 보이겠습니다. ……자, 그럼 헤어집시다. 당신의 행복을 빌겠습니다…….”

말을 끝내자 바로 이토는 일어섰다.

나는 내심 불만이었다. 이 무슨 비겁한 사랑의 사도使徒란 말인가. 나는 뭔가 말하고 싶었다. 그러나 이토가 일어나려 했기 때문에 나는 할 수 없이 대답했다.

"그래요? 그럼 안녕히 가세요…….”

매달리는 무언가를 뿌리치듯이 이토는 뒤도 돌아보지 않고 성큼성큼 걸어가버렸다.

외롭고 슬프고 그러면서도 왠지 우스운 그런 기분으로 나는 잠시 그의 뒷모습을 보았다. 그의 모습이 보이지 않을 때까지…….

나카기 사탕 가게의 생활 방식은 너무나 절도가 없었다. 학교에 다니는 신 짱은 아침 7시에 나가야 하므로 우리는 아침 5시부터 일어나 준비를 해야 했다. 신 짱이 학교에 간 뒤 한 시간이나 지나 젊은 부부가 일어난다. 10시경에 긴 짱이 일어나고, 마지막으로 11시경에 주인 할머니가 일어나 세수하느라 좁은 부엌을 30분이나 못 쓰게 한다. 된장국이 식어 서너 번 데워야 했다. 주인 할머니가 무 한 개를 들고 절에 가고 나면 밥상을 치울 시간도 없이 바로 젊은 부부의 점심을 차려야 한다. 이런 식으로 우리는 하루 종일 부엌일로 날을 보내야 했다. 아니 그뿐이 아니다. 아침이나 점심과는 달리 밤에는 양식이나 덮밥이나 스시나 찌개 등을 시켜 먹기도 하는데, 아침이 늦으니 저녁은 9시, 10시이고 어떨 때는 10시, 11시경에도 주문하러 가야 했다. 그리고 그런 것을 먹으며 식구들이 1시, 2시까지 수다를 떨며 밤을 새워 우리가 자는 시간은 많아야 네댓 시간뿐이었다.

그것은 정말 괴로운 일과였다. 과도한 노동과 수면 부족은 지금까지의 어떤 일 못지않게 나를 무겁게 짓눌렀다. 그러면서도 나는 주인집에 충실하려 애썼다. 나는 지금 참회하지 않으면 안 된다. 실은 주인집을 위해 일한 것이 아니라 그저 주인집에 잘 보이려고 동료인 오기요 상 몰래 일찍 일어나 오기요 상이 일어났을 때는 이미 식사 준비를 다 마쳐놓거나, 신 짱의 친구가 오면 나 자신이 단순한 식모가 아님을 보이기 위해 일부러 학교 이야기를 하거나 수학 노트를 들춰 "여기 틀렸네." 하며 허세를 부린 일 등을. 즉 나는 동료를 밟고 나 자신만 착한 척하려 했던 것이다. 신 짱의 자존심을 짓밟기까지 하며 나 자신의 우월을 과시하려 했던 것이다.

지금까지의 나 자신의 생활 중 무엇보다 자신을 책하게 되는 대목이 이 부분이다. 어째서 그토록 비열한 짓을 했단 말인가. 생각할 때마다 머리가 선다.

기다리고 기다리던 섣달 그믐날이 왔다. 밤 12시가 지나 겨우 일이 끝났기 때문에 나는 나의 짐을 싸고 머리를 묶은 뒤 모두 앞에서 작별 인사를 했다.

주인 할머니는 "덕분에 고마웠다."며 인사를 했고 "이건 바깥양반이 주는 거야. 좀 더 넣고 싶었지만 너보다 나이가 많은 기요가 이전부터 일해와서 그쪽과의 조화도 생각해야 해서 그러니 너무 섭섭하게 생각하지 마." 하며 종이에 싸서 끈으로 묶은 것을 쟁반에 받쳐 주었다.

해방된 기분으로 나는 보따리를 안고 뒷문으로 나왔다. 전차 정류장까지 가자 마침 빨간색 전차가 왔다. 그것을 타고 나는 고이시카와小石川의 가와타 상 집으로 갔다.

전차에는 열서너 명밖에 타고 있지 않았다. 출구의 비어 있는 넓은 자리에 앉아 나는 나카기에서 받은 종이 꾸러미를 풀어보았다. 그 안에 5엔 지폐 3장밖에 들어 있지 않은 데 놀랐다.

3개월 1주일 동안 제대로 자지도 쉬지도 못한 노동의 대가였다. 내 기대는 완전히 무너졌다. 큰 소리로 소리 지르고 싶은 심정이었다.

급료를 정하지 않은 내가 잘못한 것이다. 하지만 내가 그렇게 한 것은 결국 아키모토 상의 가르침에 따랐기 때문이었다. 아키모토 상은 "돈 같은 건 말해선 안 됩니다. 돈 얘기를 하는 것은 비천한 것입니다. 말하지 않아도 나카기 상의 집은 훌륭한 상점이므로 막 대하지 않습니다. 그저 맡겨놓으세요."라고 했던 것이다. 나는 아키모토 상의 말을 따라 "그저 맡겼"을 뿐이었다. 하지만 나카기 상이 너무한 것은 아닐까. 나는 학교에 가고 싶어 했고 또

가와타 상이 그렇게 기회를 주었는데도 오직 나카기 집의 사정 때문에 나카기 집을 위해 나의 바람을 모두 버리고 일하지 않았는가. 그런데 나카기 집은 나에게 한 달에 5엔도 안 되는 보수를 준 것이다. 나한테 그 돈밖에 주지 않은 그들은 첩을 끼고 있거나 요릿집에 붙어 있거나 도박만 하는 노인과 치장하는 데 두 시간이나 걸리는 노부인으로, 밤을 새고 아침까지 늦잠을 자고 자신들만 사치에 빠져 있으면서 식모는 4, 5시간밖에 못 자게 하고 쉬지도 못하게 하는 사람들이다. 아아, 이 얼마나 부조리한가. 얼마나 오만한 태도인가.

나는 다른 사람들에게 화를 내기보다는 나 자신을 실컷 비웃어 주고 싶었다. 그리고 나는 그 지폐와 종이를 마구 구겨 소매 안에 집어넣었다.

거리의 방랑자

설탕 가게를 나와 이른바 '주의자' 사이에서 2, 3개월 더부살이를 하다가[호리 기요토시 집에서 기숙하며 일했다] 결국 미노와의 작은외할아버지 집으로 들어갔다.

"말해서 뭐 하겠니. 신문팔이나 노점상을 해서는 공부가 될 턱이 없지. 그것도 남자면 모를까 여자가 뭘. 어차피 공부의 꿈은 접는 게 좋겠다."

작은외할아버지는 재차 확인하였다. 하지만 나의 집요한 희망에 결국 체념했는지 작은외할아버지는 억지로 나에게 학교를 그만두게 하지는 않았다. 그래서 나는 작은외할아버지 집에서 집안일을 도우며 학교에 다니게 되었다.

나는 먼저 아침 5시에 일어나 전등을 낮추어 공부를 하면서 밥을 짓거나 된장국을 끓이거나 했다. 그리고 모두의 밥상을 보아 놓고 나 먼저 식사를 한 뒤 모두가 자고 있는 동안에 학교에 갔다가 점심이 좀 지나 돌아왔다. 돌아오자마자 빨래나 식사 준비나 청소 등을 하였다.

바쁜 것은 사탕가게에 있을 때와 별반 달라진 것이 없었다. 그래도 어쨌든 이곳은 친척 집이라 다소 시간의 융통이 가능하였다. 그리고 한 달에 5엔씩 용돈을 받기로 했으므로 그중 2엔의 월사금과 2엔 30전의 전차비를 빼면 70전밖에 남지 않았지만 펜이나 잉크를 살 정도의 여유는 되었다. 하지만 독서욕이 점점 더 왕성해지던 그즈음의 나로서는 책 한 권도 사지 못하는 것이 매우 고통이었다.

학교에서 나는 두 명의 사회주의자를 알게 되었다. 한 명은 서徐라는 조선인으로 말수가 적고 온화하며 좀 어두운 얼굴을 한 남자였다. 내 바로 왼쪽 책상에 앉아 쉬는 시간에는 말없이 『가이조改造』를 읽고 있었다.

서는 조선의 부잣집에서 유학 온 것이 아니라 나와 비슷하게 늘 생활에 치이며 공부하고 있었기 때문에 아마 학교에 나올 여유도 없었으리라. 곧 오지 않게 되었다. 하지만 그후 약 1년 뒤 내가 박朴[박열朴烈]과 같이 살게 되면서부터 서도 우리 그룹이 되어 함께 기관지를 만들거나 운동을 하였다. 그러나 서는 몸이 약하고 자주 아파 그후 고향으로 돌아갔는데 우리가 감옥에 들어온 첫 겨울경에 확실히는 모르나 늑막염인가 뭔가로 경성의 병원에서 죽었다는 연락이 왔다.

또 한 명은 오노大野라는 남자로 아마 그 전년에 있었던 도쿄시전東京市電 종업원들의 스트라이크를 주동한 적이 있는 것 같은데 내 바로 앞 책상에 앉아 우는 소리를 내며 리더스를 읽고 있었다. 그는 그 무렵에는 '신유카이信友會'인가 뭔가 하는 조합에 속해 있었는데, 그리 똑똑한 남자는 아니고 말하자면 '그래도 사회주의자' 계통에 속해 있었다. 그래도 그는 자주 조합의 기관지나 팸플릿이나 리플릿 등을 가지고 왔고, 덕분에 나는 그로부터 그런 읽을거리를 얻거나 빌릴 수 있어 사회주의의 사상이나 정신을 조금씩 이해할 수 있게 되었다.

사회주의는 나에게 특별히 새로운 것을 주지는 않았다. 그것은 다만 내가 지금까지 살아오면서 겪었던 일을 통해 형성된 나의 감정이 정당하다는 것을 이론적으로 확인해주었을 뿐이었다. 나는 가난했다. 지금도 가난하다. 그 때문에 나는 돈 있는 사람들에게 혹사당하고, 가혹한 대우를 받고, 괴롭힘에 짓눌리며, 자유를 빼앗기고, 착취당하고, 지배받아왔다. 그리하여 나는 그런 힘을 가진 사람들에 대한 반감을 항상 마음속에 깊이 간직하고 있었다. 그와 동시에 나와 같은 상황에 있는 이들에게 마음으로부터 동정을 보내고 있었다. 조선에서 할머니 집의 머슴이었던 고 씨를 동정한 것도, 집에서 기르는 불쌍한 개를 거의 동료와 마찬가지로 여겼던 것도, 그 외 이 수기에는 쓰지 않았지만 할머니 주위에서 일어난 일에서도 얼마든지 찾아볼 수 있는, 압박받고, 가혹한 대우를 받고, 착취당하던 불쌍한 조선인들에게 끝없는 동점심을 가진 것도 모두 그런 마음의 발로였다. 내 마음속에 타고 있던 이 반항이나 동정에 본격적으로 불을 붙인 것이 사회주의사상이었다.

아 나는 …………………… 해주고 싶다. 우리 불쌍한 계급을 위해 내 전 생명을 희생해서라도 싸우고 싶다.

그렇기는 하나 나는 아직 어떻게 해야 나의 그 정신을 살릴 수 있는지를 알지 못했다. 나는 무력하다. 뭔가를 하고 싶어도 그것을 할 준비도 기회도 없다. 나는 다만 평등을 지향하며 불평, 불만, 반항의 정신으로 가득 찬 막연한 일개 반역아에 지나지 않았던 것이다.

그런 마음을 갖고 초초해하고 있는 시기였다. 어느 날 내가 학교에서 돌아와 작은외할아버지 가게 옆길의 뒷골목으로 들어서고 있는데
"후미 짱, 후미 짱" 하고 나를 부르는 이가 있었다.
누군가 싶어 나는 아무 말 없이 뒤를 돌아보았다.
세가와가 그곳에 서 있었다. 나는 깜짝 놀랐다. 심장박동이 빨라지는 것을 나는 느꼈다.
"어머! 세가와 상이에요? 어쩐 일이세요?"
세가와는 입가에 미소를 머금고 조용한 태도로 말했다.
"꽤 기다렸어, 이 근처에서."
"기다려요? 어머, 내가 여기 있는지 어떻게 알았어요?"
"그거야 알지. 꽤 찾았거든. 하지만 그건 그렇고 우선 이쪽으로 와봐. 할 애기가 있어."

세가와에게 이끌려 나는 다시 골목을 나왔다. 그리고 집에서 보이지 않는 길가의 담장 아래 잠시 선 채 이야기를 했다. 하지만 특별한 용건이 있는 것은 아니었다. 단지 그는 나를 만나러 왔던 것이었다. 그리고 나에게 자신의 하숙에 놀러오라고 했다.
　그가 내가 있는 곳을 알게 된 것은 어느 사립대학 야간부에서 절에 있는 나의 외삼촌과 함께하게 되어 외삼촌으로부터 들어서였다. 그는 지금, 확실히는 모르나, 어딘가 관공서에서 일하고 있다고 했다.
　상경하여 고학하는 동안에 세가와의 일 따위는 전혀 생각도 해보지 않았는데 지금 또 이렇게 만나보니 역시 뭔가 세가와에게는 끌리는 것이 있었다. 나는 그에게 그의 하숙을 방문하겠다고 약속하고 헤어졌다.

　여름방학이 가까이 다가왔을 때, 하마마쓰에 있는 아버지가 4엔인가 7엔인가 여하튼 얼마 안 되는 돈을 보내며 여름방학에는 하마마쓰로 오라고 했다. 그래서 나는 아버지 집으로는 돌아가고 싶지 않았지만 상경하여 지금까지 너무나 지쳐 있었기에 좀 쉬고 싶어 하마마쓰로 갔다.
　생활에 지칠 대로 지친 몸이어서 조금이라도 육체를 편하게 해주는 일이 무엇보다 고마웠다. 시내 자체도 시끄럽고 번잡한 도쿄에 비하면 마치 잠든 것처럼 조용했다. 특히 아침 일찍 일어나 바닷가를 산보하거나 축축한 아침 안개가 낀 논밭 사이를 산보

하거나 할 때의 그 상쾌함은 어떤 말로도 표현할 수 없는 기쁨이었다. 그때야말로 나는 자유로운 천지를 소요하는 느낌이었다. 무의식중에 나는 가슴을 펴고 입을 크게 벌려 오존을 많이 함유한 대기를 마음껏 호흡하며 대지로 녹아드는 기분이 들었다.

그렇지만 아버지 집의 공기는 2년 전이나 3년 전이나 마찬가지였다. 아버지의 독선이나 허영심이나 천박한 허세나 인색한 마음 등이 사사건건 농후하게 드러나 하나하나 나를 우울하게 만들었다. 또다시 아버지와 서로 으르렁거리고 말다툼하며 진절머리 나는 갈등이 계속될 뿐이었다.

그래서 나는 더 이상 아버지 집에 있을 수 없어 고슈 쪽으로 갔다. 하지만 그곳도 역시 마찬가지였다. 엄마는 또다시 다와라 집안을 나와 혼자서 제사 공장에 다니고 있었고, 외할머니나 외숙모는 내가 고학을 하고 있으니 다행히 학교를 나와 소학교 선생이라도 되면 엄마를 돌봐드리라고 나를 설득했다. 자기 자식을 버리고 자기 생활의 안전만을 구한 엄마에 대해 죽을 정도로 고생하며 공부하고 있는, 장래가 어떻게 될지도 모르는 이 나에게 의무를 지우는 것이었다.

나는 더 이상 그곳에도 있을 수 없었다. 나는 다시 도쿄로 갈 수밖에 없었다.

도쿄로 돌아온 것은 [1921년] 8월 말이었다. 그로부터 4, 5일쯤 지난 어느 날 저녁에 나는 시내에 볼일을 보러 나갔다가 돌아오는 길에 가스가 초春日町의 전차 정류장에서 소나기를 만났다. 그래서 나는 그 근처에서 하숙하고 있는 세가와의 하숙집으로 뛰어들어갔다.

나는 여느 때처럼 안내도 받지 않고 그냥 계단을 올라가 세가와의 방문을 열었다. 세가와는 책상 앞에 앉아 뭔가 편지라도 쓰고 있었던 듯 뒤돌아 나의 모습을 보더니 웃으며 "어이, 웬일이야, 깜짝 놀랐잖아." 하며 나를 맞아주었다.

"비가 너무 심하게 와서 다 젖어서. 자 봐! 머리부터 기모노까지 다 젖었잖아……." 하고 나는 세가와의 뒤에 서서 내 기모노를 정리하며 "뭐 하고 있었어?" 하고 세가와의 책상에 시선을 주며 물었다.

세가와는 책상 위의 편지를 급히 치워 서랍 속에 넣더니, 그다음에 책상을 등지고 붙어 앉으면서 "자, 앉아." 하고 말했다.

나는 물론 예의 바른 아가씨는 아니었다. 불량소녀 같은 거친 아이였다. 젖은 기모노의 옷자락을 벌리고 다리를 꼬고 앉았다.

"도대체 언제 돌아왔어?"

"바로 4, 5일 전"

"꽤 길었네. 50일이나 60일을 어디로 돌아다닌 거야? 편지를 보내려 해도 어디 있는지 알아야지. 한 번 정도 먼저 보내줘도 좋잖아."

"뭐 특별히 용건도 없어서."

"용건이 없어? 흥, 그러니까 후미 짱은 그렇네, 용건이 없으면 편지도 안 보내는 거네, 떨어져 있으면 내 생각 같은 건 전혀 안 한다는 거지."

"글쎄 어떨까? 혹은 그럴지도 모르지. 너도 그렇잖아……. 그건 그렇고, 나 배고파, 밥 좀 시켜줘."

그러나 하숙집 저녁이 끝난 뒤였기 때문에 세가와는 나에게 소바를 배달시켜주었다.

전등을 켤 무렵에는 비가 그쳤지만 나는 이미 자고 가기로 하고 마음 놓고 앉아 있었다. 그리고 둘이서 이런저런 얘기를 하고 있는데 그때 "실례합니다." 하며 두 명의 남자가 들어왔다.

둘 다 스물서너 살 정도이고, 한 명은 얼굴이 희고 키가 크며 또 한 명은 보통 체구인데 갸름한 얼굴에 머리를 길게 길러 올백으로 넘기고 검은 셀룰로이드 테 안경을 쓰고 있었다.

세가와는 두 사람을 내게 소개했다. 머리가 긴 학생 쪽은 이전부터 세가와로부터 얘기를 들은 조선인 사회주의자로 현玄이라고 부르는데 보통은 일본 이름 마쓰모토松本로 통하고 있었다. 또 한 명 키가 큰 쪽은 현의 친구로 조趙라고 했다.

"이 하숙에 현이라는 조선인 사회주의자가 있는데 미행이 두 명이나 붙어 다니는 대단한 사람이라니까." 하고 언젠가 세가와가 나에게 말해준 적이 있어 나는 특히 주의하여 현을 보았다. 하지만 특별히 색다른 점도 없고 사회주의자다운 말도 하지 않았다. 게다가 내가 와 있어 미안하다고 생각했는지 아주 잠깐 얘기하다가 세가와의 방을 나갔다.

그날 밤 나는 언제나처럼 한 채밖에 없는 이불에서 세가와와 함께 잤다.

다음 날 아침 하숙집 식모가 아침을 가져왔는데 1인분밖에 없었다. 세가와는 내 것을 주문하지 않았던 것이다. 자기 혼자 젓가락을 들고는

"후미 짱 아침 먹을래? 먹을 거면 내 걸 좀 남기고······."라고 말했다.

나는 웬지 못마땅했다.

"아니 괜찮아. 난 집에 가서 먹을게."

그렇게 말하고 나는 책상에 기댄 채로 잡지를 읽었다. 세가와는 식사를 마치고 창가로 가서 창밖을 보았다.

"후미 짱, 이리 와봐, 날씨 좋아."

"그래?" 하고 나는 힘없이 대답을 하였다. 그러고는 아까부터 혼자 생각하고 있던 것을 세가와에게 얘기했다.

"저 히로시 상, 이러고 있다가······ 만약에 아이라도 생기면 어떡해?"

실제로 심각하게 나는 생각하고 있었다. "만약에 아이라도 생기면······." 나는 그 결과를 두려워하며 또 한편으로는 이미 엄마가 된 듯 아직 보지도 못한 아이를 마음속에서 안고 있는 것이었다. 그런데 세가와는 그런 일에는 전혀 관심 없다는 듯 내 쪽을 잠깐 쳐다보고 나서 양팔을 벌려 하품을 하며 귀찮은 듯이 대답했다.

"아이가 생기면 어떡하냐고? 난 그런 거 몰라……."

갑자기 나는 저 나락 속으로 떨어지는 고독을 느꼈다. 하지만 나는 세가와가 말은 이렇게 해도 사실은 뭔가 생각하는 것이 있을 것으로 보고 다음 말을 기다렸다. 하지만 세가와는 아무 말도 하지 않았다. 창가 벽에 걸려 있는 바이올린을 내려 낮은 창가에 걸터앉아 아주 태평하게 켜기 시작했다.

우리 사이에 진정한 사랑이 없었다는 것은 나도 알고 있었다. 그래서 나는 결코 세가와만 힐책하지는 않는다. 하지만 그래도 그런 경우의 책임 정도는 세가와도 져야 할 터이다. 그런데도 어쩌면 이렇게 무책임한가. 결국 내가 노리개였다는 것을 비로소 통절히 알게 되었다.

쓸쓸함과 분노에 나는 이미 발끈해 있었다. 박차고 일어나 나는 세가와의 방을 나왔다.

세가와는 뭐라고 말하며 나를 잡았다. 하지만 나는 대답도 하지 않고 그대로 뒤 계단 아래쪽에 있는 세면장으로 갔다. 그리고 거기서 나는 근처의 방에 어젯밤에 소개받은 현이 있는 것을 보았다.

현은 막대 무늬의 유카타를 입고 창가 테이블 앞에 앉아 뭔가 책을 읽고 있었다. 나는 왠지 현의 방에 들어가보고 싶어졌다. 그러나 잠시 만난 정도인데 그럴 수 없어 수도꼭지를 틀었다.

나는 거기서 세수를 했다. 타월로 얼굴을 닦으며 다시 현의 방 쪽을 보았다. 현도 그때에는 책을 덮고 내 쪽을 보고 있었다.

"안녕히 주무셨어요? 어젯밤에 실례 많았습니다." 하고 내가 먼저 말을 건넸다.

"아니, 저야말로……. 어젯밤은 비가 왔는데 오늘은 날씨가 좋네요." 하며 현도 인사를 했다.

나는 그의 방 입구까지 가서

"당신 방은 좋네요, 마당이 보여서……." 하고 그의 방을 통해 보이는 마당의 나무를 바라보았다.

"괜찮으시면 들어오세요. 전 별로 바쁘지 않으니까요……."

이렇게 말하며 현은 테이블 옆에 또 하나의 의자를 갖다놓았다. 예의도 차리지 않고 나는 현의 방에 들어가 의자에 앉았다. 그러고는 신기한 듯이 그의 방을 둘러보았다.

벽 여기저기에 유명한 혁명가의 초상화나 사진이 붙어 있었다. 선전 삐라 같은 것도 다닥다닥 붙어 있었다.

나는 서서 그런 것들을 열심히 보았다. 그리고 어떤 사진 앞에 섰을 때

"어, 이 사진 G회의 멤버들이네요." 하고 물었다.

"예, 당신 이 사람들 아세요?" 현은 사진을 들어 탁자 위에 놓았다.

"네. 서너 명은." 하고 나는 대답하고, 사진 위로 얼굴을 갖다 대며 "이 사람은 T 상, 이 사람은 H 상, 그리고 S 상 그리고 이 사람은 당신. 그렇죠?" 하고 한 명 한 명 손짓하며 말하니 현도 마찬가지로 사진 위로 얼굴을 가까이 대고 내 얼굴과 자신의 얼굴

이 바짝 닿을 정도로 "그래요. 맞아요." 하며 대답하다가 드디어 "아, 역시 그러셨군요. 어젯밤 보았을 때 아무래도 그런 것 같았어요. 묻는 것도 이상한 것 같아 조용히 있었지요." 하며 나를 그들의 컴레이드[동지Comrade]로 생각하고 반가워하는 얼굴이었다.

이것이 계기가 되어 현과 정말 급속도로 친해졌다. 나도 또한 특히 그가 조선인이라는 것에 반가움을 느꼈다. 친한 친구를 오랜만에 만난 즐거운 기분이었다.

우리는 그래서 마음을 터놓고 이야기할 수 있었다. 조선에서 거의 7년이나 살았다는 것을 나는 이야기했다. 현은 조선의 자기 집 일 등을 이야기했다. 그의 이야기에 따르면 그는 경성의 상당한 지위와 재산을 가진 집의 아들로 태어나 지금은 도요東洋대학 철학과에 적을 두고 있지만 학교에는 좀처럼 가지 않고 언제나 친구들과 함께 자주 놀러 다니는 것 같았다.

"그래요? 그러면 당신은 [사회주의] 운동만 하고 있는 건가요?" 하고 내가 물으니

"아니요. 운동이라 해도 저 같은 사람들은 프티부르[프티부르주아]니 인텔리[인텔리겐치아]니 하며 잘 끼워주지 않는답니다." 하고 현은 쓸쓸하게 웃었다.

나도 그 무렵은 특별히 어떤 단체에 속하지도 않고 열심히 운동을 하고 있는 것도 아니어서 특별히 그를 경멸하거나 배척하는 마음은 들지 않았다. 나는 단지 나와 같은 마음을 비슷한 정도로 갖고 있는 이 현이 나의 친구라는 것을 발견한 데 기쁨을 느꼈

을 뿐이었다.
그때 갑자기 나는 복도에서 나는 요란한 슬리퍼 발소리를 들었다. 그래서 무심코 쳐다봤더니 세가와가 현의 방 입구까지 와서 멈추어 선 채 나에게 이야기했다.
"후미 짱, 아무 방이나 드나드는 것은 곤란해, 집으로 돌아가."
"뭐라고!" 하며 나는 아까부터 눌러오던 화를 폭발시켜버렸다. 그리고 소리쳤다.
"간섭하지 마. 내 발로 내가 걷는데 뭐가 문제야. 내 마음이거든. 조용히 해."
"그렇지만 현 상이 귀찮아하잖아. 아침부터 방해하면 어떡해……."
"닥쳐." 나는 더욱 화가 나서 소리쳤다. "현 상 자신이 승낙했는데 당신이 무슨 권리로 난리야. 그런 간섭하지 말고 도시락이나 들고 얼른 출근하기나 해. 그게 너한테 더 어울린다니까."
"너 각오해!" 하며 세가와도 화가 나서 막말을 내뱉고 사라졌다.
세가와는 그렇게 하고 나서는 더 오지 않았으며, 아마도 이렇다 할 창피나 고통도 느끼지 않고 직장으로 출근했을 것이다.
내가 이렇게 세가와를 큰소리로 비난할 동안 하숙집의 식모가 어이없어 하며 다 듣고 있었다. 나는 그러나 전혀 개의치 않았다. 다른 사람이 어떻게 생각하든 나는 내가 하고 싶은 것을 한다가 그 당시의 나의 생각이었다.
그리고 나서 나는 한 시간이나 더 현과 이야기를 나눴다. 세가와를 큰소리로 비난한 통쾌함에 흥분하여 힘차게 나는 재잘재잘 수다를 떨었다.

현의 집을 나온 것은 9시가 넘어서였다. 그런데 골목을 벗어나 한두 정쯤 걷고 있는데 뒤에서 누군가가 나를 불러 세웠다.

보니 그는 현이었다. 양복으로 갈아입고 보헤미안 넥타이를 하고 나를 뒤쫓아온 것이었다.

나는 멈춰 서서 현을 기다렸다. 현은 나에게 말했다.

"당신 이미 식사하셨나요…… 실은 저는 아직 안 먹었어요. 하숙집 밥이 맛이 없어서요. 그래서 지금 어딘가에 뭐가 먹으러 가려고 생각하고 있습니다만, 당신도 같이 가지 않을래요? 시간 많이 안 뺏을게요……."

"그래요? 감사해요. 실은 저도 아직 안 먹었어요."

"마침 잘 됐네요. 갑시다."

그러고 나서 두 사람은 전찻길에서 벗어나 언덕을 올랐다. 우체국 앞에 오니 현은 나를 기다리게 하고 우편환 창구 앞에 섰다. 아마 돈을 찾아 온 것 같았다. 양복 안 포켓에 손을 넣으며 현이 돌아왔다.

신사 옆에 있는 조그맣고 아담한 양식당 2층으로 올라갔다. 아침나절이어서 손님이 아무도 없었다.

우리는 벌써 아주 오래된 친구 같았다.

다음 날 학교에서 돌아와 보니 현으로부터 편지가 와 있었다.

희고 작은 서양 봉투에 '속달'이라고 붉은색으로 써 있었다. 열어 보니 비싼 편지지에 오늘 밤 우에노의 간게쓰바시觀月橋까지 와 주었으면 좋겠다고 정중하고 깨끗한 글씨로 쓰여 있었다.

늦더위가 한창이었다. 다리 위에는 시원한 바람을 찾아 모여든 사람들로 북새통이었다. 나는 번득이는 눈초리로 열심히 좌우의 사람들을 하나하나 살피며 다리를 건넜다. 하지만 현의 모습이 도통 보이지 않았다. 거짓말할 턱이 없을 텐데라고 이상하게 생각하며 나는 다리를 다시 한번 건넜다. 그러자 그 다리의 마지막 난간 옆에 현이 서 있었다.

"아, 후미코 상, 잘 와주었어요." 하며 현이 갑자기 내 손을 잡았다.

우리는 공원 안을 걸었다.

"나는 완전히 당신에게 반해버렸습니다."

현이 이렇게 나에게 말했다.

"나도 당신이 좋아요."

나는 이렇게 현에게 대답했다.

우리는 또 어느 작은 요릿집에 갔다. 아아, 그리고 또 나는……. 나는 나의 희망이나 현재의 처지 등에 대해 현에게 얘기했다.

"그럼 둘이서 어딘가에 살림을 차립시다." 하고 현은 나에게 약속하였다.

그리고 나는 이유도 없이 현에게 끌리게 되었다. 현을 만나지 못하는 날이 좀 이어지면 외로워 견딜 수가 없었다. 그럴 때는 현의 뒤를 쫓아 그가 갈 만한 곳을 찾아다녔다. 그리고 결국 현을 마주치지 못해 피곤에 지쳐 돌아온 일도 몇 번 있었다.

작은외할아버지 집에서도 나를 경계하기 시작하였다. 그후로는 나도 좀 외출하기가 어려워졌다.

"집은 아직 못 구했어?" 하고 나는 만날 때마다 현에게 이렇게 물어보았다.

"매일 찾고는 있는데." 하며 현은 월세 집 광고가 실려 있는 신문을 포켓에서 꺼내 보여주기도 했다.

빨리 집을 구해 빨리 작은외할아버지 집을 나오고 싶다, 그것만이 나의 바람이었다.

어느 날 벌써 밤 9시가 지난 시간이었다.

거실에 앉아 겨울옷을 만들고 있는데 현으로부터 전화가 걸려왔다.

현은 전화로 말하는 것이었다.

"후미 짱? 아 맞아, 있잖아, 구노久能[여성 운동가 구쓰미 후사코久津見房子] 상이 병이 심한 거 알지? 모른다고? 아니 나도 몰랐으니까. 지금 여기 와서 들으니 이미 위험하다네. 그래서 나 지금 문병 갈까 하는데 당신도 같이 가지 않을래?"

구노 여사는 서른대여섯 살 정도의 여성 사회주의자였다. 어느 사상가와의 사이에 아이 둘이 있는데도 남편을 버리고 운동에 뛰어든 여자였다. 나는 지금까지 그녀를 몇 번 만난 적이 있다. 그녀는 젊은 사회주의자들과 함께 가난한 생활을 하며 피비린내 나는 투쟁을 계속하고 있었다. 그 여사가 언제부터인가 병이 깊어진 모양이었다. 나는 그녀의 문병을 가야겠다는 생각이 들었다.

"그래요? 가요. 지금 갈 테니 기다려요."

"기다리고 있을게. 얼른 와요."

그래서 나는 작은외할아버지 집에 얘기하고 서둘러 집을 나왔다.

"거짓말하기는. 또 어느 뭐라는 남자 만나고 싶으니까 전화 같은 거 걸게 한 거지." 하며 내가 준비를 하는 동안 하나에 상이 일부러 내가 들으라는 듯이 말하는 것이 들렸다.

물론 나는 현을 만나는 것이 기쁘다고는 생각했다. 하지만 지금은 정말 구노 상 일만 걱정하고 있었다. 그래서 하나에 상이 뭐라고 하든 나는 아무렇지도 않았다.

현이 기다리고 있다는 현의 친구 하숙에 도착한 것은 그로부터 30분쯤 뒤였다.

친구의 방에 안내를 받아 가보니 그 방에는 서너 명의 남자들이 눕거나 다리를 뻗고서 무언가 이야기를 하고 있었다.

"안녕하세요. 정말 오래 기다렸죠⋯⋯ 자 마쓰모토 상 나가죠."

장지문을 열고 문 앞에 선 채로 나는 긴장된 마음에 현을 재촉하였다.

하지만 현은 일어나려 하지 않고 그저 빙글빙글 웃고만 있었다. 오히려 친구 중 한 명이 일어나 "그거 다 거짓말이에요. 우선 들어오세요." 하고 내 손을 잡고 안으로 들어갔다.

"어머 너무해요! 거짓말이라고요?" 하고 나는 성질이 나서 화를 내보았지만 그러나 왠지 기쁘기도 하였다.

"도대체 무슨 일이야? 전화까지 해서 사람을 불렀잖아? 왜 그런 건데?"

"있잖아, 후미 짱." 하며 그때 현이 입을 열었다. "조금 아까 맹인이 노래를 부르며 왔었어. 조용히 듣다 보니 우리 모두 빨려들듯이 쓸쓸해졌어. 나는 결국 울어버렸어. 우선 들어와. 우리 모두 외로워서 미치겠어……."

현은 확실히 뭔가 쓸쓸함을 느끼고 있었던 것 같다. 그의 목소리에는 센티멘털한 울림이 있었다.

"아유 정말 못 말리겠다. 도련님들……."

이렇게 말하며 나는 방 안으로 들어갔다.

모두 나를 환영해주었다.

"정말 쓸쓸한 밤이었어요. 하지만 당신이 와주어 기분이 좋아졌습니다." 하고 방 주인인 친구가 이야기하며 몇 접시의 양식과 중국 요리를 배달시켜 대접해주었다.

남자들은 비어를 마시고 과일을 먹었다. 그러고는 엄청 수다를 떨기도 하고 웃기도 하고 노래를 부르기도 했다.

일찍 돌아가야지 하는 생각에 나는 안절부절못하였다. 그러면서도 나는 아무리 해도 뿌리치고 돌아갈 수가 없었다. 어느새 10시가 지나고 11시도 지나고 있었다. 하지만 아무도 돌아갈 생각을 안 하고 트럼프를 시작했다. 트럼프는 내가 가장 좋아하는 놀이여서 나는 또 주저앉았다. 그러다 겨우 정신을 차려보니 지금은 이미 전차 소리조차 들리지 않았다.

나는 결국 외박을 했다. 별채에 있는 방 하나를 현의 친구가 현과 나를 위해 빌려주었다.

다음 날 아침 눈을 떴을 때 가장 먼저 머리에 떠오른 것은 집 생각이었다. 어젯밤 집을 나올 때 하나에 상이 한 말이 언뜻 뇌리를 스쳤다.

아무리 내가 꾸며서 계획한 일이 아니라 해도 어쨌든 나는 구노 상을 방문하지 않았던 것이다. 그리고 사실 현을 만나 집에 돌아가지도 않았다. 작은외할아버지 집 사람들이 얼마나 나를 업신여기고 화를 낼까. 그것을 생각하니 나는 가만히 있을 수가 없었다.

우리는 또 현의 친구 방에 모였다. 친구들은 또 양식을 주문하고 식사가 끝나자 다시 또 어젯밤의 놀이를 계속했다. 하지만 나는 밥 먹을 생각도 없고 또 노는 데 낄 수도 없었다. 방의 마당 쪽 창가에 앉아 나는 혼자 쓸쓸히 상념에 잠겼다.

"후미 짱 이쪽으로 와요. 어디 안 좋아요?" 하고 그들이 가끔 생각난 듯이 나에게 말을 걸어왔지만 내가 아무 반응이 없자 그들은 또 노는 데 열중해버렸다.

나는 더 이상 참을 수가 없어졌다. 나는 현에게 말했다.

"저 마쓰모토 상, 좀 나와볼래요? 나 집에 가야 하는데 할 말이 있어서."

현은 달갑지 않아 하며 친구들 있는 데서 일어나 왔다. 우리는 다시 어제 잤던 다른 방으로 갔다.

"저기 현 상" 하며 방 가운데 앉자 내가 말했다. "이렇게 내가 자주 외출하거나 외박하거나 하잖아. 그러니 나는 이제 집에 있기가 너무 힘들어…… 그래서 그 얘기…… 어떻게 됐어. 빨리 결정할 수 없는 거야?"

둘이 처음 알게 되었을 때부터 현은 조용한 변두리에 집을 얻어 같이 살자고 얘기했다. 하지만 그후의 현의 태도는 그럴 뜻이 전혀 없어 보였다. 나는 현이 정말 성의가 있는지 의심이 들기 시작했다. 하지만 그러면 그럴수록 나 자신은 그에게 더 끌려들어가 어쩔 도리가 없었다. 그리하여 결국 몇 번인가 외출을 하고 외박을 하다 보니 집으로 돌아가는 것조차 괴로워지던 차였다.

"아 그 이야기 말이야." 하며 현은 곧 대답을 했지만 그 얼굴은 확실히 당황한 듯했다. "그 이야기…… 그러니까 지금 집을 구하고 있는데 그리고 집도 있기는 한데…… 우에노에 친구가 빌린 집이 있는데 친구가 고향으로 돌아가서 어쩌지 못하고 있는데…… 그래도 곧 어떻게든 해결할 거야. 결정하지 뭐."

역시 언제나처럼 미적지근한 대답이었다. 핑계를 둘러대고 있는 것이 나에게는 잘 보였다.

"그래?……." 하며 나는 거기서 생각에 잠겼다.

지금은 뭐라 해도 할 수 없다. 역시 그 애매한 말을 믿고 언제까지나 기다릴 수밖에는 방법이 없다. 하지만 그건 그렇고 어젯밤의 일까지 하나에 상한테 말을 지어내야 한다. 나는 그래서 현에게 말했다.

"자 그럼 그건 그렇다 치고. 어젯밤은 구노 상한테 간다고 나왔잖아. 그러니 이대로 돌아가면 뭔가 곤란해. 그래서 나, 구노 상한테 갔다 왔다는 증거가 필요한데 생각해보니 올 봄에 내 기모노를 구노 상이 전당포에 맡겼는데 구노 상한테 갔다는 증거로 그거라도 가지고 돌아가고 싶은데……."

이렇게 말하는 것은 현에게 돈을 조르는 일이다. 그것은 서로 사랑하는 사이라면 크게 이상할 것이 없다. 하지만 현이 만약 나를 노리개로만 생각하고 있었다면 내가 이런 말을 한 것을 핑계 삼아 내가 몸을 판 대가를 요구했다는 구실을 그에게 제공하는 것이 된다. 나는 그것이 싫었다. 하지만 집에 대한 체면상 이 기모노는 꼭 필요하다는 생각이 들어 말해도 좋은지 어떤지 잘 생각도해보지 않은 채 그만 내뱉어버린 것이다.

"아 그래요. 알았어요. 알았습니다. 그게 좋다면 그렇게 해요." 하고 현은 밝게 그리고 대수롭지 않게 내 제안을 받아들였다. 그리고 그렇게 말하면서 포켓을 뒤지더니

"조금 기다려요." 하고는 일어서서 나갔다.

마침 그때 빗자루를 든 두 명의 식모가 현이 채 닫지 못하고 나간 문틈으로 나를 들여다보듯이 하며 앞 복도를 지나갔다.

지나가면서 속삭이듯 대화하는 두 식모의 말소리가 내 귀에 울렸다.

"저 스미すみ 짱, 저 여자는 대체 뭘까?"

"아마 하숙집 돌아다니며 몸 파는 아이 아닐까?"

그때 현이 들어왔다. 그리고 5엔 지폐를 한 장 내 손에 쥐어주었다. 눈물을 삼키며 나는 그것을 받았다.

계속 떠드는 사람들을 남겨두고 나는 그 하숙집을 나왔다. 벌써 10시가 넘었다. 거세지는 않지만 비가 내리고 있었다. 우산도 게다도 없었지만 전당포에 맡긴 물건을 찾아야 했으므로 [우산을] 살 수도 없어 비를 흠뻑 맞으며 낮은 슬리퍼로 흙탕물을 튀겨가며 스가모의 구노 상 집까지 걸어갔다.

"실례합니다." 하고 나는 구노 상 집 현관 안으로 뛰어들어갔다.

"네."라고 대답하며 나온 사람은 하지만 구노 상이 아니었다.

"저 구노 상은요?"

"구노 상? 그런 사람 모르는데요……."

나는 어안이 벙벙하여 그 집을 나왔다. 그리고 어쩐 일인가 하여 가까이에 있는 '노동사'로 가서 물어보았다.

노동사에도 내가 아는 사람은 하나도 없었다. 하지만 구노 상의 소식은 들을 수 있었다.

"구노 상요? 그 사람은 미키모토三木本 군과 함께 오사카 쪽으로 갔는데요." 하고 노동사의 동인同人 한 명이 가르쳐주었다.

"그래요. 큰일이네."라고 내가 말하니

"무슨 일인데요? 실례지만 당신은 누구죠?"라고 상대는 말하며 놀다 가라고 얘기했지만 나는 내 이름을 말하지 않고 그곳을 나왔다.

나는 구노의 단골 전당포를 알고 있었다. 나는 그 전당포를 찾아갔다.

"네 확실히 기모노는 받았죠." 점원은 내가 말한 물건에 대해 말을 하기 시작했다. "하지만 딱하게 되었습니다만 저번 달에 기한이 끝났기 때문에 이쪽에서 처분해버렸는데요. 여하튼 몇 번이나 재촉을 해도 이자 한 번 내지를 않으니 어쩝니까……."

마지막 남은 단 하나의 지푸라기가 툭 끊어져 울지도 못할 절망의 나락으로 떨어지는 것을 나는 느꼈다.

나는 특별히 그 기모노를 갖고 싶은 것이 아니다. 단지 지금의 상황에서는 절대로 그게 필요한 것이다. 게다가 구노 상의 처사가 얼마나 불성실한가. 지금까지 '주의자'라는 사람은 뭔가 조금 특별하고 훌륭한 인간이라고 생각하고 있었던 것이 얼마나 부질없는 공상이었는지를 나는 지금 너무나 확실히 알게 된 느낌이었다. 아름다운 천상의 꿈에서 더러운 시궁창으로 내던져진 듯한 환멸을 느꼈다.

절에 있는 외삼촌이 병이 들어 미노와의 작은외할아버지 집을 찾아왔다. 완전히 쇠약해져서 측은한 모습으로 그가 있었다. 그만큼 창피를 당한 나였지만 그 모습을 보니 반감조차 가질 수도 없었다. 나는 외삼촌을 데리고 병원을 여기저기 돌아다녔다. 그러나 어딜 가도 외삼촌의 완치를 보장하는 곳이 없었다.

외삼촌은 소득 없이 돌아가야 했다. 나는 외삼촌을 이이다 초 飯田町 역까지 배웅했다.

"안녕히 가세요. 몸조리 잘 하시고요."

"고마워, 공부 열심히 해라."

외삼촌은 자신의 생명이 꺼져가고 있다는 것을 알지 못하고 있는 것이다. 하지만 이것을 알고 있는 나는 "이것이 마지막 인사다."라고 생각하니 역시 왠지 울적해졌다.

기차가 떠나고 나는 돌아섰다. 벌써 6시가 지나고 있었다. 거리에는 환하게 전등이 켜지고 있었다. 이 울적함을 나는 어딘가에 발산하고 싶어졌다. 그리고 이유도 없이 몇 대의 전차를 그대로 보냈다.

멍하니 서서 거리의 전등을 보노라니 견딜 수 없이 남자가 보고 싶어졌다. 이젠 애인이라고 할 수도 없는 남자가 보고 싶었다. 그래서 나는 근처의 자동전화로 뛰어 들어갔다. 여기저기 짐작 가는 데에 전화를 걸어 나는 겨우 현이 있는 곳을 찾아냈다.

"마침 잘 걸었어. 나도 이야기할 게 있어 만나고 싶던 참이었는데." 하며 현은 혼고의 조趙의 집으로 오라고 했다.

나는 조의 집으로 갔다. 현은 2, 3분 전에 조의 집에 도착해 있었다.

"무슨 얘긴데?" 하고 나는 물었다.

"그 얘기가 뭐냐 하면." 하며 현은 여느 때처럼 애매한 표현을 쓰며 조와 둘이서 독일로 유학을 가기로 했으므로 이별하지 않으면 안 된다는 이야기를 했다.

나는 이미 체념하고 있었다.

"아 그래. 잘 됐네."

"헤어지는 기념으로 즐겁게 놀자."고 조가 말하여 양식이나 술을 먹고 마셨다.

나는 그다지 슬프지도 후회하지도 않았다. 그저 절망적인 기분이 울컥 치미는 것을 느꼈다.

나는 마구 위스키를 마셨다. 얼마나 마셨는지 여하튼 일어서지도 못할 정도로 마셨다.

이리하여 나는 작은외할아버지 집에도 있기 어려워졌다. 실연의 상처를 안고 작은외할아버지 집을 나는 나왔다.

일! 나 자신의 일을 찾아!

작은외할아버지 집을 나온 나는 히비야에 있는 어느 작은 요릿집으로 들어갔다[하라사와 다케노스케가 소개했다].

그 집은 '사회주의 오뎅'이라는 이름으로 통하던 가게[이와사키오뎅집]로 주인[이와사키 젠에몬岩崎善右衛門]이 사회주의의 동조자이기도 하고 자신도 엄청난 사회주의자의 얼굴을 하고 있었기 때문에 오히려 그것이 화제가 되어 신문기자라든가 사회주의자라든가 회사원이라든가 문인 등 사회의 일부 인텔리들이 단골로 자주 들렀다.

나는 이곳에서 낮에는 손님을 접대하고 밤에는 학교를 다녔다. 가게에서는 학교의 월사금과 전차비를 대주기로 약속하고…….

지금까지는 주간학교를 다녔으나 야간학교로 옮기면서 나는 여자 친구를 한 명 발견했다. 니야마 하쓰요新山初代 상이 그 사람이었다.*

---

* 니야마 하쓰요의 증언에 의하면 1922년 1, 2월경에 만났다고 한다. 한편 여기서 가네코 후미코는 이 글을 쓰던 당시에 자신의 허무주의 형성에 강한 영향을 미친

하쓰요 상은 아마 내 생애 중 내가 찾아낸 오직 한 명의 여성일 것이다. 나는 하쓰요 상으로부터 많은 가르침을 받았다. 단순히 가르침을 받은 것만이 아니다. 하쓰요 상을 통해 나는 진정한 우정의 따뜻함과 힘을 얻었다. 이번에 검거되어 경시청의 관리가 하쓰요 상에게 "여자 친구 중 누구를 제일 좋아하는가?" 하고 물으니 하쓰요 상은 주저하지 않고 바로 나라고 얘기했다고 하는데, 나 또한 하쓰요 상이 가장 좋다고 말하고 싶다. 그러나 하쓰요 상은 이미 이 세상 사람이 아니다. 나는 지금 여기까지 쓰고는 하쓰요 상에게 내 손을 내밀고 싶은 강한 충동을 느낀다. 하지만 지금은 이미 내민 내 손을 잡아줄 손이 없다.

하쓰요 상은 나보다 두 살 위로 그때가 막 스물한 살 때였다. 머리가 매우 좋으면서도 동시에 또 좋은 의미에서 남성적인 성격을 가진 사람이었다. 의지가 강하고 주위에 휘둘리는 일 없이 어디까지나 자신을 세울 만큼의 힘을 갖고 있었다.

하쓰요 상의 가정은 유복할 정도는 아니지만 나 같은 룸펜 가정은 아니었다. 그렇다고 하쓰요 상이 풍요로운 가정생활을 누린 것도 결코 아니었다. 아버지는 술주정뱅이로 아이들은 신경도 쓰지 않는 사람인 데다 하쓰요 상이 여학교 2학년 때 돌아가셨다. 그로부터 얼마 되지 않아 하쓰요 상은 결핵에 걸려 반년 이

니힐리스트인 니야마 하쓰요가 이미 죽었기 때문에—니야마 하쓰요는 옥중 생활로 결핵이 급속히 악화되어 1923년 11월 28일경 죽었다—이 글에 나오는 다른 사람과 달리 그녀의 본명을 그대로 밝히고 있다.

상이나 고향인 니가타新潟의 시골로 돌아가 요양을 해야 했다. 하쓰요 상이 생사의 문제로 고민하여 불교를 연구하기 시작한 것은 그 무렵이었던 것 같다. 그러나 병이 그리 심하지는 않았다. 그래서 다시 도쿄로 와서 부립 제2인가 제3인가를 우등으로 졸업했다.

하쓰요 상이 좋은 소질을 가지고 있다는 것을 아는 사람들은 하쓰요 상에게 상급 학교로 진학하라고 권했다. 하지만 하쓰요 상은 아버지가 돌아가시고 어린 여동생이 있는 어머니의 힘든 살림살이에 상급 학교로 진학할 수 없다며 스스로 자립하는 생활을 모색하였다. 그렇게 하여 어느 타이프라이터 학교에 다녀 타이피스트가 되었으며, 그즈음 영국인이 경영하고 있는 어느 회사의 사무원으로 일하면서 밤에는 세이소쿠에 다니며 영어를 공부하고 있었다.

어떻게 하쓰요 상과 친구가 되었는지는 확실히 기억나지 않는다. 다만 야간학교에서 우리 여학생이—네다섯 명 있었을 것이다—교실 앞줄에 앉았던 관계로 처음에는 그저 말도 없이 눈인사만 했지만 언젠가 죽음이라는 주제를 놓고 하쓰요 상이 남학생과 열띤 토론을 하는 것을 옆에서 듣고 있던 내가 결국 토론에 끼면서 시작된 것 같다고 생각한다.

그렇기는 해도 내가 하쓰요 상이 하는 일마다 뭔가 매력을 느끼고 있어 언젠가 친해지고 싶다는 생각을 야간학교에서 하쓰요 상을 만난 지 얼마 안 돼서부터 갖고 있었던 것은 말할 필요도 없다.

이[죽음] 문제에 대해 하쓰요 상은 다음과 같이 말했다.

"나는 폐병을 앓고 있습니다. 그러니까 죽음에 대해서는 꽤 생각해본 터입니다. 그래서 나는 생각합니다. 인간이 죽음을 두려워하는 것은 죽음 자체를 두려워하는 것이 아니라 죽음으로 옮겨 가는 순간의 고통을 두려워하는 것이 아닐까 하고. 왜냐하면 사람은 수면을 두려워하지는 않지 않습니까. 수면은 의식을 상실한다는 점에서 이 역시 일시적인 죽음이라고도 할 수 있는데……."

그것을 듣고 있으니 나는 이전에 조선에서 죽으려고 결심했을 때의 느낌을 다시금 선명하게 인식했다. 나는 나의 체험에 비추어 하쓰요 상의 이 논의가 틀렸다고 생각하여 입을 열었다.

"나는 그렇게 생각하지 않습니다. 나는 내 체험에서 이렇게 단언할 수 있습니다. 사람이 죽음을 두려워하는 것은 자신이 영원히 이 지상에서 사라지는 게 슬퍼서입니다. 바꿔 말하면 사람은 지상의 모든 현상을 평소에는 아무것도 의식하고 있지 않을지도 모르지만 실은 [그것이] 자신 그 자체의 내용이므로 그것을 잃어버리는 게 슬픈 겁니다. 수면은 결코 그 내용을 잃지 않습니다. 수면은 그저 잊어버리고 있는 것뿐입니다."

물론 이 논의는 양쪽 모두 다 맞는 것은 아니리라. 하지만 여하튼 이를 인연으로 우리는 서로 말문을 열었다.

"당신은 죽음을 체험해보았나요?" 하고 하쓰요 상이 물었다.

"네 있습니다." 내가 대답했다.

그리하여 그 일로 우리는 학교가 끝나고 돌아올 때에도 그 이야기를 계속했다. 그러면서 우리는 바로 아주 친한 친구가 되었다.

지금 생각해보면 나는 특별히 직접적으로 하쓰요 상의 사상을 배웠다고는 보지 않는다. 하지만 하쓰요 상이 갖고 있던 책들을 통해 나는 많은 것을 얻었다. 오랫동안 나는 책을 읽고 싶어 했지만 책을 살 수 없었다. 그런데 이렇게 하쓰요 상의 친구가 되면서 하쓰요 상이 갖고 있는 많은 책을 빌려다 읽었다.

『노동자 세이료프』를 감격에 겨워 나에게 권한 것도 하쓰요 상이었다. 『죽음의 전야』를 빌려준 것도 하쓰요 상이었다. 베르그손이나 스펜서나 헤겔 등의 사상 일반을, 혹은 적어도 이름이라도 알게 해준 사람이 하쓰요 상이었다. 그중에서도 가장 많이 나의 사상에 영향을 준 것은 하쓰요 상이 갖고 있던 [책에서 알게 된] 니힐리스틱한 사상가들의 사상이었다. 슈티르너, 알티바세프, 니체 그런 사람들을 알게 된 것도 그때였다.

잔뜩 찌푸린, 곧 뭔가 쏟아질 듯한 흐린 저녁이었다. 나는 4시에 가게를 나왔으나 학교 시작까지는 두 시간이나 있어 학교 근처에 있는 현의 친구 하숙을 방문하였다.

"어서 와요." 하며 정鄭[정우영鄭又影, 본명은 鄭泰信, 공산주의자]은 나를 보자 곧 "좋은 거 주려고 기다리고 있었어요." 하며 책상 서랍에서 편지 한 통을 꺼내 나에게 건네주었다.

그것은 현으로부터 온 편지로 [귀향] 도중에 나에게 보낸 것이었다. 모친 위독이라는 전보를 받고 짐도 제대로 챙기지 못하고 나왔다, 그런 연유로 작별 인사도 하지 못하고 왔지만 용서해달라는 편지였다. 하지만 그것은 새빨간 거짓말로 귀향은 벌써 예전부터 정해진 것이었다.

"흥." 하며 나는 그 편지를 바닥으로 던졌지만 별로 화도 나지 않았다. 정도 역시 거기에 대해서는 아무 말도 하지 않았다.

오히려 내가 편지를 다 읽기를 기다리기라도 했다는 듯이 정은 이번에는 서너 장의 인쇄물을 나에게 보여주었다. 그것은 정이 발간하려 하던 국배판 8쪽의 월간 잡지 『청년조선』 교정쇄로 이전부터 나도 그 계획을 들었던 터였다.

"그래? 벌써 다 됐어?" 하며 나도 정과 함께 기쁨을 나누며, 그것을 손에 들고 읽어보았다. 하지만 내용에 대해서는 나는 이미 훤히 알고 있었다. 정이 항상 써오던 것을 인쇄한 것으로 나는 그것을 원고 때 읽어 알고 있었던 것이다.

단 하나 내 눈에 띈 것은 마지막 쪽의 한구석에 실린 짧은 시 「개새끼」였다.

나는 그 시를 읽었다. 이리도 힘 있는 시가 있으랴. 한 구절 한 구절이 내 마음을 강하게 끌어당겼다. 그리고 그것을 다 읽었을 때 나는 정말이지 황홀할 정도였다. 내 가슴의 피가 뛰고 있었다. 어떤 강한 감동이 나의 전 생명을 고양하고 있었다.

나는 그 작자의 이름을 보았다. 내가 모르는 이름이었다. 박열이라는 이름이 거기에 있었다. 누군가의 가짜 이름일지도 모른다고 나는 생각했다. 하지만 나는 바로 그것을 부정하였다. 왜냐하면 이 시에 걸맞은 남자를 나는 아직 조선 남자 중에서는 보지 못했으니까.

"이 사람 누구에요? 박열이라는 사람 말이에요?" 하고 정에게 물었다.

"그 사람 말입니까? 그 사람은 내 친구인데요, 하지만 아직은 그다지 알려지진 않은 푸어[poor]한 남자에요."라고 정은 그 작자에 대해 가볍게 얘기했다.

"그래요? 하지만 이 사람에게는 뭐라 말할 수 없는 힘이 있어요. 난 이런 시를 본 적이 없어요." 하고 나는 오히려 이 작자를 인정하지 않는 정을 무시하는 기분으로 말했다.

정은 그것을 그다지 기뻐하지 않는 듯했다.

"이 시의 어디가 좋죠?"

"어디가 아니에요. 전체가 좋아요. 좋다는 게 아니라 그냥 힘이 있어요. 나는 지금 오랫동안 내가 찾고 있었던 것을 이 시에서 찾은 듯한 기분이에요."

"엄청 감동했군요. 한번 만나고 싶어요?"

"네, 만나게 해주세요. 꼭!"

어느새 내렸는지 밖에는 가루눈이 소리 없이 내리고 있었다. 아래층 복도에서 시계가 6시를 쳤다. 같은 하숙집 학생들이 뭔가 큰 소리로 이야기를 하며 앞 계단을 내려왔다.

"참, 당신 학교는?" 하고 정이 일러주었다.

"학교? 학교 같은 거 아무래도 좋아요." 하며 나는 아무렇지도 않게 대답했다.

정은 미심쩍은 듯 내 얼굴을 쳐다보았다.

"왜 그래요? 당신은 고학생 아닌가요."

"그래요. 원래는 부지런한 고학생으로 밥 세끼를 한꺼번에 먹어도 학교는 빠지지 않았으니까, 근데 지금은 안 그래요."

"왜 그렇게 된 거죠?"

"별다른 이유는 없어요. 그저 지금의 사회에서 훌륭하게 되는 데에 흥미를 잃었어요."

"네! 그럼 당신은 학교 따위 그만두고 뭘 할 생각이죠?"

"글쎄요. 그 일에 대해서는 요즘 계속 생각 중이에요……. 난 뭔가 하고 싶어요. 하지만 그게 어떤 일인지는 나도 모르겠어요. 하지만 어쨌든 그것은 고학 따위를 하는 것은 아니에요. 내게는 꼭 해야 할 일이 있어요. 하지 않으면 안 될 일이요. 그리고 난 지금 그걸 찾고 있어요……."

실제로 그즈음 나는 그것을 생각하고 있었다. 모든 희망에 불탔던 나는 고학을 하여 훌륭한 인간이 되는 것을 유일한 목표로 삼아왔다. 하지만 나는 지금 확실히 알았다. 지금 세상에서는 고학 같은 것을 해서 훌륭한 인간이 될 턱이 없다는 것을. 아니 그뿐이 아니다. 소위 훌륭한 인간만큼 하찮은 것도 없다는 것을. 남들이 훌륭하다고 하는 일에 무슨 가치가 있을 것인가. 나는 남들을 위해 살고 있는 것은 아니다. 나는 나 자신의 진정한 만족과 자유를 얻지 않으면 안 되는 게 아닌가. 나는 나 자신이지 않으면 안 된다.

나는 지금까지 너무나 많은 타인의 노예로 살아왔다. 너무나 많은 남자의 노리개였다. 나는 나 자신의 삶을 살지 않았다.

나는 나 자신의 일을 하지 않으면 안 된다. 그렇다, 나 자신의 일을 말이다. 그러나 그 나 자신의 일이란 무엇일까. 나는 그것을 알고 싶다. 알아서 그것을 실행하고 싶다.

아마 이것은 하쓰요 상을 알게 되면서 하쓰요 상이 내게 읽게 해준 책들의 감화 때문인지도 모른다. 또 하쓰요 상 그 자신의 성격이나 일상생활에 자극을 받아 그런 생각이 들었는지도 모른다. 그러나 여하튼 나는 그즈음 그것만 계속 생각하고 있었던 것이다.

"그래요, 확실히 우리 앞에는 우리가 해야만 하는 일이 있습니다." 하고 정이 진지하게 내 말에 찬성했다.

우리는 그래서 지금까지 없었던 진지함으로 여러 이야기를 했다. 그러다 문득 나는 생각이 났다. 오늘밤 미토시로 초美土代町의 청년회관에서 '사회주의 강연회'가 열린다는 것을.

나는 정에게 작별 인사를 했다. 그리고 학교에 가서 하쓰요 상을 꾀어 같이 강연회에 갔다. 거리는 이미 눈으로 새하얬다.

이 무렵부터 나는 사회라는 말을 조금씩 이해하게 되었다. 지금까지 옅은 베일에 싸여 있던 세상의 모습이 점점 확실히 보이기 시작했다. 나처럼 가난한 사람은 아무리 해도 공부도 할 수 없고 훌륭한 사람이 될 수 없는 이유도 알게 되었다. 부유한 자가 더욱더 부유해지고 권력 있는 자가 뭐든지 할 수 있는 이유도 알게 되었다. 그리고 그 때문에 또 사회주의가 설명하는 바에도 정당한 이유가 있다는 것을 알았다.

하지만 실제로 나는 결코 사회주의사상을 그대로 받아들일 수가 없었다. 사회주의는 억압받는 민중을 위해 사회의 변혁을 구한다고 하지만, 그들이 하는 바가 진실로 민중의 복지가 될 수 있을지 어떨지는 의문이다.

'민중을 위하여'라고 하며 사회주의는 동란을 일으키리라. 민중은 자신들을 위해 일어선 사람들과 함께 일어나 생사를 같이하리라. 그리하여 사회에 하나의 변혁이 도래했을 때 아아, 그때 과연 민중은 무엇을 얻을 수 있을 것인가.

지도자는 권력을 장악할 것이다. 그 권력으로 새로운 세계의 질서를 세울 것이다. 그리고 민중은 다시 그 권력의 노예가 되지 않으면 안 될 것이다. 그렇다면 ××[혁명]이란 무엇인가. 그것은 단지 하나의 권력을 대신하여 다른 권력을 가져오는 일에 불과한 것이 아닌가.

하쓰요 상은 그런 사람들의 운동을 경멸하였다. 적어도 냉랭한 눈으로 그것을 바라보았다.

"나는 인간 사회에 대해 그와 같은 이상을 가질 수 없다. 그래서 나는 우선 마음이 맞는 사람들을 모아 마음이 맞는 생활을 한다. 그것이 가장 가능성이 있고 그리고 가장 의의 있는 삶의 방식이라고 생각한다."고 하쓰요 상은 말했다.

그것을 우리 친구 중의 한 명은 도피라고 했다. 하지만 나는 그렇게 생각하지 않았다. 나도 하쓰요 상과 마찬가지로 이미 이렇게 된 사회를 만인이 행복하게 되는 사회로 변혁시키는 것은 불가능하다고 생각했다. 나도 마찬가지로 특별히 이렇다 할 이상을 가질 수가 없었다. 하지만 나에게는 또 하나 하쓰요 상과 다른 생각이 있었다. 그것은 비록 우리가 사회에 이상을 갖지 않는다 해도 우리 자신에게는 우리 자신의 진정한 일이라는 것이 있을 수 있다고 생각한 것이다. 그것이 성취될지의 여부는 우리가 신경 쓸 바가 아니다. 우리는 단지 이것이 진정한 일이다라고 생각하는 것을 하면 된다. 그것이, 그런 일을 하는 것이 우리 자신의 진정한 생활이다.

나는 그것을 하고 싶다. 그것을 함으로써 우리의 생활이 바로 우리와 하나가 된다. 멀리 저편의 이상적인 목표를 두는 것이 아니다.

어느 춥디추운 밤의 일이었다. 평소대로 나는 컨버세이션[conversation]을 이스케이프[escape]하고 정의 하숙집으로 놀러 갔다 [1922년 1~2월경이었다].

늘 하던 대로 나는 안내도 받지 않고 정의 방문을 열고 '안녕하세요.' 하고 말을 걸었다. 정과 또 한 사람 낯선 남자가 화로를 둘러싸고 뭔가 작은 소리로 얘기하고 있었다.

낯선 남자는 키가 별로 크지 않고, 깡마르고, 아주 검고 숱 많은 머리를 어깨까지 척 넘어가게 기른 스물서너 살의 남자였다. 푸른 무명천의 직공 작업복에 갈색 오버를 걸치고 있었지만 오버의 버튼이 달랑달랑 겨우 매달려 있고 소매 끝은 너덜너덜 헤져 있으며 바지는 닳아서 구멍이 나 있었다.

"어서 와요." 하고 정은 나를 반겼다.

낯선 남자는 나를 잠깐 본 후 입을 다물고 화로에 눈길을 주고 있었다.

"꽤 춥네요." 하며 나는 성큼성큼 방으로 들어가 화로 옆에 앉았다.

"이삼일 볼 수 없었네요. 무슨 일 있었어요?" 하고 정이 물었다.

"아니오, 별로." 하고 나는 대답했으나 문득 나는 이 초라한 복장의 손님을 생각하고 손님에게 말을 걸었다.

"당신은 저번에 중화청년회관에서 열린 러시아기근구제음악회 때 분명히 그 스테이지[stage] 옆에 서 계셨죠? 네 그렇죠?"

"그랬나요?" 하고 손님이 대답했다.

하지만 그뿐, 있었는지 없었는지도 말하지 않았다. 그러고는 조용히 일어났다.

"아니 더 계시지요." 하며 나는 급하게 붙잡았다. "얘기 나누세요. 나는 특별한 용건이 없으니까요……."

그러나 손님은 예상대로 아무 대답도 없이 다다미 위에 떡 선 채 짙은 눈썹 아래 검은 셀룰로이드 테 안경 너머로 차분히 나를 내려다보았다.

나는 뭔지 모를 어떤 위압을 느꼈다.

잠시 그러고 있더니 "실례하겠습니다."라고 똑똑한 목소리로 말하고는 방을 나갔다.

"오 자네, 오늘 밤은 어디서 잘 텐가? 여기서 자도 괜찮아." 하고 정이 생각난 듯 급히 일어나 손님 뒤를 쫓아 복도를 달리며 소리쳤다.

"고마워. 오늘 밤은 고마고메駒込의 친구 집에서 자겠네." 하고 차분하고 처연한 목소리로 대답했다.

왠지 나는 미안한 생각이 들었다. 내 정신은 긴장되어 있었다.

"정 상, 저 사람 누구에요?"

"아, 저 사람? 저 사람이 언젠가 당신이 크게 감격했던 시의 작자 박열 군이에요."

"뭐라고요! 저 사람이 박열이라고요?" 하고 나는 갑자기 얼굴을 붉히며 소리쳤다.

"맞아요, 그 사람이에요." 정은 차분한 어조로 대답했다.

그 뒤로 나는 박열에 대한 여러 가지 일을 정에게 물었다. 정의 이야기에 의하면 그는 지금까지 인력거꾼이나 날품팔이나 우편배달부 등을 해왔는데 지금은 이렇다 할 직업이 없이 그저 하룻밤 하룻밤 친한 친구 집을 돌아다니면서 자고 지내고 있는 듯했다.

"그러면 그 사람 마치 잘 곳이 없는 개나 마찬가지네. 그런 처지에 어쩌면 그렇게 거만할 수가 있죠? 마치 왕자 같은 태도잖아요."

"저렇게 친구 집을 돌아다니며 얻어먹는 동안은요."라고 정은 다소 경멸적으로 말했지만 내가 그것에 불만인 것을 보고 "아니 그래도 대단해요. 그래도 훌륭해요, 저 사람은. 저 사람만큼 진지하게 생각하고 진지하게 행동하는 사람은 우리 친구 중에도 그렇게 많지는 않으니까요." 했다.

―그럴 게 틀림없어, 그럴 게 틀림없어. 나는 마음속으로 외쳤다.

무엇인가가 내 마음속에서 소용돌이치고 있었다. 무엇인가가 내 마음속에서 태어나고 있었다.

그 사람 안에서 움직이고 있는 것은 무엇일까? 저토록 그를 힘차게 하는 것은 무엇일까? 나는 그것을 찾아내고 싶었다. 그것을 나의 것으로 만들고 싶었다.

나는 정과 헤어졌다. 헤어져 가게로 돌아왔다.

도중에 나는 또 생각했다.

―그렇다, 내가 찾고 있던 것, 내가 하고자 하는 일, 그것은 확실히 그의 안에 있다. 그 사람이야말로 내가 찾고 있던 사람이다. 그 사람이야말로 내가 할 일을 갖고 있다.

알 수 없는 환희가 내 가슴속에서 솟아올랐다. 흥분하여 나는 그날 밤에는 잠을 이룰 수 없었다.

다음 날 아침 일찍 나는 정을 방문했다. 그리고 박과 교제하고 싶으니 만나게 해달라고 부탁했다.

"하지만 그 사람은 늘 왔다 갔다 하니 적당할 때 마주치기가 어려워요." 하고 정이 말했다.

"좋습니다. 제 가게로 와준다면 좋습니다. 당신이 전해주기만 하면 됩니다."라고 나는 대답했다.

정은 그것을 승낙했다.

그러나 박은 오지 않았다. 4, 5일 지나 나는 또 정을 방문했다.

"당신 얘기했어요?"

"예, 이삼일 전에 만나 얘기해두었습니다."

"그때 박 상이 뭐래요?"

"글쎄요. 박 군은 그저—아 그래요? 하고는 아무 말도 없었어요. 그다지 내켜 하지 않는 것 같았어요."

나는 좀 실망했다. 나 같은 사람은 상대도 해주지 않는다는 얘긴가 하는 불안한 마음이었다. 하지만 나는 아직 희망을 버리지 않았다. 나는 오직 박이 찾아오는 날을 기다렸다.

10일이 지났다. 하지만 박은 오지 않았다. 20일이 지났다. 박은 아직 찾아오지 않았다.

—아, 결국 안 되나 봐, 하며 나는 내 자신에게 말했다.

나는 쓸쓸했다. 내가 아무런 가치도 없다는 것을 박에게 보증받은 느낌이 들어 더욱 쓸쓸했다. 할 수 없다. 나는 나대로 살기 위해 하쓰요 상처럼 타이피스트라도 되어 직업을 갖자라고 결심하기조차 하였다.

정에게 전언傳言을 부탁한 뒤 1개월 정도 지났을 때 아마 그게 3월 5일인가 6일이었을 것이다. 박이 홀연히 내 가게를 찾아왔다.

박의 얼굴을 보자 내 가슴이 두근두근 뛰었다.

두 팀 정도의 술손님을 상대하고 있던 나는 박을 식당 구석의 탁자로 안내하며 "어머, 마침내 오셨군요."라고 작은 소리로 말했다.

"잘 오셨어요. 좀 쉬고 계세요. 저도 곧 나갈 테니."

이렇게 말하고 나는 밥을 그릇에 담고 삶은 두부와 무를 갖고 가서 박에게 먹게 했다.

얼마 안 있어 곧 학교에 갈 시간이 되었다. 나는 2층으로 올라가 준비를 하였다. 박에게는 조금 먼저 가게에서 나오게 하고…….

평소처럼 팔에 가방을 메고 나는 가게를 나왔다. 박은 골목에 서서 나를 기다리고 있었다. 그리고 우리는 전찻길까지 함께 나왔다.

그런데 전찻길까지 나오자 박은 갑자기 멈춰 서서 말했다.

"당신은 간다로 가죠? 저는 교바시京橋에 볼일이 있어 여기서 실례하겠습니다."

그리고 그는 성큼성큼 걸어가기 시작했다.

"저기요. 잠깐만요." 하고 나는 뒤에서 따라붙으며 말했다. "내일도 또 오세요. 맛있는 거 준비해놓을게요."

"고마워요. 가겠습니다."

한눈도 팔지 않고 그는 갔다. 왠지 나는 뭔가 허전했다.

다음 날은 점심 무렵에 왔다.

박의 탁자 옆에 걸터앉아 다른 사람들에게는 들리지 않게 나는 말했다.

"오늘 밤 학교 앞에 와주실래요? 좀 얘기할 게 있어요."

"학교가 어디죠?"

"간다의 세이소쿠"

"네, 가겠습니다." 하고 그는 바로 대답했다.

겨우 나는 안심했다. 그리고 저녁때를 기다렸다.

약속대로 박은 학교 앞의 벌거벗은 가로수 아래에 서 있었다.

"고마워요, 많이 기다렸죠?"

"아니, 바로 지금 막 왔어요."

"그래요. 고마워요. 좀 걸을까요?"

인적이 드문 길을 골라 우리는 걸었다. 하지만 우리는 서로 아무 말도 하지 않았다. 길에서 말할 수 있는 가볍고 단순한 것을 나는 얘기하려는 것이 아니다. 좀 더 조용하고 차분한 곳을 나는 찾고 있었다.

진보 초神保町 길로 나왔을 때 나는 큰 중국 요릿집을 발견하였다.

"이리 올라가죠." 하며 나는 성큼성큼 그 요릿집 계단을 올라갔다. 박은 말없이 내 뒤를 따라왔다.

3층의 작은 방에 우리는 자리를 잡았다.

보이가 차를 날라 왔다. 뭔가 두세 가지 갖다달라고 나는 보이에게 말했다.

보이가 가자 나는 찻잔의 뚜껑을 보며 말했다.

"저 이 차 마시는 방법을 당신은 알고 있나요? 뚜껑을 열고 마시면 찻잎이 입 속으로 들어올 것 같고 뚜껑을 닫고 마시는 것도 이상하고 어쩐지 묘하네요."

"글쎄 어떻게 하는 걸까요. 저는 이렇게 훌륭한 곳에 들어온 일이 없어서 모르겠지만……." 하고 박은 말하며 역시 나와 마찬가지로 뚜껑을 열어보기도 하고 또 뚜껑을 닫아보기도 하더니 "하지만 마시는 거니 요컨대 마시면 되는 거죠. 무슨 규칙이라도 있다는 말씀인가요?" 하며 뚜껑을 좀 기울여 그 사이로 마셨다.

"아, 정말 그렇게 하면 좋겠네요, 틀림없이 그게 맞을 거에요." 하며 나도 박을 흉내 내어 마셨다. 차 맛은 그다지 좋지는 않았다.

보이가 요리를 날라 오는 사이에 우리는 그저 잡담을 하면서 식사를 했다. 나는 별로 먹지 않았지만 박은 배가 많이 고팠던 듯한 모습이었다.

나는 내 용건을 얘기하고 싶었지만 왠지 굳어져서 얘기하기가 어려웠다. 그래도 나는 겨우 어색하게 입을 열었다.

"그런데…… 제가 당신과의 교제를 원한 이유를 아마 정 상으로부터 들으셨으리라 생각하지만……."

"네, 좀 들었습니다."

박은 접시에서 눈을 떼고 나를 보았다. 우리의 눈이 거기서 마주쳤다. 나는 가슴이 두근두근했다. 하지만 이렇게 된 이상 나는 내 심정을 과감히 말하지 않으면 안 된다.

나는 계속했다.

"그래서 말입니다, 제가 단도직입적으로 말씀드리는데 당신은 이미 배우자가 있나요? 또는 없어도 누군가…… 그러니까 연인이라고 할 수 있는 사람이 있나요? ……만약 있다면 나는 당신과 단지 동지로서만 교제해도 상관없습니다만…… 어떠신가요?"

이 무슨 바보 같은 구혼이란 말인가. 얼마나 우스운 장면인가. 지금 생각해도 웃음보가 터질 것 같고 얼굴이 붉어진다. 그래도 그때의 나는 더없이 심각하고 진지하게 말했던 것이다.

"저는 혼잡니다."

"그래요? ……그럼 제가 묻고 싶은 것이 있습니다만, 서로 마음속을 꼭 그대로 솔직하게 말하기로 합시다."

"물론입니다."

"그런데…… 저는 일본인입니다. 그러나 조선인에 대해 달리 편견 같은 것은 가지고 있지 않습니다만, 그럼에도 불구하고 당신은 나에게 반감을 갖고 있나요?"

조선인이 일본인에 대해 갖고 있는 감정을 나는 대개 다 알고 있다고 생각했으므로 무엇보다 먼저 나는 이를 물어볼 필요가 있었다. 나는 그 조선인의 감정을 무서워했던 것이다. 그러나 박은 대답했다.

"아니, 제가 반감을 갖고 있는 건 일본의 권력 계급입니다. 일반 민중이 아닙니다. 특히 당신같이 아무 편견을 갖고 있지 않는 사람한테는 오히려 친밀감까지 느낍니다."

"그래요? 감사합니다." 하고 나는 좀 마음이 편해져 미소 지었다. "하지만 또 하나 물어볼 게 있는데요. 당신은 민족운동가입니까? ……저는 실은 조선에서 오랫동안 산 적이 있으므로 민족운동을 하고 있는 사람들의 심정을 그럭저럭 이해할 수 있습니다. 하지만 누가 뭐라고 해도 나는 조선인이 아니어서 조선인처럼 일본에 압박당한 일이 없기 때문에 그런 사람들과 함께 조선의 독립운동을 해야겠다는 생각이 들지는 않습니다. 그러므로 당신이 만약 독립운동가라면 유감스럽지만 나는 당신과 함께 일을 할 수가 없습니다."

"조선의 민족운동가에게는 동정할 만한 점이 있습니다. 그래서 저도 일찍이 민족운동에 가담하려고 생각한 적이 있습니다. 하지만 지금은 그렇게 생각하지 않습니다."

"그렇다면 당신은 민족운동에는 완전히 반대하는 것입니까?"

"아니오 결코. 하지만 저에게는 저의 사상이 있습니다. 일이 있습니다. 저는 민족운동 전선에 설 수는 없습니다."

모든 장애가 없어졌다. 나는 안심했다. 하지만 아직 정말 진실된 얘기를 입에 올리기에는 때가 적합하지 않다는 느낌을 갖지 않을 수 없었다. 우리는 그러고 나서 또 여러 가지 잡담을 했다. [얘기를] 하면 할수록 그 안에 있는 어떤 큰 힘을 느끼게 되었다.

점차 그에게 끌려들어가고 있는 자신을 나는 느꼈다.

"저는 당신 안에서 제가 찾고 있던 것을 발견했습니다. 당신과 함께 일할 수 있으면 좋겠다고 생각합니다."

나는 결국 마지막에 이렇게 얘기했다. 그러자 그는

"저는 보잘것없는 놈입니다. 저는 단지 죽지 못하여 살고 있을 뿐입니다."라고 차갑게 대답했다.

8시가 가까워졌을 때였다. "또 만나요." 하고 우리는 보이에게 계산서를 부탁했다. 3엔 얼마였다.

"제가 내겠습니다. 오늘은 제게 돈이 좀 있어요." 하며 박이 오버의 바깥 포켓에서 담뱃갑도 없는 배트[대중용으로 보급된 일본 담배 '골든 배트Golden Bat'의 약칭] 서너 개비와 함께 꼬깃꼬깃한 지폐 두세 장과 동전, 은전 7, 8개를 꺼내 테이블 위에 올려놓았다.

"아니, 이건 제가 낼게요." 하고 내가 가로막았다. "제 쪽이 부자인 것 같은데요."

그리고 두 사람은 동반하여 그곳을 나왔다.

우리는 그 뒤 자주 만났다. 우리는 이제 어색한 기분으로 말할 필요가 없었다. 우리는 서로 마음과 마음으로 맺어진 듯한 편안함을 느끼고 있었다. 그리고 결국 우리의 마지막 양해가 성립되었다.

미사키 초三崎町의 작은 양식집 2층에서 우리는 이야기를 매듭지었다. 밤 7시경이었다. 나는 학교에 가기에는 늦고 집으로 돌아가기에는 일렀다. 그래서 두 사람은 또 천천히 컴컴한 강변을 따라 히비야 쪽으로 걸어갔다.

밤은 아직 추웠다. 두 사람은 꽉 잡은 손을 박의 오버 포켓 속에 찔러 넣은 채 정처 없이 발길 가는 대로 걸었다.

공원에는 인적이 없었다. 카랑카랑한 전차 소리만이 밤의 정적을 깨뜨리고 있었다. 하늘에는 별, 땅에는 아크등, 그것만이 조용히 빛을 발하고 있었다.

박은 평소와 달리 쾌활하게 말했다.

박이 이야기한 바에 의하면 그는 경상북도의 시골에서 태어났다. 집안은 상민으로 대대로 농사를 지으며 생계를 꾸려오고 있었다. 그래도 조상들은 꽤 학문도 하고, 사회적 지위가 있었던 사람도 있는 듯했다. 아버지는 박이 네 살 때 돌아가셨지만 어머니가 매우 자비로운 분이어서 어렸을 때 박은 어머니 발과 자신의 발을 묶어놓지 않으면 잠을 자지 못했을 정도로 엄마를 따랐다. 일곱 살 때부터 마을의 서당을 다녔고 아홉 살 때부터 마을에 세워진 보통학교에 다녔는데 머리가 매우 우수했다. 그래서 박은 공부를 하고 싶다고 생각했지만 그때 마침 가운이 기울어 형은 박을 농사꾼으로 만들려 했다. 그렇게 하여 사실 박은 농사도 지었다. 하지만 공부를 하고 싶다는 박의 소망을 결국 누를 수 없었다. 그래서 열다섯 살 때[1916년] 그는 몰래 대구로 나와 고등보통학교 시험을 보았는데 시험을 보기 좋게 패스[1916년 경성고등보통학교(경기고의 전신으로 4년제 중학교) 사범과에 입학]했으므로 형도 보다 못해 어려운 형편에도 그에게 학자금을 보내주었다. 그 무렵부터 박은 와세다의 강의록을 구하여 일본의 문학가가 쓴 것 등을 읽었다. 그러면서 그의 사상은 점점 좌경화되어갔다.

독립운동에 참가하려 한 것은 그 무렵이었다[경성고등보통학교 재학 중에 3.1운동에 참가]. 하지만 그는 바로 그 운동의 허구를 알았다. 지배자가 바뀌었다 해도 민중과는 아무 상관이 없다고 그는 생각했다. 그리고 열일곱 살 봄[실제로는 열여덟 살이었던 1919년 10월]에 도쿄로 왔다.

도쿄로 와서부터의 그의 생활은 고투의 역사 바로 그것이었다. 그는 점점 자기에게로 침잠해갔다. 그는 이미 말이나 붓으로 하는 운동 같은 것에는 흥미를 잃었다. 그는 그 자신의 길을 가려고 하였다.

하기야 이것은 그때 그가 모두 얘기한 것은 아니다. 그는 자신에 대해 별로 말하지 않는 사람이었다. 그가 말한 것은 단편적인 것뿐이었다. 그 단편적인 것을 내가 나중에 다른 사람들로부터 들은 것에 합친 것뿐이다.

우리는 사실 과거를 이야기하기보다 미래를 이야기했다. 둘이 헤쳐 열어갈 길에 대해 희미한 희망을 가지고 서로 이야기를 나누었다.

"후미코 상 나는 정말로 진지하게 운동을 하기 위해 기친야도 木賃宿[집 없는 일용노동자들이 많이 이용하는 싸구려 숙박업소]에 들어가려고 생각하는데 당신은 어때요?" 하고 박이 갑자기 얘기를 꺼냈다.

"기친야도요? 좋네요." 하고 나는 대답했다.

"그러나 지저분해요. 빈대도 있어요. 당신 참고 견딜 수 있겠어요?"

"할 수 있고말고요. 그런 것을 참고 견딜 수 없을 정도라면 아무것도 하지 않는 것이 낫죠."

"그래요. 정말 그래요……."

이렇게 얘기한 뒤 박은 잠시 입을 다물었다. 하지만 잠시 후 다시 그가 말했다.

"저 후미코 상. 부르주아들은 결혼을 하면 신혼여행이라는 걸 간다고 하대요. 그러니까 우리도 한번 동거 기념으로 비밀 출판이라도 해보지 않을래요?"

"재밌겠는데요. 해봐요."라며 나는 좀 들뜬 기분으로 찬성하였다. "뭘 할까요? 제가 크로포트킨의 『빵의 약탈』을 갖고 있는데 그걸 둘이서 번역해볼까요?"

하지만 박은 반대하였다.

"그건 이미 번역이 나와 있어요. 게다가 다른 사람 것은 내고 싶지 않아요. 그것보다 빈약하더라도 둘이 쓰는 게 낫지 않을까요?"

우리는 그런 계획에 열중해 있었다. 정신을 차려보니 어느 사이에 우리는 공원을 나와 거리의 큰길에 있었다. 그리고 시간도 벌써 상당히 흐른 듯했다.

"몇 시에요? 전 9시에는 돌아가지 않으면 안 되는데……."

헤어지는 것이 아쉬운 마음으로 내가 말했다.

"자 그럼 여기서 기다리세요. 제가 좀 보고 올 테니."

이렇게 말하며 박은 전차 교차로 앞에 있는 파출소까지 시계를 보러 갔다—왜냐하면 우리는 두 사람 모두 시계 같은 것을 가져 본 일이 없으니까……

박이 얼마 안 있어 되돌아왔다.

"9시 17분 전입니다."

"그래요. 돌아가지 않으면 안 되겠네요."라고 내가 말하니 박이 말했다.

"아직 30분은 괜찮잖아요. 왜냐하면 학교가 9시에 끝나고 전차로 10분 걸리니 9시 10분이죠. 그렇다면 아직 25분이나 30분은 괜찮아요."

"정말 고마워요. 당신은 좋은 걸 가르쳐주는군요."

그래서 우리는 또 손을 잡고 다시 공원 안으로 들어갔다. 그리고 나무 아래 벤치에 걸터앉아 차갑게 언 뺨을 붙인 채 가만히 있었다.

하지만 이윽고 시간이 다 되어 헤어지는 것이 아쉽지만 일어섰다.

공원 출구가 가까워졌을 때 내가 물었다.

"그런데 오늘 밤 어디로 가요?"

"글쎄요." 하고 박은 조금 생각하더니 "고지마치 초의 친구한테나 가볼까." 하며 힘없이 대답했다.

"그래요. 그렇지만 그렇게 집이 없으니 쓸쓸하지 않아요?"

"쓸쓸해요." 박은 발밑을 응시하며 침울한 목소리로 대답했다. "이렇게 건강할 때는 아무것도 아닙니다만 병 같은 것이 걸리면 마음이 불안해요. 평소에는 잘해주던 사람들도 그럴 때는 싫어하니까요."

"그렇죠. 사람은 냉정하거든요. 게다가 당신은 좀 지나치게 말랐는데, 지금까지 심하게 앓은 적 있어요? 도쿄에 와서……."

"있어요. 작년 봄에요. 나는 심하게 유행성 감기에 걸렸는데 아무도 간병해주는 이가 없어 3일 정도 마시지도 먹지도 못하고 혼조本所의 기친야도에서 끙끙 신음하고 있었죠. 그때야말로 내가 이대로 죽는 건 아닌가 하는 생각에 불안했습니다."

어느 한 감정이 가슴에 복받쳤다. 눈물이 글썽해진 눈을 깜박거리면서 나는 박의 손을 꽉 잡았다.

"아, 내가 알았더라면……."

잠시 뒤 박이 단호하고 낮은 어조로

"그럼 잘 가요. 또 만납시다." 하며 내 손을 놓고 간다 방면으로 가는 전차에 뛰어올랐다.

그를 배웅하면서 나는 마음속으로 기도하듯 말하고 있었다.

"기다려주세요. 조금 더 기다려요. 내가 학교를 졸업하면 우리 바로 함께 살아요. 그때는 내가 언제나 당신 곁에 있을 겁니다. 결코 당신을 병 같은 것으로 고통 받게 하지 않을 거에요. 죽을 거면 함께 죽읍시다. 우리 함께 살고 함께 죽어요."

수기를 쓴 후

　내 수기는 여기서 끝난다. 이 뒤의 일은 박과 나의 동거 생활 [1922년 4, 5월경부터 셋방을 얻어 동거 생활을 시작한다]의 기록 외에는 여기에 기록할 자유가 없다. 그러나 이 정도 쓰면 나의 목적은 이루어진다.

　무엇이 나를 이렇게 만들었는가. 나 스스로 이것에 대해서는 아무것도 말하지 못할 것이다. 나는 단지 나의 반생의 역사를 여기에 펼쳐놓았으니 다행인 것이다. 마음 있는 독자는 이 기록으로도 충분히 알아주리라. 나는 그것을 믿는다.

　머지않아 나는 이 세상에서 나의 존재가 완전히 지워질 것이다. 그러나 모든 현상은 현상으로서는 멸해도 영원의 실재 중에는 존속하는 것이라 나는 생각한다.

　나는 지금 평온하고 냉정한 마음으로 이 조잡한 기록의 붓을 내려놓는다. 내가 사랑하는 모든 것 위에 축복이 있기를!

가네코 후미코 연보

1903
1.25 야마나시 현 요코하마 시에서 아버지 사에키 후미카즈佐伯文
一(당시 요코하마 시 슈경찰서 순사), 어머니 가네코 기쿠노金
子きくの의 장녀로 출생한다. 호적상으로는 1902년생이나 실
제 나이는 확실하지 않다.

1909
월일 미상 아버지가 이모와 정을 통하여 이모와 함께 몰래 집을 떠난다.
아버지가 집을 나간 후 어머니가 대장장이 나카무라와 동거를
한다. 아버지가 남동생을 떠맡는다.
어머니는 나카무라와 헤어지고 다시 항구의 하역꾼인 고바야
시 나가요시와 동거를 한다.

1910
가을 어머니와 함께 고바야시의 고향인 야마나시 현 기타쓰루 군
단바야마 촌 고소데로 이주한다. 고바야시의 형수의 친정집
서쪽에 있는 오두막에서 살기 시작한다.

1911
1.24 아나키스트 고토쿠 슈스이幸德秋水, 대역사건으로 교수형을
당한다.
봄 고바야시 및 여동생과 이별하고 야마나시 현 히가시야마나시
군 스와 촌 소마구치의 외갓집(어머니의 친정)으로 돌아온다
월일 미상 어머니가 가네코 후미코를 친정에 남겨두고 엔잔역 근처에서
잡화점을 하는 후루야 쇼헤이와 결혼한다.

1912
10.14 외할아버지 가네코 도미타로의 5녀로 입적하여, 친할머니가

	사는 조선 충청북도 청주군(현 청원군) 부용면 부강리의 고모 집으로 가서 살게 된다.
12.11	부강공립심상소학교 4학년으로 입학한다.

1915

3.25	부강공립심상소학교를 졸업한다.

1917

3.24	부강공립고등소학교를 졸업한다.

1919

3.1	3.1독립운동이 일어난다. 가네코 후미코는 이에 감동한다.
4.12	할머니와 고모의 학대, 식모살이나 마찬가지였던 7년에 걸친 조선 생활에서 벗어나 야마나시의 외갓집으로 돌아온다. 이후 하마마쓰의 아버지 집과 야마나시를 왕래하는 생활을 한다.

1920

4	아버지와 충돌한다. 뜻을 세우고 도쿄로 나온다.
	도쿄에 사는 작은외할아버지 구보다 가메타로의 집에서 산다.
월일 미상	도쿄 우에노에 있는 신문 보급소에서 기숙하면서 신문을 판다. 동시에 세이소쿠영어학교와 겐슈학관에 다닌다.
월일 미상	도쿄 유시마의 신하나 초에 셋방을 얻어 살면서 가루비누를 판다.
8	도쿄 아사쿠사 쇼텐 초에 있는 사탕 가게 주인인 스즈키 구니사토의 집에서 연말까지 식모살이를 한다. 식모살이를 하는 동안은 학교를 그만둔다.

1921

1	사회주의자 호리 기요토시의 집에서 일하며 기숙한다.
2	호리의 생활 방식에 염증을 느끼고 작은외할아버지 집으로 돌아온다. 작은외할아버지 집에서 집안일을 도우며 학교를 다닌다. 학교를 다니면서 사회주의자들을 알게 되고 사회주의 사상을 접한다.

여름	아나키스트 원종린을 알게 된다. 그후 원종린의 소개로 공산주의자 정우영, 김약수, 아나키스트 정태성과 교류한다.
11	작은외할아버지 집을 나와 고치마치의 유라쿠 초에 있는 이와사키오뎅집(일명 '사회주의 오뎅')에서 일한다. 이곳에서 낮에는 손님을 접대하고 밤에는 학교를 다닌다.
11.29	아나키스트 이와사 사쿠타로의 집에서 일본에서 조직된 한인 사상 단체의 효시로 평가되는 흑도회黑濤會가 결성된다. 흑도회는 한인 유학생, 고학생, 자유노동자 20~30명이 참가하여 만들었는데, 확인 가능한 흑도회 회원은 김판권, 권희국, 원종린, 김두전, 임택룡, 김종범, 김사국, 정태신, 조봉암, 백무, 김찬, 이옥, 박열, 최규종, 서상경, 장상중, 한현상, 육홍균, 정태성, 신영우, 황석우, 손봉원 등이다.

1922

1~2	세이소쿠영어학교에서 니힐리스트 니야마 하쓰요를 알게 되어 친구가 된다. 니야마 하쓰요를 통해 베르그손, 스펜서, 헤겔 등을 알게 되고, 특히 슈티르너, 알티바세프, 니체 등 니힐리즘 사상가들의 영향을 많이 받는다. 정우영(정태신)의 하숙에서 정우영이 발간 준비를 하던 잡지 『청년조선』의 교정쇄에서 박열의 시「개새끼」를 읽고 큰 감동을 받는다. 그리고 그후 정우영의 하숙에서 (박열인지 모르고) 박열을 우연히 만난다. 정우영에게 박열과 교제하고 싶다고 말한다. 정우영의 연락을 받은 박열이 약 1개월 후 이와사키오뎅집으로 가네코 후미코를 찾아온다. 가네코 후미코와 박열이 교제를 시작한다.
4~5	박열과 가네코 후미코, 도쿄 에바라 군 세타가야 초 데이지리에서 신발 가게를 운영하는 아이카와 신사쿠의 집 2층에 다다미 방을 얻어 동거에 들어간다. (가네코 후미코의 옥중 수기 『무엇이 나를 이렇게 만들었는가』는 두 사람이 동거 생활을 시작하기 직전으로 끝난다.)
5.1	흑도회, 도쿄의 메이데이에 참가한다.
7.10	박열과 가네코 후미코, 흑도회 기관지 『흑도』를 창간한다.

8.10	『흑도』제2호를 간행한다.
10	흑도회는 내부의 이념 논쟁과 경제 환경의 차이로 인해 해체되고 북성회北星會(공산주의 계열)와 흑우회黑友會(아나키즘 계열)로 분화된다.
	박열은 흑도회가 해체되자 곧바로 풍뢰회風雷會를 결성하며, 12월경 흑우회로 개칭한다.
	흑우회는 박열, 가네코 후미코, 신영우, 홍진유, 서상일, 박흥곤, 장상중 등 7~8명의 회원으로 출범한다.
11	박열과 가네코 후미코, 『후데이센징不逞鮮人('무뢰한 조선인'이란 뜻)』을 창간한다.
12	『후데이센징』제2호를 간행한다.

1923

3.15	박열과 가네코 후미코, 『현사회現社會』제3호(『후데이센징』을 개제한 것)를 간행한다.
3	박열과 가네코 후미코, 도쿄 도요타마 군 요요기 도미카야의 셋집으로 이사한다.
4	박열과 가네코 후미코, 대중 단체 불령사不逞社를 조직한다. 회원은 홍진유, 육홍균, 한현상, 최규종, 최영환, 이필현, 하일, 서동성, 정태성, 김중한, 장상중, 김철, 서상경, 박홍곤 등 한인과 구리하라 가즈오, 니야마 하쓰오, 노구치 시나니, 나카다 게이자부로, 오가와 다케시 등 일본인으로 구성된다.
6.30	『현사회』제4호를 간행한다.
8	흑우회가 향후 진로를 둘러싼 회원 간의 갈등과 감정 대립으로 인해 해체된다.
9.1	간토대지진이 일어난다.
9.2	계엄령을 도쿄 인근으로 확대한다. 조선인이 폭동을 일으켰다는 유언비어가 퍼진다. 이 사건으로 수천 명의 조선인이 학살된다(6,000~8,000명의 조선인이 학살된 것으로 추산된다).
9.3	박열과 가네코 후미코, 보호 검속된다.
9.4	박열과 가네코 후미코, 경찰범처벌령에 따라 구류가 연장된다.
9.16	아나키스트 오스기 사카에大杉榮가 헌병 대위에게 무참히 살해당한다.

10.20	도쿄 지방재판소 검사국, 박열과 가네코 후미코 등 불령사 동인 16명을 치안경찰법 위반 혐의로 기소한다. 일본 정부는 조선인대학살사건의 책임을 모면하기 위해 이 '불령선인의 비밀 결사 사건'을 대대적으로 발표하기 시작한다.

1924

1.25	가네코 후미코, 자신과 박열이 의논 후 김중한에게 폭탄 입수를 의뢰한 적이 있다고 예심 심문에서 증언한다.
2.4	박열, 예심 심문에서 폭탄 입수 계획과 불령사는 관계가 없다고 말한 후, 상세한 폭탄 입수 계획을 얘기한다.
2.15	박열, 가네코 후미코, 김중한, 폭발물단속벌칙위반 혐의로 추가 기소된다. 다른 불령사 동인들은 불기소된다.

1925

5.4	예심판사 다테마쓰 가이세이, 이 사건은 대심원 관할로 넘어간다며 가네코 후미코에게 전향을 요구한다(대심원으로 넘어가면 거의 사형선고를 받는다). 가네코 후미코는 전향을 거부한다.
여름	가네코 후미코, 옥중 수기 집필을 시작한다.

1926

2.14	『도쿄아사히신문』, 가네코 후미코가 옥중 수기를 1,000매 이상 썼다고 보도한다.
2.16	대심원에서 박열과 가네코 후미코 제1회 공판을 시작한다.
3.23	박열과 가네코 후미코가 도쿄의 우시고메 구청에 결혼신고서를 제출한다.
3.25	대심원, 박열과 가네코 후미코에게 사형을 선고한다. 선고 후 가네코 후미코의 어머니가 이치가야 형무소에서 딸을 면회한다.
4.5	박열과 가네코 후미코, '은사'에 의해 무기징역으로 감형된다.
4.6	박열, 이치가야 형무소에서 지바 형무소로 이감된다.

4.8	가네코 후미코, 이치가야 형무소에서 우쓰노미야 형무소 도치기 지소로 이감된다.
7.23	가네코 후미코, 우쓰노미야 형무소 도치기 지소에서 목매달아 죽는다. 나이 23세.
7.31	어머니, 후세 다쓰지 변호사, 흑우회, 불령사 동지 등 십 수 명이 도치기 초 외곽의 갓센바 묘지에 가매장되어 있던 가네코 후미코의 유해를 발굴하여 화장한다.
8.1	가네코 후미코의 유골을 도쿄의 후세 다쓰지 집에 보관한다. 그러나 그후 유골의 조선 이송과 이로 인한 반일 감정의 고조에 위협을 느낀 경찰이 유해를 강제로 탈취한다.
8.16	박열의 형 박정식이 장남 박형래를 데리고 가네코 후미코의 유골을 가져가기 위해 경상북도 상주를 출발하여 16일에 도쿄에 도착한다. 그러나 경찰은 유골을 박정식에게 건네지 않고 상주경찰서로 소포로 보낸다.
11.5	가네코 후미코의 유골을 박열의 선영(경상북도 문경군 문경면 팔령리)에 묻는다.

1931

7.10	슌주샤春秋社에서 가네코 후미코의 옥중 수기 『무엇이 나를 이렇게 만들었는가』를 출간한다.

1945

10.27	박열, 아키타 형무소에서 출감한다(22년 2개월 복역).

1950

6.25	한국전쟁 발발. 박열 납북된다.

1974

1.17	박열, 북한에서 죽는다.

1976

7.23	가네코 후미코 서거 50주년을 맞아 한일 동지들이 문경의 가네코 후미코 묘지에 묘비를 세운다.

2003

11　　　　　가네코 후미코의 묘와 묘비를 박열의 생가 뒤편에 있는 박열 의사기념관(경상북도 문경시 마성면 오천리 98번지) 옆으로 이장한다.

고단했지만 불꽃같은 삶을 살았던 가네코 후미코 여사는 그의 영원한 동지이자 사랑하는 남편이었던 박열을 기념하는 박열 의사기념관 옆의 양지바른 곳에서 편안하게 안식을 취한다.

옮긴이의 말

　고교시절 시몬 베유 전기를 읽고 그 정열과 용기에 많은 자극을 받았던 기억이 있다.
　나도 크면 시몬과 같이 불꽃처럼, 정열적으로 살리라 결심도 했었다. 그러나 그런 결심은 잊은 지 오래인 채로 살고 있던 나에게 가네코 후미코는 섬광처럼 다가왔다.
　두 여인의 삶은 물론 많이 다를 것이다. 그러나 여성의 몸으로 자신의 문제의식에 충실하면서 세상과 당당히 맞선 삶의 자세는 다르지 않은 것 같다.
　후미코는 시몬 베유처럼 많이 배우거나 체계적인 사회운동을 지도했던 엘리트 여성운동가는 아니다. 그렇기는커녕 아 이렇게 지지리 복도 없는 인생이 또 있을까 싶을 정도로 가혹한 환경에 놓인 존재였다. 불꽃처럼 살았다기보단 아프게 살다 간 한 여인의 삶이 오롯이 수기에 새겨져 있다.

잘 알려져 있듯이 가네코 후미코는 박열과 함께 1923년 간토 대지진 때 대역사건에 연루되어 사형선고를 받았다가 천황의 '은사'로 무기징역으로 감형되어 복역 중 23살 나이에 옥중에서 죽은 아나키스트이다. 간토대지진으로 일본 국민이 공황에 빠지자 일본 치안 당국은 조선인들과 사회주의자들을 희생양으로 삼아 (지진 당일 오후부터 '조선인이 방화했다.' '누군가 우물에 독약을 풀었다.'라는 유언비어가 퍼진다) 위기를 모면하고자 하는 음모를 꾸민다. 이에 따라 수천 명의 조선인이 대학살을 당하고 수많은 사회주의자가 검거된다. 그 와중에 가네코 후미코도 박열과 함께 검속되었다. 그리고 그들은 폭탄 유입 계획 등이 드러나며 천황을 해치려 했다는 대역죄, 즉 메이지헌법의 가장 중죄로서 삼심제도 적용되지 않고 사형이 선고되는 대역죄를 뒤집어쓰게 된다.

이 수기는 후미코가 재판을 받는 과정에서 옥중에서 쓴 것으로 일반적인 옥중 수기와는 좀 다르다. 대부분의 옥중 수기는 감옥 생활에서의 사색이나 독서, 수감 생활에 관한 에세이 등이 많으나 가네코 후미코의 이 옥중 수기는 오롯이 자신의 출생에서부터 박열을 만날 때까지의 자전이자 고난과 역경을 딛고 아나키스트로 성장해기는 자신의 이야기를 담고 있다.

후미코가 태어나 성장한 시기는 러일전쟁이라는 근대 일본의 운명을 건 대규모 전쟁에 일본 국민이 적극적으로 동참하면서 본격적인 제국주의로 돌진하던 시대였다. 그리고 제1차 세계대

전 이후 국제적인 협조 분위기 속에 형성된 다이쇼데모크라시로 일컬어지던 '안으로는 입헌주의 밖으로는 제국주의'로 식민지 종주국의 민주주의의 발달이 이루어진 시대였다. 또한 1917년의 러시아혁명은 동아시아 혁명에 지대한 영향을 미치고 있었다. 이러한 시대적 분위기 속에서 성장한 가네코 후미코는 자신만의 사상을 모색하는 과정에서 기독교를 비롯하여 다양한 사상을 접하게 된다.

가네코 후미코가 자아를 찾아가는 여정은 혹독한 성장사만큼이나 고달팠다. 식모살이를 마치고 도쿄에서 눈물 나는 고학을 하면서 자신이 꿈꿔왔던 입신출세가 얼마나 허망하며 의미가 없는 것인지, 가망이 없는 것인지를 깨달으며 고학을 통한 출세를 포기하게 된다. 그 과정에서 기독교와 사회주의, 아나키즘을 만나는데, 기독교에는 실망하고 사회주의에는 처음에는 관심을 갖고 공부를 하지만 공산주의에 대해서는 단호한 거부의 자세를 보인다. 공산주의 세상이 되어도 권력자가 교체되는 것일 뿐 민중들에게는 의미가 없다는 것이었다. 가네코 후미코는 그 뒤 박열과 만나면서 자신의 사상에 눈뜨고 아나키즘에 공명하여 박열과 함께 아나키스트로서 활동하게 된다. 앞에서도 말했지만 이 옥중 수기는 박열과 만나 생각을 같이하는 부분에서 끝난다.

가네코 후미코의 수기에는 조선에서의 생활이 눈물 젖은 편지처럼 꽂혀 있다. 이 부분을 보면 1910년대의 조선과 일본 사회를 미시적으로 파악할 수 있다. 어린 나이에 부모로부터 버려져 조선에 있는 고모 집에서 혹독한 식모살이를 해야 했던 후미코는 자신처럼 학대받는 조선인들에게 자연스럽게 공감했던 것으로 보인다. 후미코는 3.1운동을 눈으로 목격하며 조선인들이 왜 그런 행동을 하는지에 대해 이해한다고 쓰고 있다. 또한 산에서 헌병들에게 맞고 있는 조선인들을 설명하면서 그 울음소리가 들려오는 듯하다고 묘사하는 대목에서는 식민지 권력의 일상적인 폭력을 엿볼 수 있다. 일제는 구관 온존이라는 명목으로 일본에서는 사라진 태형을 조선에서 부활시켜 치안 유지에 이용했던 것이다. 그리고 후미코의 고모 집과 그곳 일본인 마을의 행태에서 일본 제국주의의 단면을 엿볼 수 있다.

『무엇이 나를 이렇게 만들었는가』와 비슷한 수기로서 대역사건에 연루되어 고토쿠 슈스이와 함께 형장의 이슬로 사라진 간노 스가의 수기를 들 수 있다. 가네코 후미코처럼 여성 대역죄인인 간노 스가도 『저승길의 한눈팔기 死出の道草』라는 짧은 수기를 남기고 있다. 간노 스가는 『저승길의 한눈팔기』에서 "우리들은 필경 이 세계의 대사조, 대조류에 앞서서 넓은 대해로 항해를 하다가 불행히도 암초에 걸려 깨지고 말았다. 하지만 이 희생은 몇몇이 반드시 밟지 않으면 안 되는 계단이다. 난파선 수가 쌓일 때 비로소 신항로가 완전히 열리는 것이다. 이상의 피안에 닿을 수 있는 것이다. 나사렛의 성인이 나온 이래로 수많은 희생을 치러 기독교는 비로소 세계의 종교가 될 수 있었던 것이다. 그것을 생

각하면 우리들 몇 명의 희생 따위는 아무것도 아니다."라고 쓰고 있다.

가네코 후미코의 전기 『여백의 봄余白の春』(1972)을 쓴 세토우치 하루미瀨戶內晴美는 두 수기를 비교하며 "50매도 안 되는 스가의 문장과 700매에 가까운 후미코의 문장을 내용으로 그 우열을 논할 수는 없다. 그러나 두 문장 다 아직 충분히 오래 살 수 있었던 30세, 23세 여자의 무참하게 끊긴 생명이 핏방울을 튀기며 넘쳐나는 한 줄 한 줄인 것은 같다."라고 평하고 있다.

가네코 후미코의 문장은 간노 스가와 같은 화려한 수사도 선동도 없고 소박하기 그지없는 간결한 문장이지만 그녀의 삶의 숨결이 묻어난다. 아나키스트 고토쿠 슈스이의 동지이자 연인이었던 간노 스가처럼 가네코 후미코도 아나키스트 박열의 동지이자 연인이었다. 그리고 박열을 열렬히 사랑한 아나키스트였다. 우리는 여기서 '인간에 대한 시선이 따뜻한 아나키스트'로서의 가네코 후미코의 진면목과 마주한다.

철학자 쓰루미 슌스케鶴見俊輔는 가네코 후미코의 옥중 수기에 대해 다음과 같이 말하고 있다.

> 이 수기는 번역서에서 떼어낸 추상어로 자신의 사상적 입장을 구축할 수 있다고 생각해왔고 15년의 전쟁을 겪고도 별로 변하지 않았던 오늘의 일본 지식인들의 허를 찌른다.
> 중대한 사상이 정규 교육제도 안에서 근면한 학습을 통해서

만 세워진다고 믿는 사람들에게 가네코 후미코의 수기는 누군가 대신 써준 위서처럼 보일 것이다. 누가 써주었는가 하면 일본의 국가가 쓰게 한 것이고 국가에 대해 혼자 맞선 그녀가 이 수기를 쓴 것이다.

  이 글에서 말하는 것처럼 당시 여성운동가들이 대부분 고등교육을 받은 인텔리 신여성이었음에 비해 가네코 후미코는 교육도 제대로 받지 못한 가난한 고학생으로 갖은 고생을 하면서 자신의 사상을 만들어간 인물이어서 더 빛을 발하는지 모르겠다.
  독자들이 딱딱한 혁명의 구호나 슬로건이 아닌, 한 시대를 살았던 한 여성의 생생한 삶의 육성으로 이 책을 읽어주기를 바란다. 또한 이 책이 앞이 잘 보이지 않는 현재를 어렵게 헤쳐나가고 있는 사람들에게 조금이나마 힘이 된다면 옮긴이로서 그보다 더한 기쁨은 없으리라.

2012. 3
옮긴이 정애영